# 暗黑民國史

## 兩岸歷史課本
## 刻意迴避的空白30年

知名歷史作家、處女作《火與冰》暢銷百萬冊、
「亞洲出版協會最佳評論獎」得主、美國公民勇氣獎唯一華裔得主
余杰——著

# 目錄

## 第二部

# 國共鬥爭，是蘇聯導演的傀儡戲——267

推薦序一

# 重寫民國史，尋找臺灣的出路

經濟學者、評論人／蘇小和

關於民國歷史，作者使用「顛倒的民國」、「暗黑民國」等怵目驚心的概念，我認為是切合歷史事實的。至少在經濟領域，蔣介石統領的民國南京政府，放棄了黃金時代活躍的資本主義自由經濟，觀念上追隨孫中山的蘇聯經濟面相，行為上追隨德國希特勒的計畫經濟模式，葬送了晚清謝幕之後好不容易出現的市場自由氣象。這是典型意義上的歷史倒車現象。

民國南京政府的經濟格局，一方面為政府全面的管制經濟，另一方面則為權貴市場經濟。前者致力於民國的國防和意識型態，後者則具有一定限度的市場改進。二者結合起來，構成民國南京政府國家資本主義的經濟模型。

總體來看，國民黨南京政府的國家資本主義模型，表現在經濟史的維度上，可以沿用重商主義經濟學的模型來加以分析。以政府的稅收能力為目標，提升國家和政府的能力；在國際貿易層面，主張開放和自由貿易，追求一種絕對的貿易順差，從而繼續為國家能力的提升打好基礎。表現在企業史的維度上，則是政府官僚和企業家階層的市場化結合，這可以稱之為官僚資本主義或者權貴市場經濟。

## 官僚資本主義的窠臼

這種經濟的局面，是晚清官商結合傳統的又一次歷史呈現，是中國這個強大的官僚集權國家，在現代市場經濟條件下的一次變相構建，表面是市場經濟，實質是官僚主義。中國的經濟史和企業史一直深陷在這種官僚主義的窠臼之中，至今仍然沒有走出來，就是一個傳統的事實和當下的事實。這種經濟史的面相所帶來的最大弊端，其一是官僚的腐敗不可抑制，其二是企業家的創新活動受到抑制。因此，市場的發育緩慢，政治的新秩序不能出現，中國的現代化轉型不斷被拉長，直到二十一世紀，仍然不得要領。

這樣的歷史效應並不意外，當人們看到在今天的中國和今天的臺灣，兩個國家共同供奉著孫中山的偶像，人們就應該不難理解了。正是在這樣的歷史傳承的意義上，我是如此重視作者的系列民國史研究。真實的歷史面相告訴我們，國民黨在意識型態方面，一直存在某種意義上的社會主義訴求，在經濟學行進方面一直存在計畫經濟的訴求，而在傳統文化的流變意義上，國民黨一直拉高民族主義的訴求。由此國民黨和中國共產黨成為隱祕的盟友。或許正是這樣隱蔽的觀念秩序面相，導致今天的國民黨部分忘記了中國共產黨的歷史宿怨，竟然和共產黨這樣的魔鬼交換口水，合謀蠅營狗苟之利益。

過去一百多年最驚心動魄的歷史，應該就是蔣介石國民黨被毛澤東共產黨打敗，退守臺灣。由此，臺灣走上了一條與中國歷史完全不同的異質文明之路，成為亞洲最具有民主意義的國家，而中國則陷入到人類最黑暗的地獄生活之中，那裡的人們飽受奴役，生不如死，暴發戶的生活並沒有帶來文明與尊重，世界對中國投以鄙夷的目光，中國像這個世界最大的病毒，不僅隨時準備傷害美麗的臺灣，而且準備隨時給這個世界帶來瘟疫、腐敗、邪惡。

這個時代有一臺大戲，演給世人和天使看，歷史的劇本好像一位偉大的導演、臺灣好像一位身手矯健的動作明星，而中國則像一個令人厭惡的小丑。

所有熱愛文明的人們都在思考這樣的歷史進程。臺灣有著太多聰明的智者，中國也有人在省思、在反抗。人在美國的作者，他對歷史的頑強敘事，在這個時候顯得異常醒目。這本《暗黑民國史》，就這樣如此尖銳的把我們的目光帶進歷史之中。

這樣的工作很重要，有時候我們被歷史的細節埋葬、有時候我們迷惑。我們暫時看不到一個發展的變量，人們焦慮、憤怒、失望；有時候我們彷彿又看見了希望，臺灣正在升起，國民黨正在老去，歷史錯誤的慣性似乎正在被阻斷。有人在思考歷史、有人在維權、有人在辦私人學校、有人在建設鄉村圖書館、有人在傳遞上帝的話語、有人在用市場和民間自治的方式艱難前行。資訊流動在加快，自由的渴望更加洶湧，憤怒的力量在積聚。沒有什麼力量能夠阻撓臺灣人對自由的嚮往。

## 中華民國為何走向衰落？

有一些歷史的熱門問題需要我們回答。比如，當我們說一九一九至一九三八年是中國歷史最興盛的時期之一，中國進入近現代以來資本主義最發達的時期，為什麼接下來中華民國會整體走向衰落？國民黨在其中到底扮演什麼角色？

歷史作證，我們看見了國民黨的錯誤。從一九二七到一九三七年，國民黨的社會管理政策全面向政府轉移，呈現出一種典型的大政府主義的獨裁面相，這是黃金時代社會秩序的倒退。這才是國民黨衰退的第一原因。回頭看，雖然國民黨一直和美國保持著某種意義上的合作，但是在一九二七年之後，國民黨所追求的，卻是蘇聯社會主義和德國希特勒納粹主義的邪惡之路。當時，蔣介石看到蘇聯的全面計畫模式，看到了蘇聯打雞血（指借以諷刺此人對特定的人物或事物突然情緒亢奮的一種行為表現）的經濟增長方式，他覺得中國社會同樣需要一個如同史達林或者希特勒的領袖，中國的經濟也應該由政府全面主導。

這一個巨大的錯誤，從中國歷史諸多皇帝的「家天下獨裁」，到蔣介石的「父子獨裁」，再到毛澤東毫無人性底線的「魔鬼式獨裁」，歷史隱藏著一種可怕的獨裁傳承機制，以至於今天的中國終於陷入最可怕的黑暗時代。

在這樣的獨裁歷史進程中，日本人的侵略幫助了無惡不作的毛澤東。按照李澤厚的思想史範式，一九三七年，中國由此進入「救亡壓倒啟蒙」的時代。中國社會的文明啟蒙，在這個時候陷入停滯，民族獨立救亡成為時代主題，自由變得可有可無。啟蒙，包括思想的啟蒙，也包括市場的啟蒙，中國資產階級黃金時代的發展是由市場經濟啟蒙而來，市場經濟的演進，需要自由的助力。自由不僅是發展的原因，也是發展的目的。這個重要的啟蒙過程還沒有完成，中國人的自由之路就被日本人攔腰斬斷。

在還原歷史的同時，有一些重要的文明常識譜系需要提及。第一是需要反思我們的思維定勢。比如說，我們永遠都在強調要統一、團結，這是我們從小到大固有的方法論語境，每個人都經歷過這樣的薰陶，以至於群體思維方式是我們的主流思維方式。實際上，與大一統的觀念和方法相比，民間社會、市場秩序剛好是反向的。民間社會是平的，世界是平的，如果一切都在，那麼每個人都在，不需要統一思想、不需要團結一致。如果說有焦點，每個人都是焦點。市場經濟有個很重要的詞，叫市場主體，當競爭主體更多，這個市場就更豐富。競爭帶來繁榮，每個人都在競爭，每個人都是競爭的主體，如果只有一、兩個人競爭，那就是市場的壟斷，那就是政治意義上的獨裁。

第二個常識則是哈耶克提到的知識分散的偉大命題。市場的形成，在於知識的分散，而不是在於知識的集中，知識在社會中、在市場中的運用，一定是以一種非政府的邏輯展開。按照這兩個常識性的原則，來反觀中國近百年來，其民間社會自治秩序的基本軌跡，我們再一次深刻的發現，市場的基本秩序就是知識的分散，就是社會的自治原則。可以肯定的認為，關於歷史的敘事，我們多年來都陷入了宏大敘事的窠臼裡，看不到自治秩序的形成，也看不到自治秩序帶給近現代史的巨大邊際效益，以及知識在分散的狀態下對歷史的影響。

重要的困境在於，我們似乎不能理解國家的分散，事實上有助於文明增長。我們所在的世界一直都是分散的，人類社會並沒有一個大一統的國家存在，每個地方按照人們的自由意志，選擇成為一個獨立的國家。

分散秩序才是真理，獨立才是王道。任何試圖依靠人的意志所推進的聯合與統一，都是人類文明的災難，是國家的失敗。在這個意義上，臺灣唯一的文明出路，是澈底清洗來自於國民黨的中華統一思維定勢，去除從日治時代以來計畫經濟的餘緒，擺脫臺灣經濟對中國的路徑依賴，理直氣壯的走向政治、經濟和心靈的獨立與自由。

基於這現實性的問題意識，作者的民國歷史研究，顯然能夠提醒那些不明就裡的臺灣民眾，關於歷史的沉思、關於對國民黨的認知、關於中國，真正意義上的臺灣人應該保持「思想的澈底性」。在此時刻，每個臺灣人一定要完成四個層面的突破：反中共、反中國、反中國人、反中國文化。

推薦序二

# 「毛蔣對決」一個新的思考面向

歷史評論家／公孫策

這本書滿溢作者個人的意識型態史觀，可是我仍然向讀者推薦，有兩個理由：一是這一段歷史可能已經非常接近「結清」階段，也就是說，將來可能有很少人去研究它，因而不容易有新的詮釋出現，值此時機能在資料庫中添加任何資料，都是有益的，而本書作者在資料取材方面稱得上用力；一是書中相當強調且採用了徐復觀對毛澤東、蔣介石兩位的近身觀察與評析，而我對徐復觀處在變動時代中的知識分子入世情懷至為欽佩。

所謂「結清」，比較明顯的例子是司馬遷寫《史記》對劉邦和項羽兩人那一場超級對決，從此就定性、定調了：項羽雖然力拔山兮氣蓋世，終不敵劉邦能屈能伸能用人才，後人多半只能引用《史記》的記載，其他史料就成了稗官野史。縱使對那一段歷史有所感觸或懷疑，最多如唐朝詩人杜牧的詩《題烏江亭》，只有嗟嘆而已：「勝敗兵家事不期，包羞忍恥是男兒。江東子弟多才俊，捲土重來未可知。」

一九二〇年到一九五〇年那一段歷史，事實上是毛澤東和蔣介石的對決為主戲，而毛澤東其實只打敗了一個對手蔣介石，北伐、抗戰、廢除列強對中國的不平等條約、成為世界五強等，可說是蔣介石幫毛澤東清掃了絕大部分的障礙——這跟劉邦得天下相似，劉邦其實只打敗了一個項羽，秦末群雄逐鹿的局面可說是項羽廓清的。

可是，毛蔣之間的鬥爭卻早就決定了勝負，至少徐復觀早就預見了。即使毛澤東曾經到重慶去對蔣介石宣示效忠，即使對日抗戰之後國共軍力懸殊，徐復觀仍然憂心忡忡，「國民黨像目前這種情形，共產黨會奪取全面政權的……不改造國民黨，決沒有政治前途的。」他如此預言，並非故為驚人之語，而是基於「思想戰場的勝負」。簡單說，徐復觀的警語只有蔣介石給予重視，國民黨內其他人都嗤之以鼻。而徐復觀雖然預見了那個（後來果然印證的）後果，他仍然選擇跟隨蔣介石到了臺灣，因為「在國民黨和共產黨之間，他還是選擇『次壞』的國民黨」。

書中引述徐復觀所言：「自民國三十年起，對時代暴風雨的預感，一直壓在我的精神上，簡直吐不過氣來。為了想搶救危機，幾年來絞盡了我的心血……浮在表面上的黨政軍人物，我大體都看到了。老實說，我沒有發現可以擔當時代艱苦的人才。甚至不曾發現對國家社會，真正有誠意、有願心的人物。沒有人才，一切都無從說起。」作者沉痛的體會到徐復觀作為知識分子的入世心境，「他大聲疾呼，當政者卻置若罔聞」。

除了徐復觀對毛蔣兩人的近身觀察，書中對共產國際的深層介入也頗多述及，都是兩岸官方說法所不見，讀者可以多一個面向了解、思考那一段歷史。

推薦序三

# 反思過往那段被掩蓋的歷史

「歷史說書人History Storyteller」粉專創辦人／江仲淵

我們今天回顧整個民國大陸時期的歷史時，探究的不僅是它的風起雲湧，還有背後不為人所知的一面。由於二十世紀亞洲政治局勢的硝煙迷漫，歷史學也隨著政治局勢影響，成了任人打扮的姑娘，兩岸有意無意的採用偏頗的論點，否定對立人士的執政合法性，知識分子失去了實事求是的客觀態度，成了歌頌王侯將相的吹鼓手，僅以狹隘「正統歷史」為核心史觀，粉飾一切不符合政治需求的內容，大力發展利於當權者地位的史料。

隨著時間的物換星移，意識型態的開放化，使人們的視野不必侷限在同一個觀點上，徐友漁在改革開放後赴海外留學，臨行前，中共大使館發給他一本歷史課本：「你們以前學習的歷史不完全代表真實的歷史，許多歷史上發生的事實你們都不知道，但是現在國門打開了，如果你們和外國人說話，是會鬧大笑話的。」這件事讓他深受啟發：「從這件事可以看出，以前對中國學生灌輸的歷史知識是多麼的片面、多麼的有問題、多麼的蒼白無力！這麼可笑的做法難道還應該繼續嗎？」

生活在現代的我們，普遍已經明白歷史是客觀存在，隨著不同角度的切入，往往也會得出不同見解的事實。不過在近代史方面，我們還有一段漫長的路要走，多年來兩岸政府培育出的政治意識型態，使近代史觀囿於成見，正史本位的氛圍至今仍壟罩在學術界，也在部分人的心中留下不可撼動的位置。外國學者在一九七〇年代評論中國歷史是「有選擇的記憶」或者叫「有選擇的遺忘」，以目前的狀況來看，古代史已經在程度上盡可能的康復了，近代史反倒是尚未擺脫失智症的垂垂老者。

中國需要思想啟蒙，其重要前提之一就是重新解構歷史的多元性，以秉持實事求是的客觀態度，堅持懷疑和批判精神閱讀，承認歷史不是由單方面因素營造而成，避免一面倒的治學方式發生，僅有如此，我們才能解答今天的現狀源於何處，變革之中發生什麼問題，若重來我們該如何解決，並在「可以知興替」的情況下，達成鑑往知來的終極理想。

本書做得特別好的一項特點，就是仔細挖掘那些沉沒在汪洋中的往事，為塵封已久的民國歷史做了一次聲勢浩大的思想解放，以持續不斷的批判精神和鍥而不捨的整理成果，建立起一個足以與傳統思想分庭抗衡的新興史觀，讓被刻意隱藏的歷史片段，擁有被翻轉的機會，為近代史的價值重估做起重大的先導作用。細數當今華人作家，承接北京大學「精神自由，兼容並包」思想的人屈指可數，能為自己的想法付諸實行的人更是微乎其微，本書作者作為碩果僅存的學者，在浩浩蕩蕩的時代裡保持追尋事實的獨立思維，以堅持學術自由、擁護普世價值的精神，將歷史最真實的一面傳達給讀者，這是當今學術界最可貴的精神。

自序

# 兩岸歷史課本都跳過的空白三十年

本書所呈現的，是一九二〇至一九五〇年代的暗黑民國史，也是國民黨和共產黨竭力掩蓋的民國史。**暗黑的民國及取代民國的、更黑暗的中華人民共和國，確實在不同程度上打上了蔣介石和毛澤東的烙印，其國民個個都是「小蔣介石」和「小毛澤東」**。

以狂熱的民族主義而言，蔣介石在《中國的命運》中，將帝國主義當作喬治．歐威爾（George Orwell）小說《動物農莊》中的「公共汙水溝」，共產黨則直接偽造出「華人與狗不得入內」的木牌，中共國家主席習近平「中華民族的偉大復興」理想之草蛇灰線有跡可循。

蔣介石一度以希特勒為師，又從中國傳統文化中找來餡料，企圖用法西斯主義的麵皮包出美味的餃子。然而，自稱基督徒的蔣介石違背了《聖經》十誡幾乎每一條，尤其是第一誡「除了我以外，你不可有別的神」和第二誡「不可為自己雕刻偶像」——即便敗退到臺灣之後，蔣介石的形形色色雕像仍然充滿整座小島。蔣介石甚至認為自己就是上帝，在日記中寫道：「上帝有求必應自救主降恩於余，而以余為其化身。」當然，蔣觸犯最多的還是第六誡「不可殺人」。

**用《觀察》雜誌主編儲安平的話來說，蔣介石「獨裁無膽，民主無量」；用政治學家張奚**

**若的話來說，毛澤東「好大喜功，急功近利，鄙視既往，迷信將來」（若用毛自己的話來說，他是「和尚打傘，無法（髮）無天」）**。一九四九年，張奚若是「中華人民共和國」國名的提議者之一，他認為「人民共和國」已經說明國體，表達了「人民民主」——事實上，若在「民主」之前加上「人民」的限制，「民主」便蕩然無存，你是不是「人民」之一員，不由你說了算。果不其然，到了一九五六年，張奚若直言不諱的指出：「**喊『萬歲』，這是人類文明的墮落。**」亡羊補牢，已經晚了。這位哥倫比亞大學政治學碩士，晚年被周恩來[1]列入免受紅衛兵衝擊的保護名單，死於一九七三年，沒有看到文革的結束，那他是否該反省自己的靈魂中，也有「蔣介石毒」和「毛澤東毒」？

中國歷史是一部《推背圖》[2]。作家蘇曉康在《鬼推磨》一書中分析習近平的精神結構說，習近平雖並非薄二哥（薄熙來）罵的「劉阿斗」，卻是一個心理上受傷頗重的「黑五類」[3]，**落了心病的人當皇帝，實非民族之幸**。習近平的父親習仲勳，是個蒙冤很重的陝北老漢，被監禁十六年，耳朵被打聾。一九七六年夏天在河南洛陽，一個年輕朋友楊屏（習仲勳的忘年之交）陪這位老漢喝酒，老漢一杯酒下，悲從中來，兩隻大手捂住臉哭。楊屏回憶：

> 這是我有生以來第一次看見一個老人這樣哭，一個像我爺爺般年紀的老男人在哭。沒有聲音，只有淚水，嘴唇在顫抖。這場景，如今想起，我都渾身戰慄！我當時被驚呆了，站在那裡一動也不動的盯著老爺子，竟然不知道給他拿毛巾擦臉。

老漢說：「你爸爸比我好哇，把你照顧得這麼好。我也是當爸爸的，因為我，你近平哥哥可是九死一生啊！」老漢的兒子習近平，十歲就成了「狗崽子」；文革爆發時十三歲，又成了反革命，被關押，又挨鬥，戴鐵製的高帽子，媽媽就坐在臺下；後來，他逃了又被抓進「少管所」……這都是毛澤東作的孽。今天中國人似乎忘記毛澤東了，可他們想不到，有一個忘不了毛澤東的人今天來統治他們了，**「毛澤東住在此人心裡頭，而且他從小受毛的罪卻偏偏也要當毛澤東，這就是他落下的病。」**

今天，國民黨與共產黨的生死搏擊暫時告一個段落。在臺灣淪為在野黨的國民黨不再「反共抗俄」，而甘當共產黨的「隨附組織」，與親民黨、新黨、中華統一促進黨等，在共產黨的狗籠中爭寵。**國民黨已「俱往矣」，共產黨卻成了「進化的獨裁者」**。

然而，國民黨和共產黨的史觀仍然控制著整個「大中華地區」的人們。國民黨和共產黨對歷史的歪曲和偽造，完美體現了歐威爾描述的「歷史的可變性」，即「誰能控制過去就能控制未來；誰能控制現在就能控制過去」的信念。

蘇聯高級外交官和間諜越飛[4]在中國的活動，對於中國現代史的發展，產生了翻天覆地的

1　中國共產黨、中國人民解放軍和中華人民共和國的主要創建人和早期領導人之一。
2　意指中國歷史大都是虛妄的。
3　為中華人民共和國在文革時對政治身分為地主、富農、反革命分子、壞分子、右派等五類人的統稱。
4　Адольф Абрамович Иоффе（英文拼作：Adolph Joffe）。

影響。

越飛出生於俄羅斯一個富裕的猶太人家庭，在一九一七年的第六屆俄共（布爾什維克）大會上被選為中央委員，與托洛斯基[5]合編《前進報》，並開始軍事工作。十月革命後，他轉而進入外交領域，任職外交部副部長，同時擔任蘇俄駐德國全權代表，簽署《布列斯特－立陶夫斯克條約之補充條約》，資助德國社民黨員推翻德意志帝國政權，並透過外交郵袋[6]向德國運送武器，德國因此嘗到了將列寧護送回俄國的苦果——蘇俄從來不遵守國際準則和國際承諾，為了顛覆他國政權往往無所不用其極。

## 庶長子國民黨與嫡次子共產黨之生死搏擊

一九二二年七月，越飛被任命為蘇聯駐華全權代表，孱弱的中華民國成為蘇俄砧板上的魚肉。他先後與北京政府外交總長顧維鈞及實力派軍閥吳佩孚談判，卻毫無成果。之後，越飛前往上海，與正處於窮途末路、一籌莫展的孫文會面，兩人一拍即合，隨即發表**《孫文越飛聯合宣言》**。孫文由此綻放「第二春」，接受蘇俄援助並改組國民黨，宣布「聯俄、容共、扶助農工」三大政策，**中國則至此走向了國共兩黨競相極權的不歸路**。

越飛開啟了中國革命的先聲，為蘇俄外交立下汗馬功勞，卻不由自主捲入蘇俄殘酷的內鬥。一九二七年，俄共（布）第十三次代表大會上，托洛斯基被委員史達林開除出黨，與托洛斯基交好的越飛自然是不能倖免。訪日期間，他要求留在日本治病，被史達林否決，不得不回國。十一月十六日，越飛在莫斯科的醫院內自殺身亡，留下十頁遺言，聲稱「熱月已經開始」。三天後，越飛下葬，托洛斯基、季諾維也夫[7]、加拉罕[8]等高官出席葬禮。托洛斯基在葬禮上發表簡短演說，這是他在蘇聯的最後一次公開發言。葬禮上的集會被警察驅散，越飛死不瞑目。**革命吞噬了革命的孩子，革命永遠如此**。

▲ 越飛曾與孫文一同發表《孫文越飛聯合宣言》。

近年來，俄羅斯解密的原蘇共絕密檔案中，有一份一九二三年一月二十六日越飛在上海發給俄共（布）、蘇聯政府和共產國際領導人的信件。

在這封信中，越飛向蘇俄領導人提出三個支持孫文的建議：第一，向孫提供兩百萬金盧布的援助；第二，當孫文開始其穩操勝券的北伐時，蘇俄出兵中國，將張作霖的軍隊從北京引開；第三，在一、兩年的時間內向孫文提供十萬軍隊的裝備，以及派出一定數量的專家。

5 Лев Давидович Троцкий（英文拼作：Leon Trotsky）。
6 一種由政府在國外用來傳遞文件的郵袋，受到國際公約的法律所保護，任何人皆不能拆開，海關也不能檢閱。
7 Григорий Евсеевич Зиновьев（英文拼作：Grigory Zinoviev）。
8 Лев Михайлович Карахан（英文拼作：Lev Karakhan）。

越飛認為，中國正處於其歷史上一個最有決定性意義的時刻。越飛向上級表功說：「我的東京之行和我同孫中山的協定，就像對英國人投了兩枚炸彈，讓他們痛得大喊大叫。」、「他們在近東和歐洲的行為，迫使我們在遠東採取報復政策。如果情況再有變化，他們還有動作，那麼我們在遠東還會走得更遠。」

越飛認為，中國是蘇俄「輸出革命」的最佳地點，中國可被蘇俄納為「被保護國」：

> 中國的國家統一和民族解放運動從來沒有如此蓬勃發展，其勝利也從來沒有如此逼近過。如果中國的民族革命將僅僅依靠我國援助而取得勝利，那就意味著是我們把帝國主義打翻在地，我們就將是全世界民族解放鬥爭和殖民地民族革命的守護者。

鑑於此前蘇俄幫助土耳其國父凱末爾建國，後來凱末爾卻背叛蘇俄的前車之鑑，越飛向莫斯科保證：「孫中山遠不是凱末爾，**他更加親近我們，是我們的人**，也具有更多的革命性。如果我們與他團結，他絕對不會背叛我們。中國在世界上的比重無論如何，不小於土耳其。難道這一切還不值得那兩百萬盧布嗎？」

此後，蘇俄源源不斷的金錢、武器、顧問，來到孫文搖搖欲墜的廣州割據政權。國民黨和共產黨這兩個蘇共的「兒子黨」開始了合作與競爭，中華民國（南京政府）和中華人民共和國這兩個蘇俄的「僕從國」先後登場。過去，我常常形容國民黨和共產黨是蘇聯催生的一對「**孿**

生兄弟」，共實更準確的說，**國民黨是庶長子，共產黨是嫡次子，蘇俄先扶持庶長子掌權，再讓嫡次子取而代之——這就是一九二〇年代中期之後民國史的基本脈絡**。

本書便是沿著這一脈絡，摘出一些重要的人物和事件，重構一九二〇至一九五〇年代的民國史和國共鬥爭史。

## 向左，再向左，結果走進了地獄

蘇俄宛如扔出美味肉骨頭的「飼養員」，國民黨和共產黨為了討蘇俄之歡心，一直在比賽誰更「左」。

**蔣介石和毛澤東都是現代版的石敬瑭**（晉高祖，五代十國時期後晉的開國皇帝）——石敬瑭稱比他小十歲的契丹皇帝耶律德光為「亞父」，並在國書中稱自己為兒皇帝，稱耶律德光為父皇帝。

我在書中澄清了一些長期被遮蔽的基本事實：《孫越宣言》之後，蘇俄在中國的影響力迅速超越西方列強。**蘇俄幫助孫文辦黃埔軍校，這所現代軍校表面上屬於國民黨，實際上卻屬於共產黨**。

黃埔畢業生先幫助校長蔣介石打下天下，又幫助毛澤東從蔣介石手中奪走國璽。

蘇俄又在中國掀起工人運動和農民運動，而中國的工人運動實際上是「流氓運動」（羅章龍語）、農民運動實際上是「痞子運動」[9]（毛澤東語）。

蔣介石得到蘇俄背書，取代胡漢民[10]成為孫文的接班人，唯一的原因就是他一度顯得比胡漢民更左、對蘇聯更忠誠。孫文沒有指定蔣介石為接班人，是蘇聯駐中國廣州政府代表鮑羅廷[11]選中了蔣介石。

毛澤東戰勝張國燾、王明等黨內挑戰者，成為中共唯一的最高領袖，不是因為毛澤東對馬列主義經典倒背如流，而是因為毛澤東比其他人更心狠手辣、殺更多人。

一部民國史，就是一部向左，再向左，結果走進地獄的墮落史。

向左，不是始於《孫越宣言》，甚至也不是始於五四運動或辛亥革命。早在清末的戊戌變法中，悲劇的種子就已埋下。康有為的《大同書》是中國版的《共產黨宣言》，梁啟超的《新中國未來記》是中國版的《一九八四》。

中國近代啟蒙思想家嚴復到英國學習海軍，翻譯赫胥黎（Thomas Henry Huxley）的《天演論》，而不是埃德蒙·伯克的（Edmund Burke）的《法國革命論》，於是「物競天擇，適者生存」成為中國人百年來篤信不疑的真理。

儒學思想家馬一浮[12]到美國留學，《資本論》幫他治癒高燒：「今天下午我得到英譯本馬格士（馬克思）《資本論》一冊，此書求之半年矣，今始得之，大快，大快，勝服仙藥十劑，予病若失矣！」儒家「聖人」擁抱馬克思，因為左與左之間有一種磁鐵般的吸引力。馬一浮不會料到，經他「啟蒙」的毛澤東及毛澤東的紅衛兵們，在文革中抄了他的家，連一方磨墨寫字的硯臺都不讓他留下。

被視為中國自由主義宗師的胡適，雖然有哥倫比亞大學的博士頭銜，卻對美國的清教徒傳統和美國秩序的根基一無所知，偏偏以為杜威（John Dewey）的實用主義、進步主義是美國思想之瑰寶——胡適不知道美國保守派的《人事》雜誌，將杜威的《民主主義與教育》列入「十九和二十世紀最有害的十本書」第五名，僅次於《共產黨宣言》、《我的奮鬥》、《毛澤東語錄》和《金賽性學報告》。

對於中國知識分子選擇性的學習西方、以為「向西」就是「向左」，評論人蘇小和指出：**「中國人所謂的學習，其實都是帶著中國人的原初觀念、秩序上路，然後找到一個西方人的思想體系為自己做注腳。」**

「左」成了十九世紀末以來中國根深蒂固的知識譜系和觀念、秩序，中國的國家悲劇和中國人的個體悲劇就無法遏止了。翻譯家巫寧坤在一詠三嘆的回憶錄《一滴淚》中，寫到一個極具象徵性的細節。一九五一年初，正在芝加哥大學攻讀英美文學博士的巫寧坤，收到燕京大學校長陸志韋電函，急聘他到燕京大學任教。與那個時代絕大多數對「新中國」懷有美好憧憬的

---

9 依靠痞子階層推動的農民運動，為毛澤東提出的概念。

10 中國國民黨元老和早期主要領導人之一，也是國民黨前期的右派代表人物之一。

11 Михаил Ма́ркович Бороди́н（英文拼作：Mikhail Borodin），一九二三至一九二七年期間的共產國際駐中國代表。

12 近代新儒家學派的代表人物之一，支持孫中山領導的辛亥革命。

留學生一樣，巫寧坤毫不猶豫的放棄完成一半的博士論文，從舊金山搭乘克利夫蘭總統號郵輪經香港回國。前一年從芝加哥大學獲得博士學位的物理學家李政道前去為巫寧坤送行。巫寧坤問李政道為什麼不回歸祖國，為建設新中國添磚加瓦。李政道回答：「**我不想被洗腦。**」對此巫寧坤一頭霧水，不明白腦子如何被洗。直到他回歸祖國月餘之後，捲入轟轟烈烈的思想改造運動——而且從此運動一個接一個，檢討一輪接一輪，他才慢慢懂得了什麼是「洗腦」。

華語文化圈內，對「左」具有免疫力的知識分子屈指可數（今天依然如是）。自由主義思想家殷海光從海耶克[13]那裡找到避免「通往奴役之路」的路標，思想史家徐復觀則在派駐延安時期，看到北大才子王實味筆下「歌囀玉堂春、舞回金蓮步」、「食分五等，衣著三色」的真相，**共產黨所謂的「共產」，乃是共「有產者」的「產」，以供革命領袖和「新階級」揮霍**。先知不僅寂寞，而且有可能惹來殺身之禍。在臺灣的殷海光、徐復觀，被黨國御用文人圍剿、被大學停課、被特務監控；而投奔延安並翻譯了諸多馬列經典著作的王實味，根本不可能活到「新中國」降臨，他被賀龍[14]下令用大刀砍頭，遺體扔到枯井中——七十年後，中共害死諾貝爾和平獎得主劉曉波[15]，挫骨揚灰，又算是怎樣的進步呢？

## 殺人如草不聞聲的二十世紀並未過去

二十世紀是一個殺人合法且合理的時代。蘇俄異議作家、諾貝爾文學獎得主索忍尼辛[16]指出：「如果要求我簡潔的概括出整個二十世紀的主要特徵，除了再次重複這句話，我再也不能找到更為簡潔有力的東西——人忘記了上帝。」他引用俄國作家杜斯妥也夫斯基[17]對法國大革命的觀察，用以分析吞噬了六千萬同胞生命的俄國革命的典型特徵——「革命必然是從無神論開始的」、「對上帝的憎恨是掩藏在馬克思主義背後的根本動力」。

蘇俄如是，中國亦如是。蔣介石是花園口黃河決堤和長沙焚城的最終責任者，前者淹死至少九十萬中國平民，卻只淹死三名日軍士兵；後者燒死至少三萬中國平民，而日軍還遠在兩百五十里之外。美國記者白修德（Theodore Harold White）在報導中譴責，沒有任何戰略目標值得犧牲數十萬平民的生命來換取。中國「亡國滅種」只是國民政府和共產黨的宣傳術語，並非日本在中國的戰略結果。顯而易見，在滿洲國和汪精衛政府統治下的一般民眾，比在重慶政府和延安政權統治下的民眾，得到相對良好的治理。

一九四四年，白修德來到戰亂和饑荒肆虐的河南鄭州。他在《中國驚雷》一書中描寫了眼前的可怕景象：

13 Friedrich August von Hayek（英文拼作：Friedrich Hayek）。
14 中國共產黨中央軍事委員會副主席（任期一九五九年九月～一九六七年一月）。
15 曾經參與六四事件，後被捕入獄。二〇一七年六月，劉曉波罹患肝癌晚期而獲准保外就醫，但是當局對劉曉波出國就醫要求予以拖延，最終因病情惡化，經搶救無效病逝。
16 Александр Исаевич Солженицын（英文名：Aleksandr Solzhenitsyn）。
17 Фёдор Михайлович Достоевский（英文拼作：Fyodor Dostoevsky）。

早晨的鄭州是一座雪白的荒墓，居民像灰暗的幽魂。死亡統治著鄭州，因為饑荒集中在那裡。在戰前該城有十二萬名居民，現在已剩不到四萬……我們站在街口，眺望荒涼的道路，卻什麼都看不到。偶爾會冒出一個人，穿著風吹抖動的破衣，在家門口蹣跚著。

與之形成鮮明對比的是，在離開的前一夜，鄭州政府長官邀請白修德一起吃頓飯。他留下了菜單：蓮子羹、辣子雞、栗子燉牛肉，此外還有炸春捲、熱饅頭、大米飯、豆腐煎魚等……還有兩道湯、三個餡餅，餅上灑滿白糖。白修德感嘆：「這是我平生吃過最精緻、最不忍吃的一桌菜。」

**災民不是死於自然災難，而是死於政府的不作為和政府有意無意的謀殺。讓民眾「人相食」的政府就是殺人的政府。**白修德對共產黨的頌歌完全是錯誤的，但這並不意味著他對國民黨的批判也是錯誤的。作為西方左派知識分子，他沒有弄清楚的恰恰是我要在書中揭露的常識：**作為蘇俄庶長子的國民黨和作為蘇俄嫡次子的共產黨，都是殺人如草不聞聲的殺人黨，只有更壞，沒有更好。**

共產黨打著冠冕堂皇的土地改革的幌子，屠殺了數百萬地主和富農及其家人，這是一種不亞於納粹種族屠殺的階級屠殺。即便這些受害者已不可能威脅中共的統治，中共卻仍未停止殺戮。共產黨的土地改革和鎮壓反革命等政治運動是一體兩面。土改首先在經濟上吸引窮人，給人民看得見的物資利益，如毛澤東所說：「群眾才會擁護我們，反對國民黨的進攻。否則，群眾分不清國民黨和共產黨的優劣。」更重要的是，如美國學者胡素珊（Suzanne Pepper）所指出的那樣，**土地改革在政治上具有一種破壞的力量**，「不僅消滅了地主和富農經濟上的優勢，還有效的摧毀了作為他們統治基礎和手段的政治權力結構。共產黨隨後建立起了屬於自己，並得到貧農積極支持的政治權威。」這個分析可以解釋，共產黨為何要屠殺數百名早已解甲歸田的民國時代的將軍。

國民黨和共產黨的統治合法性都來自於殺戮，二二八屠殺和六四天安門大屠殺都是如此。六四天安門屠殺之後，那句始作俑者可能是鄧小平、可能是中共高層陳雲，也有可能是中共前主要領導人之一王震的名言，說出了共產黨的核心價值——**殺二十萬人，換取二十年穩定，是一筆合算（划算）的買賣**。

## 誰，又不是蔣介石；誰，又不是毛澤東？

**民國蛻變成黨國、軍國的「痛史」，不應當只是國民黨和共產黨、蔣介石和毛澤東的歷史，還應當是普通人的家族和個人史**。我在本書中寫道三個父親被共產黨殺害的兒子的故事（詳見第二十一章）：趙紫陽、金庸和郭超人，或如趙氏孤兒般忍辱負重、或如楊康般認賊作父，涅槃與沉淪，各得其所。

我也寫了兩位母親被共產黨攝去靈魂的子女的故事（詳見第二十章），作家老鬼在《我的母親楊沫》和學者李南央在《我有這樣一位母親》中，似乎違背孝順的人倫，寫出母親不堪入目的真貌，卻從黑暗中向邪惡的專制政黨發出「還我母親」的吶喊。普通人的故事總是「落筆驚風雨，詩成泣鬼神」。我也引述了美國學者羅威廉（William T. Rowe）所梳理的湖北麻城的暴力史，一個縣域就是整個中國的縮影。

凡是華人，大概都染上了中華秩序的毒素，正如學者王飛凌所說：「經由帝國官方壟斷了兩千多年的歷史敘事的發酵，中華秩序深刻的內化到中國人的腦海裡，成為高度合法的、理想的，乃至唯一的世界秩序觀念……直到今天，這套意識型態在整個大中華地區（和海外華人中），尤其是在中華人民共和國，已然是套迷人的文化規範、備受珍惜的傳統、流行的世界觀和頂級的政治價值。」中國人、臺灣人、香港人、海外華人，有多少人擺脫了被洗腦、被催眠的僵屍狀態呢？

或許，我的這本書是可以試用的解毒劑。

# 第 1 部

# 國民政府，向左，再向左，結果走進了暗黑地獄

# 第一章

# 黃埔不是國民黨創的，是蘇聯控制中國的工具（一九二三～一九二四）

至於廣州，計畫提出黃埔必須建立新軍，使其軍隊達到兩萬五千人，並擴充空軍和技術兵器。建議撥給黃埔一萬五千支步槍、一百挺機槍、兩千萬發子彈、二十四門火炮連同炮彈、五十門迫擊炮連同炮彈，以及十五架飛機。

——斯莫連採夫給予國民軍和廣州物資援助的計畫說明（一九二五年十月七日，莫斯科，絕密）

就加拉罕同志據廣州形勢提出的要求一事，我建議：

第一，必須在廣州建立可靠的新軍。責成伏龍芝[18]同志為此目的派遣一個兩百人以內的教官團赴廣州。

18 Михаил Васильевич Фрунзэ（英文拼作：Mikhail Frunze），與托洛斯基同是蘇俄軍事體系的建構者。

第二，責成伏龍芝同志和蘇聯政治家索科利尼科夫[19]同志最後決定補充款項（約五十萬盧布），以撥出建軍所需資金。

第三，為此，撥發兩萬支步槍和一百挺配備子彈的機槍、一定數量的擲彈和手榴彈。這部分裝備中靠紅軍制式裝備中的動員儲備物資予以解決。再撥出相當款項給予軍事工業部補充訂貨，以期盡速補足。此款數額由伏龍芝同志與索科利尼科夫同志協商確定。

第四，所送物資和款項作為中國政府貸款。

第五，人員和裝備的運送，應極為保密。運送人員和裝備可使用「沃羅夫斯基號」交通船。責成中國委員會為此再尋其他辦法（國營、私營輪船、外輪等）。

第六，布勃諾夫[20]同志補入中國委員會。

指定溫什利希特[21]同志為伏龍芝同志的副手。

這是一九二五年五月七日，俄共（布）中央委員會政治局第六十二次會議的會議紀錄。提出建議的人，是逐漸執掌大權的中央委員會總書記——史達林，不會有人反對這個意見——因此，與其說是「建議」，不如說是「決議」。

蘇聯解體之後，原蘇共中央祕密檔案劃歸俄羅斯現代史文獻保管與研究中心，並於近年被解密。其中，最關鍵部分是政治局的指令性決議，即所謂「特藏卷」，包括長期不為人所知的史達林的指令。歷史學者李玉貞指出，這些文件顯示，**蘇俄在一九二〇年代向中國投入**

**數千萬金盧布的援助，其目的是「牢牢控制住」中國，甚至為中國設計一套政府模式或政治軍事力量組合的模式。**

## 黃埔軍校是蘇聯出人、出錢、出槍建立起來的

蘇俄的援助主要流向以孫文為首的廣東割據政權，少部分給了西北的馮玉祥部隊。而給廣州的資源中，新建立的黃埔軍校所得最多。**與其說黃埔軍校是孫文或國民黨自行建立的，不如說是蘇俄一手規畫的，是蘇俄顛覆北京中華民國合法政府的重要工具。**

對於孫文來說，黃埔軍校的建立是其一生事業的重大分水嶺。一九二三年十一月十九日，孫文趁著國民黨改組，在臨時中央執行委員會提出並討論了組建國民黨志願師和創立軍事學校等問題。一九二四年一月二十四日，國民黨第一次代表大會正式通過創辦陸軍軍官學校的決議。軍校選址在沿著珠江而下距廣州十英里、面積為八平方英里的黃埔長洲島。

當時，孫文僅僅控制廣東不足三分之一的區域，還要與非嫡系的驕兵悍將周旋，他缺乏資金、武器和人力，想創建一所現代化的軍校，只能求助於新主人蘇俄。

---

19 Григорий Яковлевич Сокольников（英文拼作：Grigori Sokolnikov）。
20 Андре́й Серге́евич Бу́бнов（英文拼作：Andrei Bubnov）。
21 Ио́сиф (Юзеф) Станисла́вович Уншлихт（英文拼作：Józef Unszlicht）。

針對黃埔軍校經費和武器極度短缺的狀況，蘇聯駐華大使加拉罕和鮑羅廷同時發電報給莫斯科，要求給予大力支持。比如，在駐華顧問方面，必須挑選紅軍中的精兵強將：「第一，選派五十名工作積極的軍事人員組成顧問團來廣州；第二，讓具有豐富的作戰經驗、能使孫文敬服的同志率領這個顧問團。」

一開始，蘇俄及共產國際對中國的政策並不明確，充滿多元性，甚至有自相矛盾之處。加拉罕等人在北京遊說北京政府與蘇聯恢復外交關係——北京政府是中國唯一被西方列強承認的合法政府；卻又盡可能利用其他反對北京政府的政治勢力，甚至設法組織一個親蘇政府取而代之。出於自身國家利益考量，莫斯科不惜製造中國的動盪，來加劇和激化日美在中國的利益衝突，以牽制日美在遠東的力量，進而保障蘇聯東部邊境的安全；而出於共產主義的烏托邦理想，也就是左派作家高爾基[22]所說的「讓革命的暴風雨來得更加猛烈些」，又不惜以巨資扶持仿效蘇俄模式的中國國民黨和中國共產黨。

**創辦黃埔軍校，是孫文與史達林的最佳「合作項目」**。五月，由蘇聯巴甫洛夫[23]將軍率領

▲ 孫中山在黃埔軍校開學典禮演講（在場還有宋慶齡、蔣介石、廖仲愷）。

的蘇聯軍事顧問團到廣州，立即投入黃埔軍校籌備工作。儘管蔣介石突然掛冠而去（詳見第三十七頁），軍校仍如期開張。孫文強調：「我們的首要任務是依循蘇聯模式建立一支軍隊，準備好北伐的根據地。」、「蘇聯人作為各種專業的顧問積極參加黃埔軍校的建校工作，向軍校的教官和學員傳授在蘇俄革命年代和國內戰爭年代積累的軍事和政治工作經驗。」

開學後不久，蘇聯許諾的兩百萬金盧布開辦費相繼到位。十月，蘇聯艦船從海參崴運來第一批武器，包括步槍八千支、子彈兩百萬發。由此，黃埔軍校擺脫了「五百名學生三十支槍」的窘境。蔣介石的副手、軍校教授部主任王柏齡在《黃埔創始之回憶》中寫道：

> 一天下午，總理傳來電諭，說蘇俄派來一艘載滿槍械的船，就快到了，叫我們預備收。這真是天大的喜事，全校自長官以至於全體學生，無不興高采烈，聽聞船上載有八千支有刺刀的俄式步槍，每槍有五百發子彈，無不歡天喜地……我們不能不感謝我們革命的朋友蘇聯。也唯有革命的朋友，才有這樣無私的援助。

天下沒有白吃的午餐，王柏齡不知是真傻，還是裝傻。蘇聯借出的債是高利息，之後要

---

22 Алексей Максимович Пешков（英文拼作：Maxim Gorky）。

23 Дми́трий Григо́рьевич Па́влов（英文拼作：Dmitry Pavlov）。

中國加倍償還。不過，此時的孫文和國民黨得到蘇聯的援助，宛如久旱逢甘霖，即便是飲鴆止渴也在所不惜。

黃埔軍校的教學內容，遵循蘇聯軍事院校的模式，除了一般的軍事課程之外，還將政治教育提高到與軍事教育同等的地位，校內設有專門的政治科（系），這是歐美和日本的軍事學校沒有的特色。鮑羅廷親自向學員講授「國際政治及中國革命根本問題」，學員們詳加記錄，其講義被油印成小冊子，廣泛傳播。此類課程將許多受五四影響的愛國青年，洗腦成共產主義意識型態的信奉者。共產黨人、黃埔軍校政治部主任周恩來負責建立政治工作秩序，政工幹部在校內享有至高無上的權威。周恩來和中共廣東區委得到授權，從第一批畢業生中挑選共產黨員和共青團[24]員，組建負責孫文安全的「大元帥鐵甲車隊」。由此，蘇聯和中共將孫文置於其控制之下。

此後，**國民黨以兩個黃埔軍校教導團為基礎，建立了第一支名副其實的「黨軍」**。莫斯科的中央政治局根據軍事委員會副主席伏龍芝的建議，將俄國教官團增加到兩百人，還追加了五十萬盧布經費。有人、有錢、有武器之後，黃埔軍校教導團很快就擴展成兩個師。

一九二四年，蘇俄國內戰爭的傳奇英雄布柳赫爾[25]（加倫將軍）來到廣州，接替此前意外溺水身亡的巴甫洛夫，出任駐廣州政府軍事總顧問。俄羅斯遠東研究所政治歷史研究所研究員伊凡諾娜在研究加倫將軍的檔案後指出，黃埔軍校的武器與軍費全部來自蘇俄，加倫將軍是當時作戰經驗最為豐富的職業軍人，他將廣州政權的軍事建設提高到一個新的水平。

## 選蔣介石當校長的，不是孫文，而是史達林

中央執行委員會，諸公鈞鑒：

中正（蔣介石）駑駘庸材，難勝重任，前蒙總理委任中正為軍官學校校長一職，自惟愚陋，不克勝任，務請另選賢能以資進行。所有軍官學校籌備處，已交廖仲愷[26]先生代為交卸，尚乞派人接辦，以免延誤，耑此敬辭，並請公安。

蔣中正敬上

二月二十一日

這是蔣介石給國民黨中央執行委員會的辭職信。兩天以後，孫文做出批示：「務請任勞任怨，百折不撓，在窮苦中奮鬥，故不准辭職。」但蔣仍不辭而別。

蔣介石莫名出走後，孫文發動了第一波勸其回歸的電報。二月二十五日，廖仲愷應孫文要求致電蔣促其返粵，鄧演達（後來任黃埔軍校教練部副主任）奉命前往勸說。二十六日，國民黨中央執委會致函蔣「切勸」。二十九日，孫文又致電蔣介石：「辭呈未准，何得拂然

24 中國共產主義青年團，簡稱中國共青團，是中國共產黨的青年組織。
25 Василий Константинович（英文拼作：Vasily Blyukher）。
26 曾任黃埔軍校黨代表。

而行？希即返，勿延誤。」不悅之情，躍然紙上。

此後，頻繁的勸蔣電報突然中斷十天之久。直到三月十日，廖仲愷又致電蔣促返，此後國民黨不斷促蔣速返。五月二日，孫文正式發布命令：「特任蔣中正為陸軍軍官學校校長。」

至此，既沒參加中國國民黨第一次全國代表大會，也沒被選為中央執行委員，而且並非中央部委負責人的蔣介石，被孫文任命為黃埔陸軍軍官學校校長。

蘇聯軍事顧問切列潘諾夫[27]在回憶錄《中國國民革命軍的北伐：一個駐華軍事顧問的札記》中指出，蔣介石最初被孫文任命為軍校籌備委員長，但蔣並未明瞭軍校對他後來發跡具有何等重要的意義，被任命不久後便聲明辭職，「擅自發給為黃埔軍校招來的教職員一筆離職津貼，聲稱學校不辦了，而他自己跑到了上海。」

▲ 蔣介石曾任黃埔軍校校長。

對中國政治缺乏了解的切列潘諾夫，並不知道蔣介石是在玩弄以退為進之計。在蔣的政治生涯中，這種舉動還多次出現。蔣並非不知道黃埔軍校對自己、對國民黨、對廣東政府的重要性，他是要透過這場遊戲，攫取對黃埔軍校的絕對控制權，他不滿足於臨時性的頭銜，更不願軍校的財權掌握在廖仲愷手上。

蔣介石的手段果然奏效了。孫文發布正式任命，蔣欣然返回廣州，軍校的財權從廖仲愷轉移到蔣手中。還有，蘇俄顧問原本設置的十八個月課程，被壓縮到六個月，學員必須在學習短短六個月之後畢業，再分別赴前線作戰。

一位寫蔣介石傳記的作者指出：「儘管許多傳記渲染孫文和蔣介石的親密關係，但有一點很明顯——**孫文從來就未認真考慮過蔣介石的建議，也未將他當作自己的知心朋友。**」那麼，蔣介石為何敢跟他敬重的「總理」玩這種甩手不幹、置之死地而後生的招數？難道他不知道，孫文可以找其他人取而代之嗎？很顯然，**蔣心中知道，支持他的不是孫文，而是莫斯科的大老闆史達林。**

最早建議孫文讓蔣介石擔任黃埔軍校校長的是鮑羅廷，鮑羅廷直接向史達林負責。蔣、鮑關係惡化是之後的事情，當時，蔣介石正造訪蘇聯，不僅對蘇聯讚不絕口，還認真研讀《馬克思學說概要》與《共產黨宣言》。蘇聯對蔣的評價是「與我們很親近」、「在中國，以最有教養的人之一著稱」。耐人尋味的是，蔣介石見到多名蘇聯黨政軍高官，偏偏沒有見到史達林。反倒是此後胡漢民訪問蘇聯時，與史達林有過多次長談。但是，史達林耳目眾多，蔣介石在蘇聯的公開和私下的言行，都被匯報給史達林。

一九二四年一月十日，就在蔣介石返鄉研讀《出師表》時，中共早期領導人之一的譚平

27 Александр Иванович Черепанов（英文拼作：Aleksandr Cherepanov）。

山與鮑羅廷在一次談話中，透露了關於黃埔軍校校長人選問題，蘇聯與孫文出現的分歧：

決定由孫中山本人擔任這個學校校長，而副校長由蔣介石擔任。但這個問題也還沒有正式解決。起初想要蔣介石當校長，但後來又改變主意，決定要孫當校長。現在您來了，就必須研究一下這個問題，而我們必須加速進行這個工作。

這段談話表明兩個事實：鮑羅廷對校長人選非常關心，蘇聯對此有最終決定權（畢竟誰給錢，誰就有說話權）；而孫文對蔣介石有所顧慮——此前，孫文與各路軍閥有過不愉快的合作，他企圖利用軍閥的武力拓展個人的勢力，卻每次都被軍閥利用後拋棄。於是，孫文痛定思痛，對軍人頗有戒備之心，對蔣這個自詡為職業軍人的追隨者也不例外。一月二十四日，孫文僅任命蔣為「黃埔軍校籌備委員會委員長」。也就是說，即便鮑羅廷參與「研究」校長人選，仍未改變孫文自任校長的決定。正如鮑羅廷給史達林的祕密報告中所言，「要使孫中山改變主意是困難的」。因此，雖然蔣介石得到鮑羅廷的支持，卻在校長任命的博奕中「出師不利」。而當蔣確信自己得到史達林的賞識時，就壯膽跟孫文使出釜底抽薪之計。

在鮑羅廷及史達林的強大壓力之下，孫文不得不放低身段，懇求蔣介石回來就任黃埔軍校校長一職。**在黃埔軍校校長人選的爭端上，史達林全力支持的，不是名義上的國民黨黨魁孫文，而是名不見經傳的蔣介石。在史達林眼裡，當時的蔣介石是比孫文更容易控制的傀儡。**

蔣介石走馬上任後，為黃埔軍校設定的課程，並不比他在日本所受的初級軍事訓練高明。比如，蔣堅持要有相當好的飲食和衛生設施，並訓令學員們不許賭博、嫖娼——儘管他本人熱衷於此。也實施以連坐法而著稱的「集體負責」原則，這是蘇聯顧問難以理解的處罰方式。蔣很看重技能訓練，例如「攻擊隊」訓練。在這項訓練中，以六人為單位的小組帶著雲梯奔跑一百五十碼後，在烈火下攀援城牆。反觀管理、通訊、後勤等方面的課程相當缺乏。這意味著黃埔畢業生的軍事知識只能滿足於身先士卒的下級軍官，他們之中很多人在北伐歷次戰役中戰死；若倖存者日後被提拔到高位，指揮大規模作戰，則缺乏指揮大批軍隊的專門知識。這是黃埔教育的致命弱點。

黃埔軍校創立之日，意味著那些朝三暮四的僱傭兵的末日降臨了。蔣介石自視為「黃埔之父」，是黃埔系[28]的唯一代表，以黃埔系為骨幹的軍隊，則是他的私人軍隊。學員們剛剛離開各自的家庭，就被要求像對待父親一樣對蔣保持忠誠和服從，這是一種古典式的效忠。英國作家喬納森．芬比（Jonathan Fenby）在《蔣介石傳》中，如此描述蔣在黃埔的工作和生活場景：

---

28 又稱蔣家軍，是中國國民黨及其統帥的國民革命軍內部最大的一個派系，首領為黃埔軍校校長蔣介石。

蔣介石和陳潔如[29]住在黃埔主樓一樓的一套由一間客廳、餐廳和配有柚木家具的臥室組成的公寓裡。晚上他練書法，他「親愛精誠」的黃埔校訓的手跡就裱糊在絲娟上，掛在他辦公室的牆上。他的閱讀書目包括歐洲戰爭、心理學與地理學。他的住處旁是一間有一張長長的桌子和二十四把高靠背椅的大會議室。民國國旗和國民黨黨旗就掛在一側牆壁上。另一面牆上是一幅巨大的點綴著綠色、紅色與藍色旗幟的中國地圖，這些旗幟標誌著計畫中的北伐路線。

蔣介石向學員灌輸的是曾國藩的湘軍式的忠誠，以及孫文的「三民主義」學說——其魅力當然趕不上更強有力的共產主義意識型態。這決定了黃埔軍校很快赤化的趨勢。

## 黃埔系將領到底會不會打仗？看中日戰爭就知道

一九二四年，黃埔軍校建立時，僅提供半年的基礎軍事訓練，至北伐興兵時共有四期畢業生。戰爭期間，第五期隨軍作戰，第六期留在廣州繼續學業，第七期於一九二七年夏招募。一九二七年底，共產黨在廣州暴動，不少五、六、七期學生被開除或被殺，人員損失慘重。國民政府定都南京後，軍校尚留在廣州，直至第二期北伐結束，蔣介石才將軍校遷到南京，以便就近控制。此後，黃埔軍校改稱中央陸軍軍官學校，將課程延長至兩年，分設砲、工、騎、輜重等兵種。第六、七期在南京完成餘下學業。第七期人數最多，在一九二九年畢業時，共有步兵科四個中隊，砲、工、騎、輜重各一隊，約九百人。黃埔軍校另有武漢分校培養出約一千七百名畢業生。

**黃埔系「知識軍人」的目標，是把民國變成像英國歷史學家伊格頓（David Edgerton）所言的「軍國」（warfare state），即是由中央政府主導軍事、工業、科技及官僚體系，以進行現代化科技戰爭的國家。**但是，正如軍事史家鄺智文所論：「雖然民國知識軍人引進了一次大戰和戰後各國在戰略、作戰、戰術、科技，以及國家動員方面的教訓和知識，但並非這些內容均適合當時民國的政治、社會、經濟等狀態，部分甚至浪費了國府有限的資源。」

既然蔣介石崛起的基礎是黃埔系軍事力量，國民黨的宣傳機構自然將黃埔軍人吹得天花亂墜；而共產黨的高級將領更有一半以上出自黃埔，共產黨的宣傳機構當然也對黃埔讚不絕口。由此，黃埔同學會自然成為中共對臺灣統戰的重要渠道。在此背景下，**神話黃埔，成為昔日在戰場上殺得你死我活的國民黨和共產黨之間，少有的歷史共識。**

那麼，**黃埔系將領的戰力究竟有多強？最佳的檢驗標準是中日戰爭。**此前的北伐及新舊軍閥之混戰，是受過蘇俄軍事和政治訓練，並擁有蘇俄先進武器的新式黨軍對軍閥的舊式軍隊，勝敗早已注定；國共內戰則是黃埔打黃埔，看不出黃埔軍人的真本領。唯有中日戰爭，

29 蔣介石的前妻之一。

才是刀尖對麥芒，戰場上見真功夫。

學者張瑞德透過分析戰前中國陸軍高級將領的背景得出結論：「戰前陸軍的將官出身保定軍校者頗多，重要軍職人員出身黃埔者極少——各路軍總司令中無一人系黃埔畢業，軍長、師長中也只有約十分之一出身黃埔。」但是，隨著抗戰的推進，陸軍將領有「黃埔化」之趨勢，戰前保定所占的重要地位，戰時逐漸被黃埔取代。這種趨勢在直接掌握兵權的軍長、師長階層中，尤為明顯。

抗戰時期出身黃埔的將領，大都畢業於前幾期，當時黃埔的訓練相當粗陋，時間也短，所學到的專業技能有限。他們離開黃埔以後，除了短期的訓練班外，很少有人能有機會繼續接受軍事院校的正規深造教育。在先進國家的軍隊中，軍校畢業後尚可由機關、學校、部隊的輪調中學習新技能，中國軍官卻無此機會。

戰前，德國軍事顧問魏澤爾（Georg Wetzell）多次向蔣介石陳述，一個軍人如果不先任下級軍官，遍充[30]排、連、營、團長各職多年，必定不能具有高級指揮官的經驗，即便個人再勇敢，也無濟於事。但蔣只看重勇敢和忠誠，對此不置可否。蔣沒有意識到，**在軍事學術快速進步的二十世紀，國軍的高級軍官被迫以二十年前所學的知識和他們範圍有限的經歷，去應付現代戰爭的複雜問題，戰力必然無法提升。**

跟世界四大軍校美國西點軍校、法國聖西爾軍校、蘇俄伏龍芝軍校、英國桑德赫斯特皇家軍事學院相比，黃埔的速成訓練缺陷明顯，授課內容跟不上時代。比如，沒怎麼教步兵戰術中重機槍的布置，卻還在教學生組織聯排步槍齊射壓制；砲兵教學中的間瞄射擊極為簡單，而學生只會放列觀察射擊；騎兵科還在教如何用冷兵器騎馬衝鋒。抗戰期間，從德國慕尼黑陸軍學校學習裝甲兵作戰歸來的蔣緯國，就對黃埔軍校的學制和教學內容極為不滿，他認為黃埔系軍官的指揮能力比日軍差了一大截，軍事理論素養還停留在一九二〇年代。

中國戰區參謀長史迪威（Joseph Warren Stilwell）將軍曾毫不客氣的指出，國軍軍官的素質和其階級、職務成反比：

> 軍長師長問題頗大。這些軍師中很少有人是有效率的，他們很少親臨前線，更極少監督命令是否執行。對於來自前線誇大甚至錯誤的報告，不經查證即予以接受。經常忽略搜索和警戒的重要性，常因而造成大亂。

接替史迪威的魏德邁（Albert Coady Wedemeyer）對國府稍多同情，但對國軍高級將領的評價亦甚低：

> 在我所接觸的國軍高級軍官中，很少有人能被視為有效率或受過良好專業訓練，我並不

30 把這些不同職務全都擔任一遍、一輪。

懷疑他們對於委員長的忠誠，但是作為蔣的參謀長，我必須評估他們的作戰能力和知識、他們的帶兵資格，以及他們配合全盤作戰計畫，執行命令的意願。

蔣介石本人也承認：「**我們作總司令的，只比得上人家一個團長，我們的軍長、師長，只當得起人家一個營長和連長。**」而李宗仁[31]、羅家倫[32]等人也都承認，國軍高級將領稱職者寥寥無幾。對比之下，日本高級將領中，雖然缺乏出色的戰略家，但在基本技術、戰略原則上，均能一絲不亂，絕少發生重大錯誤；做事也能腳踏實地、一絲不苟，令人敬而生畏。

稍加統計即可發現，在抗日戰場上，大都是非黃埔系將領贏得重大勝利，令國人、敵手及盟軍刮目相看的中國將領大都非黃埔出身——李宗仁、白崇禧、孫立人、廖耀湘[33]、張發奎、薛岳、張自忠、李家鈺……然而，正因為他們不是黃埔系，從來得不到蔣的信任和重用。反之，只要是黃埔畢業生，無論戰場上的表現有多麼糟糕，蔣也予以寬容並繼續重用。正因為蔣的私心和賞罰不明，使國軍的戰力難以提升，對日作戰八年間屢戰屢敗，三年多的國共內戰更一潰千里。

## 國民政府是被「赤黃埔系」顛覆的

如果誠實面對歷史事實，就必須承認：**第一流的黃埔畢業生中，流向共產黨陣營的遠遠**

**多於效忠校長蔣介石的。**大量黃埔畢業生投向共產黨一邊，義無反顧的走向「弒父」之路。**那些參加共產黨軍隊的黃埔畢業生，公然與校長作戰，被國民黨稱為「赤黃埔系」。可見，意識型態的吸引力大於領袖的個人魅力。這是蔣介石一輩子都未能明白的道理。**

共產黨的「十大元帥」中，葉劍英、聶榮臻、陳毅當過黃埔的教官，徐向前和林彪是黃埔的畢業生，與黃埔有關係者占了一半。此外，解放軍高級將領中，還有三名大將和八名上將是黃埔畢業生。黃埔軍校創校時名為「中國國民黨陸軍軍官軍校」（為消滅中國共產黨在陸軍官校內的勢力，一九二五年二月國民黨將校名改為「中國國民黨黨立陸軍軍官學校」，加了「黨立」二字，似乎更為名副其實），但「赤黃埔系」居然打敗了「白黃埔系」，說明共產黨才是黃埔的真正主人。在黃埔一期學生中，共產黨的名將數不勝數。

共軍元帥徐向前很早就是紅四方面軍[34]總指揮，國民黨懸賞其人頭標價十萬，與朱德[35]、毛澤東一個價，後來是西路軍主帥。徐就讀黃埔時，曾被蔣單獨召見。徐生性少言寡語，又是北方人，未能獲得蔣賞識。

中共大將及情報頭子陳賡，是自己闖進黃埔的，還帶了一幫講武堂同學轉校。陳賡被稱

---

31 曾任中華民國陸軍一級上將、首任中華民國副總統。

32 曾任北伐軍總司令部參議、中華民國總統府國策顧問。

33 雖然是黃埔六期騎兵科畢業，但後來留法，以第一名畢業於法國聖西爾軍校機械化騎兵專業。

34 中國工農紅軍第四方面軍。

35 中國人民解放軍和中華人民共和國的創始人及領導人之一、曾任紅四軍軍長等。

為「黃埔三傑」[36]之一，黃埔有「蔣先雲的筆，賀衷寒的嘴，不及陳賡的腿」之傳言。陳賡在第二次東征中救過蔣介石的命，曾被委以副官重任。但陳賡還是背叛校長，追隨政治部主任周恩來，為共產黨在軍事和情報領域立下汗馬功勞。

陳明仁[37]在中原大戰、剿共、抗戰及國共內戰中都有赫赫戰功，在東北作戰時一度擊敗林彪。一九四九年，陳明仁與程潛[38]在長沙「起義」投共，後率軍清剿國民黨「殘匪」，被中共授予上將銜，為國軍叛將中在共軍獲得最高軍銜者。毛曾對陳說：「我看林彪打仗就不如你！」

左權是被陳賡帶進黃埔的。後來，左權被選派到莫斯科學習軍事，與蔣經國一起捲進「江浙同鄉會」事件，險些遭到克格勃[39]清洗。一九四二年，左權在山西遼縣十字嶺戰死。中共建政後，將遼縣改名為「左權縣」。

王爾琢考黃埔時是最後一批報名，與同鄉鄭洞國一起被錄取。南昌起義時，他是僅次於朱德、陳毅的第三號人物。上了井岡山，又成為毛、朱、陳之後的第四號人物。王爾琢打仗以勇猛著稱，林彪是其手下的營長。一九二八年，王爾琢被叛徒槍殺，否則日後他定能成為元帥級的人物。

許繼慎在一期畢業生中是能打仗的將領，在鄂豫皖根據地[40]初期曾是徐向前的上級。在鄂豫皖蘇區[41]的白雀園大肅反中，身為師長的許繼慎遭到逮捕並處死。許的妻子是師政治部祕書，已懷有身孕，仍被祕密處死。

蔣先雲考進黃埔時是第一名，畢業時又是第一名，為「黃埔三傑」之首。蔣先雲的入黨介紹人是毛澤東。蔣介石對其極為賞識，許諾只要浪子回頭就能當師長。當時，黃埔學生當團長的都沒幾個。然而，蔣先雲鐵了心跟共產黨走。一九二七年，在河南臨潁與張學良部作戰時戰死。

李之龍是「中山艦事件」[42]的關鍵人物。在考進黃埔之前，他是鮑羅廷的政治祕書。中山艦事件前，李之龍為海軍局局長，軍銜中將，與校長蔣介石平級。國共分裂後，李之龍從日本回國反蔣，在廣州被捕並被槍決。

周士第在黃埔時有猛將之譽，當過護衛孫文的鐵甲車隊隊長。南昌起義時，為葉挺部第二十五師師長。後來，周先後任紅二方面軍參謀長、八路軍第一二〇師參謀長，一九五五年授上將銜。

36 蔣先雲、賀衷寒、陳賡。
37 黃埔軍校第一期畢業生，畢業後任排長，參與國民革命軍東征。
38 國民革命軍一級陸軍上將。
39 通稱ＫＧＢ，國家安全委員會（蘇聯）。
40 土地革命戰爭中國共產黨所創建革命根據地之一。
41 土地革命戰爭中國共產黨所創建革命根據地之一。
42 現存史料顯示為偶發事件，純粹軍隊調度出問題，但事實上有多個版本，原因有待考察。其中一說法為：一九二六年三月二十日，蔣中正為了防止共產黨和蘇聯顧問季山嘉兵變，下令廣州全城戒嚴。海軍代理局長李之龍未接到命令擅自調動，蔣認為有陰謀。歐陽格、陳肇英奉蔣令占領中山艦並逮捕李之龍，包圍蘇聯顧問和共產黨機關。中山艦艦長換成歐陽格。

劉疇西在一期生中也是左派積極分子，最高軍職為紅十軍團軍團長。中央蘇區反圍剿失利後，轉戰江西懷玉山地區，與方志敏[43]等一起被俘。劉疇西凍餓多日，蜷縮成一團，審他的正是一期同學俞濟時。俞沒怎麼理他，派人把他押下去。黃維[44]譏諷：「大家多少同學一場，應該讓人家吃頓飽飯嘛。你的心也太不善了！」隨即，劉疇西與方志敏一起被處決。

趙自選以僅次於蔣先雲的第二名成績考入黃埔，是第一任鐵甲車隊隊長。後來，跟隨「農民王」彭湃建立海陸豐蘇維埃，死在戰場上。

閻揆要與杜聿明、關麟徵等人一起，從陝西千里跋涉來考黃埔。這十幾個陝西人中，出了六個中將，閻揆要是唯一的解放軍中將。

在黃埔二期生中，著名的共產黨人是周逸群和盧德銘。周逸群是紅二軍團政委，和賀龍一樣是紅二方面軍的領袖，死於一次戰鬥中；盧德銘曾任武漢政府警衛團團長，參加秋收起義，任總指揮。之後在掩護部隊突圍時戰死。

黃埔三期生中，投靠共產黨的多名將領都未能活到中共勝利。朱雲卿是井岡山黃洋界保衛戰的英雄，任紅一方面軍參謀長，為朱德所欣賞，之後在蘇區醫院養病時被國民黨特務刺殺身亡；吳光浩是黃麻暴動的副總指揮，鄂豫皖蘇區創始人之一。之後在前往河南組織暴動時，遭民團突襲死去。

黃埔四期中的共產黨將領更多。中共「戰神」林彪即為四期的佼佼者。劉志丹，陝北紅軍創始人，在戰場上神祕死去，有人說是被毛澤東派人暗殺；曾中生，紅四方面軍參謀長，徐向前的副手，以游擊戰略名貫全軍。之後死於肅反，連屍體也找不到；段德昌，彭德懷的入黨介紹人，洪湖蘇區創始人，紅二方面軍代表人物，有「火龍將軍」之稱，死於肅反；伍中豪，紅一方面軍中與林彪齊名的將領，毛澤東的「四驍將」之一。曾是北大文科系學生，行軍作戰餘暇，一好喝酒，二好吟詩唱和。在病癒追趕隊伍時，被江西安福縣民團襲擊身亡；洪水，越南人，解放軍中唯一的外籍將軍。授銜時，其資歷夠任中將，為平衡越軍體系而授少將。郭化若，毛澤東最早的軍事祕書之一，後任三野九兵團政委。

黃埔五期中，也出了不少重量級人物。許光達，紅二方面軍代表人物，授大將銜；宋時輪，中共開國上將，三野九兵團司令員，韓戰中指揮過長津湖戰役；張宗遜，中共開國上將，紅軍和國共內戰時都跟著彭德懷作戰，曾任國防部副部長；陶鑄，中共建政後為中南區實權人物，文革前期調到中央任政治局常委，成為黨內第四號人物。但不久即失勢，被關押虐待致死；趙尚志，北滿抗聯的靈魂人物，與楊靖宇有「南楊北趙」之稱。日本侵華軍隊總司令岡村寧次數次對趙加以圍捕而不果。

黃埔六期中，出過郭天民（上將）、王諍（中將）、張開荊（少將）等解放軍將領。

在黃埔高級班中，有兩個共產黨軍隊的著名人物。一個是黃公略，毛澤東最器重的紅軍

---

43 中國共產黨政治人物、中國工農紅軍高級將領，後來被國民政府槍決。

44 中國國民黨高級將領、黃埔軍校第一期，與陳賡為同班同學。

將領之一；另一個是賀國中，彭德懷的鐵杆部下，紅五軍最早的黨員之一。

武漢分校畢業的羅瑞卿，為中共開國大將，曾任中共中央書記處書記、公安部長、解放軍總參謀長、國務院副總理等要職，長期負責毛澤東的安全保衛工作。蔣介石當然知道這張將星閃爍的「赤黃埔系」名單，也知道自己是被學生們打敗的。但是，為了維持「黃埔神話」，蔣介石和國民黨對此一字不提。

具有諷刺意味的是，**抱殘守缺的黃埔傳統，至今仍束縛著臺灣軍隊的現代化改革**。二〇一九年十月，美國在台協會（AIT）理事主席莫健（James F. Moriarty）訪臺，率領軍事組人員，密切訪查以及調查研究臺灣軍隊的後備動員、訓練能量、戰略、管理等面向。莫健此動作，是為了執行美國《二〇一九會計年度國防授權法案》中的指示：「美國國防部長應該與臺灣有關部門協調，對臺灣的軍事力量，特別是臺灣的後備動員能力進行全面評估。」**美方認為臺灣後備部隊虛有其表，批評其為無效戰力**。臺灣國防部則給予憤怒反擊。

此次美臺觀念衝突顯示，**黃埔軍人已成為臺灣軍事改革的絆腳石**。有評論認為，世界各先進民主國家，大都為專業文人領軍，而非採用退伍將領主導國防，臺灣是民主國家中的特例，一向為黃埔軍人把持軍隊，維護所謂「光榮傳統」不遺餘力，所以訓練、戰術、準則和戰略，都包圍著由職業軍人掌控的情境，無法如歐美日等國家那樣，進入「第四波戰爭型態」。臺灣政府如果不用科學與民主的方式改革軍隊，一味聽任職業軍人吹噓和恐嚇，就無法完成防衛的升級換代。

# 第二章 孫文真正的接班人，不是蔣介石，是胡漢民（一九二五）

抱道獨能堅，險阻半生完大命；
救亡空有願，歸來萬里負初心。

——胡漢民生前自評

儘管黃埔軍校的畢業生並非戰無不勝的軍官，但被孫文任命為黃埔軍校校長，確實是蔣介石命運的轉折點。他藉此掌握軍權而後來居上，在孫文死後國民黨的權力鬥爭中勝出。反之，最早追隨孫文的國民黨元老胡漢民和汪精衛，都成為蔣介石的手下敗將。

汪精衛因為後來與日本合作而身敗名裂。同樣因為反蔣，在蔣介石版本的歷史教科書中，胡漢民被邊緣化成一個可有可無的次要人物；因為反共，在共產黨的歷史敘事中，胡漢民被形容為面目猙獰的反革命分子。

其實，**在民國元老中，論多才多藝、頗具百科全書特質的人，當推胡漢民**。胡漢民是詩人、報人、政論家、哲學家，也是民國四大書法家之一[45]。胡漢民長期擔任孫文的幕僚長，善於運籌帷幄，也精通財政，管理革命黨黨員的度支部門不差分毫。

## 孫文說，胡漢民當總統，綽綽有餘

然而，與《大憲章》以來的普通法傳統，和宗教改革以來的清教徒信仰所孕育的美國開國元勛不同，胡漢民和民國元老生長於大清帝國和中華的「混迷[46]」的最後階段，半吊子的儒家教育和近代西方社會進化論思想，讓他們建立的中華民國「先天不足，後天失調」，他們本人也都成為悲劇性人物。

孫文生前對胡漢民有極高的評價：「胡漢民先生為人，兄弟知之最深，昔與同謀革命事業已七、八年，其學問道德均所深信，不獨廣東難得其人，即他省亦所罕見也。**跡其平生之大力量、大才幹，不獨可勝都督之任，即位以總統，亦綽綽有餘**。余與漢民論事，往往多所爭持，然余從漢民者十之八、九，漢民必須從余者十之一、二。」胡漢民雖然有當總統的才能，卻一輩子未能攀上最高領導人的寶座。

▲ 胡漢民，1913 年參加二次革命失敗後，於 1914 年隨孫文在日本成立中華革命黨。

一九一二年元旦，孫文任中華民國南京臨時政府大總統，胡漢民出任總統府祕書長。章太炎[47]說：**「臨時政府成立以來，憲法未定，內閣既不設總理，總統府祕書官長，用真宰相矣。」**胡漢民本人在回憶錄中也如是說：

> 余治總統府文書，大小悉必過目。四方有求於先生，必先見之，忙勞彷彿在粵時。余與先生同寢室，每夜余必舉日間所施行重要事件以告。其未遽行者，必陳其所以，常計事至於通宵達旦。

當時，胡漢民被人稱為「第二總統」，但畢竟是「一人之下」。而且，孫文只當了短短四個月「臨時」大總統，胡漢民也只當了四個月總統府祕書長。

儘管被孫文倚為左膀右臂，但在此後幾個重要的歷史轉折關頭，胡漢民與孫文的立場屢屢南轅北轍。南北和談期間，胡漢民極力主張孫文「讓位」給袁世凱，此立場在黨內頗受非議。胡漢民在回憶錄中辯解，孫文辭職、南京臨時政府結束乃是當時大勢所趨和人心所向。以軍事而論，湖北已經與袁世凱達成妥協，南京不可能單獨對抗北洋。南京軍隊號稱有十七

45 譚延闓精於楷書、于右任精於行書、吳稚暉精於篆書、胡漢民精於隸書。
46 意為混合，八旗出版的歷史書書名。
47 清末民初思想家、中華民國國語設計者，世人常稱之為「太炎先生」。

個師，但僅有粵、浙兩軍具備戰鬥力，其餘都是烏合之眾。粵軍不滿萬人，與清末民初將領張勛部相持於徐州；浙軍將領，素來反對陸軍部長黃興。「**當時黨人對於軍隊，不知道法國革命及蘇俄革命時所用之方法，能破壞之於敵人之手，而不能運用之於本黨主義之下。**」後來，孫文倉促反袁，果然一敗塗地。

其次，軍餉更成問題。千萬之公債，雖在參議院獲得通過，卻並未得到可應急的一分錢。財政部籌劃向俄國借債千萬，卻被參議院否決。又向日本商人借款五百萬，卻被滙豐銀行抵制而不能成交。

第三，民眾以為清室退位，天下事大定，對於「民國共和」並無了解，民眾心理皆傾向於和平談判，不願再受戰爭之荼毒。

一九一三年三月，「宋教仁案」[48]爆發，孫文倡議藉此起兵討袁。胡漢民時任廣東都督，掌管富庶的廣東省，是國民黨人中少有的地方實權派，卻反對孫文武力解決的做法，主張法律解決。孫文電促廣東獨立，胡「以時機未至拒之」，大概胡對宋案真相心知肚明，不願充當孫文的炮灰。

「二次革命」失敗後，胡漢民亦流亡日本，在東京創辦《民國》雜誌。他在發刊詞中提出**「改造國民性」**問題，早於魯迅。胡漢民認為，近代一般國民的心理弱點是「保守而具惰性」，易為野心家所利用。為救濟國民的惰性，「必須急圖民智、民德、民力的進步，務使國民對於錮蔽民智、敗壞民德、摧毀民力者，知有所擇而不致惘從。」一九二一年春節，胡漢民在自家門口貼出一副春聯：「**文明新世界，獨立大精神。**」前一句是對新社會的期望，後一句反映了他對獨立人格的追求——可是，在獨裁成癮的孫文面前，胡漢民的獨立的空間有限。

一九二一年五月五日，孫文在廣州自任「非常大總統」[49]，胡漢民出任大本營總參議（幕僚長）。某天，孫文來到胡漢民的辦公室，順手打開一個公事箱，發現裡面有好幾份自己簽發的手令，胡擅自扣留，未予發出。孫文大聲斥責：「你竟然敢擅自扣發我的手令！」

胡漢民凝神傾聽，待孫停下來後，開口問：「先生還有其他的話要說嗎？」

孫文兩眼直盯著胡漢民，高聲答：「沒有了！」

只見胡漢民將公事箱反個底朝天，將扣下的手令倒了一桌，逐封評論，這是人事不當的任命、那是時機不合的調遣……胡漢民振振有詞的辯解：「即使是在專制時代，也有大臣封駁詔書，請皇帝收回成命的故事！先生還記得你起草的中華革命黨的誓詞也有『慎施命令』一條嗎？」

孫文為之語塞，無奈的說：「說來說去還是你對，我說不過你。」胡漢民仍不肯罷休，補充一句：「先生應該說一句『你是對的』才合理。」

48 一九一三年三月二十日，時任國民黨代理理事長的宋教仁在上海火車站（老北站）遭黑道分子槍擊，三月二十二日不治身亡。
49 孫中山在廣州於第二次護法時的職任名稱。

這段時期，若孫文離開廣州到前線督軍，則胡留守後方，維持行政且籌措軍費。胡勇於負責，處事不免專斷，招致很多人的嫉恨。孫文長子孫科轉致朱和中[50]的報告給父親，表達對胡的不滿。孫文則回信：「漢民縱不能代我辦事，**必能代我受過**，否則各種之過，皆直接歸在父一人身上矣。展堂[51]之用，其重要者此為其一，故萬不能任彼卸責也……**漢民之去留，甚有關於大局之得失成敗也。**」可見，孫文用胡漢民，也只是將其當作擋箭牌，其權謀運用厚黑無形。

**胡漢民與孫文最大的分歧在於，他不同意孫文晚年投靠蘇俄的決定，以及所謂「聯俄、容共、扶助農工」之「三大政策」。他尤其反對共產黨的土地政策、不贊同改組後的國民黨反對資本主義和反對帝國主義的政治立場。**在孫文生前，胡漢民勉強輔佐孫文改組國民黨並引入蘇俄勢力的最後一搏；在孫文去世後，胡漢民立即公開反對蘇俄、中國共產黨和國民黨左派的政治綱領，頗有「雖千萬人，吾往矣」的勇氣。

在反共這一議題上，胡漢民有先知般的洞見。蔣介石是在中山艦事件之後才警覺共產黨的狼子野心，汪精衛直到一九二七年共產國際代表羅易[52]給他看史達林的指令才大夢初醒，胡漢民反共比他們都早——他雖未加入以反共為宗旨的西山會議派，卻儼然是西山會議派的精神領袖。

國民黨一全大會後，中共領導人蔡和森在給共產國際的報告中，已然將胡漢民定位為國民黨右派領袖：

在國民黨第一次代表大會討論黨綱時，胡不同意關於國家沒收土地的條例。他一直力圖靠近資產階級，並提出關於國民黨應支持資產階級的問題。他的這種傾向在孫中山逝世之後表現得尤為明顯。最近，胡和許崇智[53]與國民黨左派首領發生衝突，導致胡漢民向反動將領靠攏，他甚至成了殺害廖仲愷的消極參加者。

國民黨一全大會後，胡漢民因為與孫文立場分歧，被外放上海執行部，遠離權力中心。當時，蔣介石還寫信給孫文為胡辯護：「嘗念吾黨同志，其有以學識膽略並優，而兼有道德者，固不可多得。如展堂者，果有幾人？先生亦不令追隨左右，以資輔翼之助。」孫文很快將胡招回廣州，任命為中央黨部聯絡部部長。

## 孫文死後，胡漢民為何未能接班？

一九二五年，孫文北上與張作霖、段祺瑞談判，任命胡漢民為統管廣東政府的「代大元

50 中華民國政治人物。
51 胡漢民，字展堂。
52 মানবেন্দ্র নাথ রায়（英文名：M. N. Roy）
53 中國國民黨早期主要軍事領導人之一，也是國民黨前期右派代表人物之一。

**帥」**，使胡成為其不言自明的接班人。孫文在北京病死後，「代大元帥」胡漢民於六月二十七日發布政府改組令，本以為自己有望執牛耳，誰知汪精衛「螳螂捕蟬、黃雀在後」，坐上了廣州國民政府主席的座椅。

選舉只是表面形式，汪精衛後來居上，首要原因是蘇俄顧問鮑羅廷的幕後運作。改組後的國民黨是蘇俄的傀儡，其生存所需的錢和槍都是蘇俄給的，當然對蘇俄顧問言聽計從。用中共領導人張國燾的話來說：「鮑羅廷在國民黨中，既非黨員，又是外人，職位不過是顧問，但其發言卻具有決定性的力量。」**鮑羅廷以中央政治委員會顧問的身分，運用其高超的個人手腕，在孫文去世後的廣州幾乎肩負著實際領導責任。**

在孫文病危之際，鮑羅廷和蘇聯駐華大使加拉罕就已經開始物色國民黨未來領袖的人選。他們最初擬定的人選有三：**胡漢民**、**汪精衛**、**戴季陶**[54]，最後確定為汪精衛。胡漢民在〈汪精衛勾結共產黨之淵源與經過〉一文中回憶：

▲ 張國燾（左）為中共早期領導人之一，後於黨內失勢，改投靠國民黨。

他們詳加考慮之後，便各下一個考語，以定取捨。對兄弟的考語是「難相與」，對戴季陶的考語是「拿不定」，對汪精衛的考語是「有野心，可利用」。經過一番評定之後，汪精衛便中選了。

那時，胡漢民對鮑羅廷心存警惕。他反對共產黨及其主子蘇俄，是為了捍衛國民黨的「黨權」。然而，胡漢民缺乏來自英美民主國家和基督教世界的一整套觀念秩序，只能反覆詮釋孫文原本就是東拼西湊的「三民主義」，以「我注三民主義」的方式為國民黨澆鑄靈魂。這就注定了他難以在意識型態的對決中，戰勝有馬列主義支撐的共產黨。「三民主義」本身就可左可右，所以胡漢民這位國民黨內號稱最右的政客，在代表國民黨訪問蘇聯時，也曾被史達林的甜言蜜語及蘇俄的建設成就所迷惑，提出讓國民黨整體加入共產國際的大膽建議。

因此，胡漢民探討國民黨不敵共產黨的原因，只能從細枝末節著手。他曾分析：

國民黨何以會被共產黨如此搗亂呢？第一，因為我們團結不堅，所以他們有機可乘。第二，我們的黨員對黨不甚密切，組織不密，紀律不嚴，所以共產黨得以「侵入搗亂」。第三，一部分黨員對於本黨政策、黨綱和組織方法，不大明了。

54 中國國民黨元老之一，中華民國國旗歌的作詞者。

多年之後，胡漢民又反思：「吾人今日以深惡痛絕之『共禍』之際，如不明時代思潮與環境，欲回復其十三年以前之狀態，實為事實上所不許者也。」但他的反思只能到此為止，難以如醫術高明的外科醫生那樣，將中共這個癌細胞從中國切除。

在國民黨黨魁及廣東政府主席的爭奪戰中敗北的胡漢民，被任命為有名無實的「外交部長」——廣州割據政府並不為列強所承認，外交部並無外交可辦理，這明顯就是對胡漢民的羞辱。

胡漢民未能接孫文的班，原因之二是其個性上的弱點。桂系首腦李宗仁曾評價，胡漢民確實為一守正不阿、有為有守的君子，但其器量亦極狹隘，恃才傲物，言語尖刻，無政治家風度：

當時黨自元老以至普通黨員，沒有人對展堂先生不表示尊敬，然也沒有人覺得展堂先生足以為全黨一致歸心的領袖。因胡的天賦，為治世的循吏則有餘，為亂世的旋乾轉坤的領袖卻不足。

由於人緣太差，黨內高層對胡漢民「惡感多而好感少」。

一九二五年八月二十日早上八點，在國民黨內僅次於汪精衛、胡漢民的第三號人物、左派領袖廖仲愷偕夫人何香凝，乘車來到廣州越秀南路八十九號國民黨中央黨部時，突遭槍手襲擊，送醫院後終告不治。

廣東政府迅速成立由汪精衛、許崇智和蔣介石組成的特別委員會，「授以政治、軍事及警察全權」，負責調查廖案及應付時局。

據查，廖案最大的嫌疑對象是國民黨右派團體「文華堂」，該團體與胡漢民關係甚為密切。胡漢民的堂弟胡毅生等人被視為嫌疑犯。雖然沒有證據證明胡漢民與此案有直接關係，但難免有瓜田李下之嫌疑，用汪精衛的話來說：「**胡先生只負政治上的責任，不付法律上的責任**。」

實際上，廖案跟早年為孫文親信的朱卓文有關。朱卓文在興中會時期即追隨孫文，曾幫助宋慶齡私奔至東京，與孫文結婚。當場被捕的凶手陳順，使用手槍的槍照（槍枝執照）是朱卓文的。

但鮑羅廷和汪精衛對胡漢民已動了殺機。為了爭奪最高政治權力，昔日革命同胞變得水火不容。當初，汪精衛刺殺滿清攝政王載灃，以手指鮮血寫八個字留給胡漢民，「**我今為薪，兄當為釜**」。汪精衛在一篇文章中說過：「革命黨人只有二途，或為薪，或為釜。薪投於爐火，光熊然，俄頃灰燼；而釜則受盡煎熬，其苦愈甚；二者作用不同，其成飯以供眾生之飽食則一。」豈不料，十多年後，兩人恩斷義絕。胡漢民仿曹植七步詩中「本是同根生，相煎何太急」的名句，在〈讀史〉一詩中嘆息：「摘瓜有句唐臣泣，煎豆無詞漢室憂。」如此，將汪精衛當年的比喻反其意而用之。

八月二十五日晚上，由汪精衛派遣的五十多個黃埔軍校學生軍直撲胡漢民家，汪指示若胡「逃捕」即可就地處決。當夜，胡漢民才剛就寢，聽到門外嘈雜的聲音，趕緊下床，穿上衣服匆忙從後門逃出。因事出突然，跑到街上不知到哪裡是好，稍加思索，推測此事極有可能是與汪精衛有關，一時興起，直奔西華二巷的汪精衛家，此舉正體現了胡氏「不入虎穴、焉得虎子」的固執。

汪精衛的妻子陳璧君見胡漢民衣衫不整的奔跑而來，非常詫異。聽了胡漢民的一番訴說後，陳璧君怒不可遏，立即打電話給汪精衛，質問道：「胡先生究竟犯了什麼罪，你要派人深夜前去緝捕？」汪精衛不知胡已到他家，在電話中說：「反動派就要捉，捉了就要殺！這樣做是大快人心！」陳璧君回望胡漢民一眼，低聲告訴夫君說：「胡先生現在我們家裡。」汪精衛氣得擲下話筒。當夜，陳璧君怕生意外，讓胡漢民住了下來。次日，胡漢民在古應芬[55]等人的保護下入住黃埔軍校，蔣介石承諾保障胡的安全。

胡汪之爭，各有其軟肋，正應了孫文生前的一句玩笑話：「欲令展堂革命，必先殺其兄弟；要使精衛革命，須使先同太太離婚。」

九月十五日，汪精衛主持國民黨中常會，決定「請胡同志往外國接洽。以非常重大任務付之胡同志之手……對於胡同志並無任何芥蒂。」這是自欺欺人的場面話。由此，胡漢民被放逐出國，離開了國民黨的權力核心。汪精衛沒有料到的是，在不久後的中山艦事件中，他本人重蹈胡漢民之覆轍，被蔣介石按照同一個劇本趕下臺。胡漢民與汪精衛都沒有嫡系的軍隊，在最高權力爭奪戰中，自然不敵後起之秀蔣介石。

弔詭的是，胡漢民在赴蘇俄的「放逐之旅」期間，於一九二六年二月十七日，應邀列席第三國際執行委員會第六次擴大會議並發表演講。胡一改此前反對共產黨加入國民黨的立場，反倒提出讓國民黨整體加入共產國際的建議。胡後來對此的解釋是：「我提出這種主張，是站在中國國民黨的立場，主張國民黨公開加入第三國際，第三國際裡面的一切情形，我們都要曉得，一切事情，都要國民黨自己負責，這完全是為國民黨自身打算。」這個解釋顯然難以自圓其說。

而這一主張正好為當時蘇俄內部政治鬥爭所利用。季諾維也夫支持胡漢民的這一觀點，史達林則反對。史達林立即約胡談話，竭力打消胡之建議，兩人辯論長達五、六個小時之久。後來，胡的意見未能為共產國際採納。歷史學者蔣永敬在《多難興邦：胡漢民、汪精衛、蔣介石及國共的分合興衰》一書中指出：「胡自認為是革命者，其在莫斯科，要求國民黨加入第三國際，果如實現，後果如何？不難想像。」

一九二七年春，第一階段的北伐完成，國民黨內部出現定都南京還是定都武漢之分歧。汪精衛從國外歸來，拒絕與蔣介石合作，前往武漢。汪到武漢之後，蔣感到勢單力薄，主動到上海邀請閒居兩年的胡漢民出山。

55 中國民國政治人物。

胡漢民認為，**表面上看北伐軍一路勢如破竹，實際上正是「黨亡國危」的關鍵時刻，反共才能救國民黨、救國民政府**。因此，他答應蔣介石的請求，加入南京政府，被推舉為國民黨中央政治會議主席、南京國民政府主席，儼然是國民黨黨魁兼政府首腦的一號人物。**胡任職之後頒布的第一號命令，就是通緝陳獨秀等一百九十名共產黨人。**

第二階段北伐完成後，南京中央政府馬上面臨地方勢力的挑戰。一九二九年，李宗仁、白崇禧、張發奎、馮玉祥、石友三、唐生智等人接連發動戰事，挑戰南京政府的權威。一九三〇年，各派更聯合起來發動規模更大的中原大戰，蔣介石左支右絀，南京政府風雨飄搖。

## 黨治與軍治之爭：胡漢民與蔣介石由合作轉為敵對

那幾年，蔣介石經常在外指揮作戰，南京政府由立法院長胡漢民坐鎮留守。**這一時期，蔣、胡的密切合作，是南京政權得以穩定的關鍵原因之一**。比如，蔣桂戰爭時，胡漢民公開支持蔣介石討伐桂系：「**這一次討伐桂系，就黨的立場說，是以革命的勢力，消滅反革命的勢力；就政府的立場說，是以中央討伐逞兵作亂的叛將。**」曾任國民黨中央執行委員會祕書長和中央宣傳部長的桂崇基：

那幾年正是國家多事之秋，胡先生每每藉這種機會對於稱病抗命之徒，義正辭嚴，予以聲討。對於一切邪說，亦引經據典，指出其謬誤，其對全國人心向背，發生極大影響。

蔣介石本人也承認：「**國府成立以來，各種設施，百分之九十九悉依漢民之主張。**」

當時，**反共是蔣、胡合作的基礎**。胡漢民後來回憶：「**當時的情勢，是一個逼到個個同志非反共不可的情勢，尤其是非跑到南京、上海去反共不可的情勢**。誠然，維護軍閥不見得是件好事，但是與其把中國國民黨斷送在共產黨手上，還不如先設法消除了共產黨，再求補救。」這是為自己昔日支持蔣介石辯解。

但是，一旦外部危機過去，蔣、胡二人很快陷入激烈政爭之中。表面上看，兩人的分歧是南京政府是否採納汪精衛等人在太原完成的《中華民國約法草案》（即俗稱的《太原約法草案》）：蔣介石為了統合黨內分歧和朝野對立，願意接受約法，蔣還存有一個私心——有了約法，就可以恢復總統制，他是成為總統的唯一人選；而作為立法院長的胡漢民，卻一心捍衛孫文留下的法統[56]，所以堅決拒絕從北京政府沿襲而來的約法。兩人對此反覆爭論，始終無法達成共識。蔣介石在日記嚴詞批判胡漢民：

> 書生意氣用事，固執己見，必使他人絕望無路，不顧國家，因此更亂也。乃知古之不能治國平天下，而竟致滅亡者，往往多在書生之不能變通也。余決計發表，照江電施行，任何反對亦斷不顧也。

56 在法律關係上有正當系統，即在法律上有合法地位。

從這段話可以看出，蔣介石願意接受約法，但內心深處對約法並不尊崇。他所謂的「變通」，乃是以約法拉攏人心而已。這是近代以來中國政治人物普遍缺乏法治精神的例證之一。**在中國，憲法是為現實政治鬥爭服務的，憲法並未像在美國那樣成為立國根基。**

胡漢民以孫文政治和思想遺產的繼承人自居，號稱「**總理在世，漢民以總理為黨；總理去世，漢民便以黨為總理**」。從他的立場而論，既然有孫文的「三民主義」為黨的意識型態乃至國家的最高法律，何須再來添加一部約法呢？胡漢民熱衷於自行立法，在南京政府的立法院成立後，身為立法院長的胡漢民主持立法速度驚人，有時在一天內竟能通過法律兩百五十條，通常在百條左右。但是，有法不依，則法律形同虛設。胡漢民後來回憶：

> 我在南京的時候，職司立法，原期藉黨治的掩護，完成法治，再由法治過渡到民治，使訓政的工作，能確實的建樹起來。可是我的企圖完全失敗了。我所立的法，能實行的是哪幾種？我不能說，能稍稍壓抑槍桿子[57]的威權，使有槍階級有所懼伏的，則可斷言其絕無。

儘管胡漢民用「黨治—法治—民治」三階段說來百般掩飾其對黨權的張揚，但從這段話中仍可發現，胡漢民與蔣介石一樣，並無美國法學家伯爾曼（Berman）所謂的「以法律為信仰」的精神。在胡漢民心目中，法治在黨治之下，黨才是最高權威。

追根究柢，**蔣介石和胡漢民關於是否採納約法的爭論，其實是「軍權」與「黨權」誰最**

**大的鬥爭**。

胡漢民一貫堅持黨權高於一切，強調黨治下的法制觀念。「**所有軍政訓政，皆為本黨建國時期之工作，一切權力皆由本黨集中，由黨發施，政府由黨負責其保姆之責，故由黨指導，由黨擁護**。」他堅信，黨權是唯一合法代表，國家統一之後，必須以黨權約束軍權，「做到不打仗，就可以用法治的力量來約束槍桿子」。也就是說，自古武人只能馬上得天下，沒有文人就不能馬下治天下；**只有政治可以左右軍事，而軍事不能左右政治**。

歷史學者金以林認為，胡漢民原以為蔣介石「獨裁專制、專制於黨，並不算錯誤，而且還絕對的合理，因為『以黨訓政』，必須使得整個中國政治的領導權集中於黨，才能由黨去實行主義與政策」。但是，蔣實行的專制並不是胡所希望的「黨治」，蔣無非是借「軍治」為名，達到能控制黨權和政權的目的。蔣認為，開國端在武功，有武功不患無文治，「**書生如本黨之老學究，誠不足言文治也**」——胡漢民被其視為「老學究」[58]之一。

蔣介石以軍事起家，自然迷戀軍權。歷史學者王奇生分析：蔣介石認為，任何社會，任何時代，軍人都是社會的主導群體；人類社會最合理、最嚴密、最有效的組織，莫過於軍事統制。與軍事統制相比，政黨組織的社會動員功能顯得軟弱無力和無足輕重。**蔣介石對軍權**

57 一、槍枝。二、泛指軍隊、武力。

58 稱年老的讀書人，有譏諷其固陋的意思。

**和軍治的過分迷戀，分散甚至取代了他對黨內機器、組織、建設的關注和考慮。在蔣的一生中，他最為倚賴的是軍隊，而不是黨。**這也埋下了國民黨日漸成為一盤散沙，無法與組織嚴密的共產黨競爭的禍根。

**如果說胡漢民代表黨權，蔣介石便代表軍權。尊黨權，還是尊軍權，決定著胡漢民和蔣介石誰的權力大、地位高。這一分歧是根本性的分歧，是無法調和的分歧。**蔣介石好抓權，黨政軍事務都要插手，完全不在乎已有之組織機構「各司其職」。對此，胡漢民忍無可忍：

其實甚麼機關都可以不要，只存一個陸海空軍總司令部便可以了，既簡捷，又經濟，這樣一實行，對於減少目前財政恐慌，大概也不無小補！介石是不是什麼事都要聞問，我不得而知。但陳立夫、陳果夫[59]等對任何事件，總說：「介石不知意思如何？」其實，既然有中央黨部，有國民政府，有陸海空軍司令部，又有各院部會，事有專司，何可以某一個的意思來掩蓋各機關。

軍權的擴張，自然使得行政、立法、司法三權都成為其附庸。這是由蔣的個性決定的，更是由南京政權「軍國」的本質決定的。陳立夫晚年在回憶錄中也承認，在國民黨的實際權力運作中，是槍指揮黨，而不是黨指揮槍：

軍事在黨治之下，這只是手續。嚴格的說，黨要控制軍事是很難的。中央政治會議下是沒有機構掌理軍事事務，雖然有一個軍事委員會，但力量是有限的，因為主管的人沒有權力。

胡漢民不能接受這種權力運行模式，他試圖利用立法權來掣肘蔣介石。當蔣介石不接受分權制衡時，胡就憤怒的譴責：「**黨是有了，然而黨的統治權，不屬於主義而屬於個人。北伐的結果，只是以暴易暴，完成了軍閥治權之轉移。**」這種指責是有道理的，但當時內戰、外戰接二連三，南京政府的靈魂人物自然是軍事強人蔣介石，而不是立法院長胡漢民。

於是，蔣、胡二人的矛盾越來越不可調和。一九三一年二月九日，蔣在國府主持紀念週時，被胡在眾人面前痛斥。胡以革命導師自居，性格嚴肅率真，對於他人的錯誤會當眾不留情面的指責。然而，儘管蔣在黨內輩分上是晚輩，但無疑已是當時最具實力之人物，怎能忍受在眾人面前被訓斥。蔣沒有當面翻臉，但在日記中寫下憤恨不平的心情，「無論對於何人，如見其有過，寧可直率的當面規勸，然須意存鍾愛，萬不可發於大庭廣眾之中，跡近侮辱使人難堪也。」蔣聯想起北伐期間曾被鮑羅廷在眾人面前羞辱的往事，遂將把鮑、胡二人相提並論：

---

59 陳立夫與其兄陳果夫是中國國民黨重要人物。

今日之胡漢民，即昔日之鮑羅廷。余前後遇此二大奸，誠一生之不幸也。鮑使國民黨受惡名，而共產黨受其實惠；胡則使國民黨受害，而彼自取其利。鮑使國民革命破壞，而不能建設，胡則使國民黨阻礙，而不能進取。鮑使國民黨制度法律陷於散漫割裂，而不能運用；胡則使國民政府與行政院隔斷，而欲以五院牽制政府，且使各種法律隨時更改，以便其實圖。兩人之象，實無異也。但鮑為異黨，又為外人。胡則自相摧殘，其存心、其人格，更不容誅焉。

此刻，在蔣心中，胡甚至比鮑還要壞，可見蔣對胡的仇恨到了火山爆發前夕。數天後，蔣再度與胡談及約法問題，試圖做最後一次努力。胡仍堅持己見，且傲慢的對蔣介石等人說：**「我並不是不主張約法和憲法，我自信是真的為約法、憲法而奮鬥者。實在說一句，黨開始反對滿清、提倡民權主義的時候，我還不知道你們何在？而且也無處認識你們。」**當晚，蔣在日記中寫下：「孔子之於少正卯、孔明之於馬謖，其皆迫於責任乎。然吾則制止其作惡作劇而保全其身可也。」這番話顯示蔣已決心對胡使用「非常手段」。

## 蔣介石軟禁胡漢民，出現「寧粵對立」的一國兩府

一九三一年二月二十八日，胡漢民和全體中央委員應蔣介石之邀請，到陸海空總司令官邸晚餐。胡漢民不知道，蔣介石已為他設置了一桌鴻門宴。

當晚八點，同人畢集。胡漢民剛一抵達，高凌百祕書長、吳思豫警察廳長等將其迎入一間單獨的會客室。兩人拿出一封蔣介石親筆寫的、名為〈致胡漢民函勸其悔改自新以利黨國〉的信件給胡。蔣在信中指責胡犯有「勾結許崇智」、「運動軍隊」、「反對約法」、「阻礙和平、破壞統一」、「惡意攻擊外交、使外交無從進行」、「詆毀政府、陰謀內鬨」等諸多罪狀。在每一條款之下，蔣還加了幾句批註，最後幾句批註的大意是：「**先生每以史達林自命，但我不敢自承為托洛斯基**。中正欲努力革命，必須竭我能力，不顧一切做去，斷不敢放棄自身責任也。」

到了十二點，蔣介石來了，其侍衛站在門外，其侍衛長王世和戎裝持槍，跟了進來。蔣坐在胡的對面，王則按著槍坐在蔣、胡旁邊的一張椅子上，彷彿隨時戒備，以防二人發生肢體衝突。

胡對蔣說：「你近來病了嗎？」

蔣說：「沒有病。」

胡說：「那很好，我以為你發了神經病了。」接著，胡對於蔣介石的突然襲擊以及羅列的一系列罪狀，一一予以駁斥。

蔣沒說什麼話，有時被駁得「啞口無言」。這場交鋒持續了兩個小時。若是民主國家主辦「總統候選人政見辯論會」，胡一定可以擊敗蔣；但此時，周圍持槍衛兵林立，誰說得在理已經不重要了，誰指揮槍桿子更重要。

胡發現無力回天，遂賭氣說：「**從今天起我什麼都可以不問。**」蔣立即接口：「胡先生能辭職，很好。但不能不問事。我除總理以外，最尊敬的便是胡先生。今後遇事，還要向胡先生請教。」

胡的人身已失去自由，但嘴上仍不服：

你不對，只有我教訓你。除我以外，怕沒有人再教訓你了。你不當以為我不敢教訓你，如果我畏死，也不至今日才畏死，早就不出來革命了。我現在已經五十多歲，妻子老了，女兒也大了，也已出嫁，我更脫然無累。

這段話是有以死抗爭的味道了。胡向蔣介石表示：「**你操縱一個國民會議，通過約法，再選舉你做總統，你能做得好，我也許可以相當贊成，但你萬不能懷疑我會和你爭總統，因此而以去我為快。**」

胡漢民點出蔣熱衷於推動約法的真實原因：有了約法，蔣就可以當總統。這句話說到蔣的痛處。蔣對約法毫無興趣，最有興趣的是總統的頭銜。無論是主席還是委員長，都沒有總統來得名正言順。一九四六年，在共產黨叛亂迫在眉睫之際，蔣介石仍推動「行憲」，也是出於同樣原因。雖然蔣如願以償當上總統，卻錯失收拾民心、對抗共產黨的良機，三年之後就丟掉了中國。

彼此已撕破了臉，再說無益。蔣介石隨即命令邵元沖和侍衛長王世和，將胡漢民押解到湯山總司令部俱樂部軟禁。為掩人耳目，一週後又命人將胡漢民遷回南京胡氏原宅軟禁。

**湯山事變，無疑是震驚中國政壇的一次巨大政變。蔣介石掃除了其成為國民黨和國民政府最高領袖的最後障礙。**

然而，胡漢民被軟禁一事，舉國輿論譁然。一貫支持蔣的戴季陶託辭為陣亡將士誦經，離京隱居寶華山。蔣的親信陳立夫也承認：「**從胡先生的觀點來看，蔣先生只是一名中央執行委員會的委員。以黨的紀律角度來看，胡先生是沒有錯的。假如我是一個法官的話，就在法律上來看，我要說胡先生是對的。**」

蔣、胡之爭，也被賦予地域之爭的色彩，即**蔣代表的浙江人對胡代表的廣東人的壓制和迫害**。所以，兩廣籍人士古應芬、孫科、陳濟棠、李宗仁等強烈反對蔣的做法。孫科素來與胡漢民不和，但這一次，孫科站在胡漢民一邊，在接受德國記者訪問時為胡抱不平：

現在胡同志仍是一個囚犯，如同被捕時一般，除非得到蔣氏親自許可，沒有人能去看他，甚至戴季陶和我兩人去探望也要請求蔣氏同意。直至被捕後的第四天，蔣才下諭給監視胡同志的獄吏，許我們去湯山看他。胡同志個人原有的衛士都被解除武裝，所有勤務都被驅逐，即公館電話線亦全被割斷，直至今日仍是如此。

汪精衛得知胡漢民被軟禁一事，立即意識到可藉此大做文章，立即發表一篇《為胡漢民被囚重要宣言》，嚴厲指責蔣介石，並表示願意與胡漢民盡棄前嫌、合作反蔣。桂系的李宗仁、西山會議派等也加入反蔣聯合陣營，至此**兩廣反蔣局面形成**。一九三一年五月二十七日，廣州國民政府成立，並發表反蔣宣言。

**如同共產黨黨史基本上是毛澤東、周恩來、林彪三人權力鬥爭的歷史，國民黨黨史也差不多是蔣介石、胡漢民、汪精衛三人權力鬥爭的歷史**，歷史學者張玉法指出，蔣、胡、汪三人有時分，有時合，「分時易招外患，包括共黨勢力之擴張和日本之侵略；合時外患則易息止或減緩，包括共產黨再度與國民黨合作、以及日本對中國侵略之減緩」。

正當寧粵「一國兩府」劍拔弩張之際，北方發生「九一八」事變。國難當頭，烽火連天，蔣介石被迫與粵方妥協。十月十四日，蔣在國民黨元老張靜江的陪同下去見胡漢民，蔣放低身段說：「**過去一切，我都錯了，請胡先生原諒，以後遇事，還請胡先生指教。**」蔣表示，立即給予被軟禁近八個月的胡漢民自由。

當天下午，胡離開南京抵達上海，並發表公開談話。後又至廣州，成為南方實力派領袖，持「**抗日**、**剿共**、**反蔣**」三大政治主張，並毫不客氣的將蔣介石稱為「新軍閥」。之後，雖幾經談判，寧粵和解並合流，但國民黨高層派系鬥爭仍然「樹欲靜而風不止」[60]，直到國民黨敗退臺灣之前都未停息。

多年後，蔣介石曾對湯山事件表達追悔之意：「當時討平閻、馮叛亂以後，乘戰勝餘威，應先積極統一各省軍、民、財各政，而對中央內部謙讓共濟，**對胡特與信任與尊重，以國府主席讓之，則二十年胡案不致發生，內部自固矣。**」

一九三六年五月九日，胡漢民應邀到妻兄陳融家赴宴，飯後與陳家的家庭教師潘金夷下象棋。胡漢民以一子之差，全盤頓成輸局。苦思良久，無法補救，一聲長嘆，腦遂溢血，當即倒下。當晚十點，胡漢民向前來探望的友人留下遺言，政治遺囑部分，仍是發揚孫文之「三民主義」，「**熟察目前情勢，非抗日不能實現民族主義；非澄清政治不能實現民權主義；非肅清共匪不能實現民生主義**[61]」。

胡漢民英年早逝，或許是一大幸運——至少不用像宿敵蔣介石那樣，忍受國民黨政權全潰敗、逃亡臺灣之屈辱。

---

60 此處指表面安靜，但底下還在醞釀鬥爭。

61 社會主義，又名共產主義。政策有平均地權、節制資本等。

# 第三章

# 殺光、搶光、燒光，你來我往的殺人比賽

## （一九二七～一九三五）

據縣志記載，到一九二〇年代末，麻城已經進入了惡性仇恨和突發暴力的鼎沸狀態。當國民革命嵌入這個一觸即發的場景，並提供了關於階級鬥爭的理論，和關於復仇與拯救的天啟式承諾時，其結果就是一場極度騷亂的血腥屠殺。正如美國記者愛德加．史諾（Edgar Snow）[62]富有政治同情和人道憂慮的觀察，這是一場「宗教戰爭般慘烈的內戰」。

——羅威廉《紅雨：一個中國縣域七個世紀的暴力史》

位於大別山南麓的湖北省麻城縣，北面與河南接壤，東面與安徽臨近，與黃州、蘄州一起形成了「積磅礴之萬山」的高地次區域。若是在和平年代，這裡堪稱一處「如畫紫雲之嶺」的風景勝地；然而，在戰亂和政治動盪的年代，這裡淪為盜匪雲集、殺戮不止的人間地獄。

62 美國記者，以在中國革命期間著作聞名。

## 一個縣城，梳理了長達七世紀的暴力文化

一葉知秋，**一個縣城可以透視整個中國**。羅威廉以麻城為「主人公」寫成《紅雨：一個中國縣域七個世紀的暴力史》一書，梳理了此地長達七個世紀的暴力文化：從元朝末年的農民暴動，到明清易代之際的戰亂，再到清帝國中後期的太平天國之亂，「**砍頭、剁耳、挖心、割胸等殘暴行徑，和將敵人滿門滅絕的做法一樣，都是這種文化當中司空見慣的一部分**」。暴力司空見慣，人們見怪不怪，當地文獻中出現的話語，不論是官方的還是民間的，都充斥著刺激性的語言，如屍積如山、血流成河、血洗，以及具有豐富象徵意義的「**紅色**」——當蘇俄布爾什維克革命傳入中國後，「紅色」又被賦予革命的崇高意味，國民黨和共產黨的黨旗，以及與之搭配的國旗，都以紅色為底色。

就麻城而言，最駭人聽聞的暴力發生在一九二〇年代之後。從孫文在廣東採納聯俄、容共政策到國民黨黨軍揮師北伐，一種新「階級鬥爭」的觀念，逐漸席捲包括麻城在內的大半

▲ 愛德加・史諾（左），1938 年與周恩來夫婦。

個中國。耐人尋味的是，從一九二三年一月二十六日孫文與蘇聯特使越飛發表《孫越宣言》，到一九二七年四月十二日蔣介石發動「清共」屠殺之間那四年的歷史，國共兩方都給予高度肯定。然而，國共都不願正視的事實是：**孫文就是打開潘多拉盒子的始作俑者，或者說孫文就是從盒子裡飛出來的魔鬼。**

羅威廉以占據該書四分之三的篇幅，講述麻城自一九二〇年代以來的暴力衝突，他也將這段二十年的歷史，放在更為漫長的七個世紀的大歷史中講述，給中外讀者上了一堂顛覆儒家「和平」、「仁愛」外衣的歷史課。但另一方面，他卻淡化了這段時期的暴力所具有的前無古人的「現代性」特質。

羅威廉承認，馬克思主義的階級鬥爭學說對暴力的激化，也承認共產主義意識型態模仿了基督教「天啟」、「拯救」的觀念而將暴力合理化，卻未能更深入彰顯此種暴力的「外來性」特徵。

羅威廉引用美國左派記者愛德加．史諾，對中國革命和暴力的「摩尼教式」的描繪，認為這種「對敵人極端的、毫不妥協的仇恨，會超越政治意識型態的譜系，從而認可對他們採取最恐怖、最野蠻的行為」。羅威廉也在史諾使用的「宗教戰爭般慘烈的內戰」的比喻中，發現其「政治同情」和「人道憂慮」的成分。其實，史諾肯定共產革命的合理性，他的《紅星照耀中國》一書，讓幾代西方知識分子對毛澤東和中國共產黨抱有天真爛漫的幻想——毛澤東不像史達林那麼殘暴，毛是一名東方哲人和詩人；中國共產黨不像蘇聯共產黨那樣信奉原教旨主義式[63]的馬列主義，中國共產黨是一個溫和的、儒家式的、農民的政黨。在此意義上，史諾的罪過並不比那些直接殺人的劊子手要輕。

出乎史諾意料之外的是，革命之後的中國，並未放棄暴力。一九八九年的天安門屠殺是最近的一個例子，那時史諾已去世了，若他還活著，不知當作何感想？是追悔莫及，還是怒髮衝冠？他的遺孀洛伊斯・惠勒・史諾（Lois Wheeler Snow）替他做出了回應。一九四九年，洛伊斯與史諾結婚時，還是百老匯的一名嶄露頭角的演員。洛伊斯說：「在和史諾相識、結婚後，中國就成為我生命的一部分。」史諾去世以後，她單獨訪問中國數次，仍享有皇室般的待遇，中國官方為她安排的紅旗牌高級轎車有警車開道，一路暢通無阻。

然而，當天安門屠殺發生，一切都改變了。「即使是我也很難意識到，那麼長時間以來，我一直不知道那些侵犯人權的行為，**要到天安門事件才讓我清醒過來。**」史諾夫人在二〇〇〇年接受《紐約時報》採訪時說：「**渾身是血的孩子被士兵拖走，就在電視上，在客廳裡，在你面前。孩子們，我的子女，都在我身邊。我們大叫，就像在現場一樣。**」此後，她再度訪問中國，目的卻改變了，她是去探望在天安門失去孩子的母親。然而，她要探望的丁子霖教授被軟禁在家，她們近在咫尺卻無法相見。

洛伊斯失望的離開中國，直到去世前，再也沒有踏足這個她和丈夫曾為之辯護的國家。她在一篇公開聲明中說，原本安排的會面，「**是一個母親和她的兒子，對另一位失去了兒子的母親所能表達的同情和安慰，這也是向所有在十年前的天安門屠殺中失去親人，又在後來**

**的歲月裡被剝奪了正常生活和自由的母親和難屬們，表達我們母子和他們的團結之心。**」雖然史諾的墓地被高規格的安置在北京大學未名湖畔（北大老校長蔡元培的墓地至今仍不允許從香港遷回北大，或許因為蔡元培曾支持蔣介石清黨），但只能由天安門母親們幫史諾夫人前去掃墓。

史諾沒有意識到，**天安門屠殺的種子早已種下。**一九二〇年代之後在麻城以及更多地方泛濫的暴力，與以往的暴力相比，最大的區別就是：**以意識型態和階級身分來殺人，將殺人賦予現實的合法性和歷史的合理性。這種對暴力的正面肯定乃至歌頌，成為二十世紀以來中國文化最顯著的特點。**羅威廉發現，即使在人民共和國時期，通俗歷史讀物也酷愛使用這類語言，從一九五八年蔡寄鷗的《鄂州血史》，到一九九七年郭木的《喋血大別山》和不計其數的當地革命回憶錄，皆是如此。對當地人來說，到二十世紀中葉，看似無傷大雅的詞彙「清」，被賦予了人們再熟悉不過的恐怖色彩，是大屠殺有了模式化的委婉說法，如清野、清鄉、清剿、清縣和肅清。

羅威廉在《紅雨》一書中對麻城的個案研究，讓人不禁「哀生民之多艱」。接踵而來的屠殺、饑荒和瘟疫，讓麻城人口銳減，從一九二三至一九四一年，人口減少近二〇%。受內戰影響最嚴重的順河集和乘馬崗，人口損失更加驚人：從一九二六至一九三四年的八年間，

---

63 指某些宗教群體試圖回歸其原初的信仰的運動，或指嚴格遵守基本原理的立場。

人口從十八萬銳減到五萬。**「三光」（殺光、搶光、燒光）政策不是日本人的發明，而是中國人之間同族相殘的創舉，是超過「四大發明」的「第五大發明」。蔣介石和他重用的將領夏斗寅、毛澤東與同他競爭的政敵張國燾，都比日本人更早在麻城使用「三光」政策。**

## 國民黨對共產黨及農民階級的無情屠殺

美國學者艾愷（Guy Alitto）在研究與麻城相對、位於大別山北麓的豫南地區時注意到，一九一〇年代末到一九二〇年代初出現了一場「新鄉村」的創建，由土匪、軍閥、官員、吏役和各種類型的土豪劣紳組成了「共生性結合體」。一九一二年，皇帝制度的廢除造成了可怕的失範[64]：

> 政治和道德共同體的瓦解，任何單一、客觀、廣為接受的合法性標準的缺失，製造了一批新的鄉村菁英，他們的權力雖然來自複雜而多樣的渠道，卻最終都要依賴於對組織化暴力形式的直接或間接控制。

辛亥革命之後，中國農村的情形惡化了。印度裔美國學者杜贊奇（Prasenjit Duara）論及清帝國晚期，尤其是民國建立以來國家權力的「**內卷化**」[65]——國家政權深入鄉村，加深了農村領袖與群眾間的分裂。這些農村領袖原來多是舊式鄉紳，他們面對來自國家和群眾兩面的壓力，有的選擇投靠並依賴國家的暴力來駕馭群眾，有的則選擇讓位並遷居城市，給予不肖之徒乘虛而入之機，此即農村領袖的「痞化」。於是，農村的階級矛盾變得尖銳。

夏斗寅崛起的經歷正好反映出此一過程。夏斗寅來自於東山夏氏望族，雖然這個家族沒有人獲得功名，但其祖上是參與對抗太平天國的民團[66]領袖。夏斗寅出生時，其家境已中落。夏由寡母養大，由於家境貧寒，只受過幾年小學教育，後來到武漢就讀於一所免費的新式軍校，畢業後加入湖北新軍。他參與了武昌起義，民國建立後，進入保定軍事學校深造。畢業後，他為地方軍閥效力，參與湖北自治運動，也支持孫文的護法運動，領兵對抗北洋軍閥，卻被吳佩孚擊敗。

北伐軍興，夏斗寅追隨唐生智加入國民革命軍。武漢政府成立後，夏被派往鄂西迎戰受

▲ 夏斗寅曾任湖北省政府主席，中華民國國民革命軍上將。

64 指失去原有的規範和狀態。
65 某文化達到某最終型態後，無法自我穩定，也無法轉變為新的型態，只能使自己在內部更加複雜化。
66 由地方人民自行組織或由地方豪族組織的防禦團體。其主要工作為防禦盜賊的入侵。

蔣介石南京政府之命、沿江而下攻打武漢的四川軍閥楊森。然而，左傾的武漢政府支持共產黨人在農村實行激進的「痞子運動」，大量地主和富農遭虐殺。夏斗寅家鄉麻城的地主們遭到恐怖襲擊的消息不斷傳來時，他和軍官們極為憤怒，對鼓勵這種行為的武漢政府充滿厭惡。一九二七年五月十日，夏響應蔣介石的電報，發動反共的兵變，調轉部隊向武漢進軍。武漢政府派出北伐名將葉挺的軍隊成功阻擊了夏軍，夏轉而在湖北西部和南部地區對左派分子進行為期兩個月的大範圍清洗。

夏斗寅對底層階級毫無同情之心，他對反叛者無情屠殺。他與當地地主保衛團及祕密會社（包括支持過蔣介石的青幫）成功取得聯繫，以最凶殘的方式，殺害了大約數千名共產黨員及農會、工會領導人。六月初，他到了湖北東部自己的家鄉，將血腥復仇延伸到黃岡、黃安、羅田和黃梅縣的鄉村。夏在黃梅縣碰巧遇到一場數百人的反蔣介石集會，他將與會者全部殺害。在其家鄉東山，他燒毀了木子店鎮的農舍和商鋪，屠殺了數百人，其中很多是婦女和兒童。在東山南部的集市黃石港，夏手下的一名軍官襲擊了一所鄉村學校，殺害了裡面的老師和全部二十三個學生。

極具諷刺意義的是，夏斗寅雖然有現代教育和革命資歷，卻以儒家家長式的說法，表示他的做法是要恢復家鄉的秩序和元氣——蔣介石也喜歡使用類似說辭，更早的王陽明和曾國藩在平叛中亦有類似論述。但夏及其軍隊的暴力程度，遠遠超過這個暴力時代的常規，恐怖、殘忍而又充滿戲劇性。就連極端反共的美國學者韋慕庭（C. Martin Wilbur）都忍不住譴責夏的方式是「可鄙的」。

夏在黃岡用烙鐵燒俘虜的肉，在羅田曾把受害者綁在樹上，用沾了沙和鹽的刀千刀萬剮。他喜歡把共產黨人浸在煤油裡，並將他們點燃。夏的士兵曾將嬰兒從母親胸前搶走，當著母親的面將嬰孩撕碎。夏的部下成桶的收集農會會員的耳朵，獻給長官。夏還特別熱衷於折磨、虐殺婦女。他抓住有左派嫌疑的婦女，將她們剝去衣服後放在當地戲臺上示眾，以表明她們的放蕩。在一起廣為報導的事件中，夏在麻城的鄰縣羅田將幾名婦女扒光衣服並把乳房撕裂開來，用鐵棍刺進去，並帶著她們在鄉村街道上遊行示眾。

在武漢政府的將領中，夏斗寅比發動「馬日事變」[67]的許克祥較晚「崛起」，卻因為比許克祥更殘酷的屠殺共產黨人而得到蔣介石重用。一九三二年，夏斗寅被蔣介石任命為湖北省主席、陸軍上將。然而，夏斗寅的軍事才能實在有限，他始終不能消滅活躍在湖北的紅軍悍將徐海東。蔣介石將其免職，當眾奚落他一直要求「湖北人的湖北」，可真正掌控該省之後，卻沒有能力管好它。

在蔣介石的壓力之下，夏斗寅以及其他國民黨將領在第四次圍剿中，採取更為澈底的「焦土」政策——這是「三光」政策的委婉說法，在抗戰爆發之前就在內戰中廣泛使用。在所謂

67 發生於長沙的一場兵變。一九二六年七月北伐軍攻克湖南長沙之後，共產黨和國民黨左派在湖南實行土地改革、進行階級鬥爭、消滅有產者，隨即展開階級鬥爭和屠殺。

的「匪區」，所有壯年男子都被殺害，所有房屋都被燒毀，所有莊稼都被搶走或破壞。在有嫌疑的村莊，國民黨的殺人隊殺光所有的男人、婦女和孩子，還向村裡的水井投毒以斬草除根。日本人的報紙報導，僅黃安縣就有十萬人被殺或故意餓死。整個鄂豫皖蘇區的死亡人數至少是它的兩倍。

一九三三年一月的萬字山屠殺，據說紅區有數萬居民被消滅，一間野戰醫院的三百名傷員全都被活活燒死。當地資料講述了共產黨員不分性別和年齡，全家被消滅殆盡，倖存者感到腳下浸透鮮血的地面溼滑，並挖掘大墓掩埋屍體——有一次，三千五百人一夜之間被全部活埋。

## 共產黨又是如何屠殺國民黨及地主階級

共產黨及國民黨左派遭到屠殺，從某種意義上說是罪有應得，因為在蔣介石揮起屠刀之前，他們就在農村開始了消滅地主、富農和士紳的「農民革命」，毛澤東在湖南和彭湃在廣東海陸豐的實驗，在北伐軍占領的十多個省分皆有不同程度的推廣。在麻城地區，共產黨游擊隊在一九二九年夏天，殺光了乘馬崗和光山交界地帶的大約三千名地主家庭成員，一九三五年八月，殺光了某地主葬禮上的所有在場者，這些無差別的殺戮，跟今日伊斯蘭國恐怖分子的做法毫無二致。

在麻城乃至整個鄂豫皖蘇區發生的屠殺，責任人是共產黨創始人之一的張國燾。「五四」時代，毛澤東只是個在北大圖書館打工的臨時工，張國燾則是正牌的北大優等生和學生領袖。在共產黨成立初期，張國燾的地位遠比毛澤東高，他是首任共產黨總書記陳獨秀的親密助手。然而，張國燾在北大接受的不是德先生和賽先生（民主和科學）的普世價值，而是蘇俄的階級鬥爭和暴力革命的學說，張因此成為中共建政之前殘暴程度僅次於毛澤東的殺人魔王。從張國燾身上可以看出，北大精神並非「兼容並包，思想自由」那麼單純和美好，北大精神中也有讓張國燾成為張國燾的致命毒素，這是北大及中國現代思想史上未被清理的「幽暗意識」。

一九三一年，張國燾以欽差大臣身分來到鄂豫皖蘇區。剛剛抵達，他即抱怨，儘管此前鄂豫皖領導人總是向中央匯報，說他們盡職的殺害地主和富農，可他們根本沒做過這件事。於是，他著手糾正這種情況。六月二十八日，張發誓要消滅這一地區的地主和富農階級。七月，他任命光山縣人高敬亭為鄂豫皖蘇維埃主席，高氏正是執行這項任務的合適人選——高年輕時曾親眼目睹自己的父親、妻子和年幼的兒子被富農殺害，強烈的階級仇恨驅使他大肆屠殺，就連他的共產黨同志也感到過於殘酷。根據張國燾本人描述，一九三一年麻城和黃安土地革命中的行為特別暴力。

關於高敬亭的事跡，史學大師余英時在其回憶錄中有專節記載。他主要依據其故族人余世儀寫的〈高敬亭為禍大別山區及其覆亡與翻案始末〉的長文，以及自己童年時代的親身觀察所寫。高氏領導一支以綁票殺人著稱的武裝力量，余英時的家鄉官莊及附近有很多受害人。

高敬亭是河南光山縣一個小康之家的子弟，自幼不肯好好讀書，先在鄉間結交一些痞子，為非作歹，到了二十多歲，膽子越來越大，竟幹起殺人越貨的勾當。在本縣不能立足，他帶著一群農村邊緣分子，竄入大別山區落草為寇。他們搶奪槍支、擴大徒眾，到了一九三〇年代中期已擁有千人左右，自稱紅軍「第七十五師」。再過三、四年，人數激增至數千，則擴大為紅軍「第二十八軍」，高本人成為張國燾的得力幹將，並被張任命為鄂豫皖蘇區的行政首長。

鄂豫皖蘇區在蔣介石的第四和第五次圍剿中敗亡之後，高氏糾結殘餘部隊遁入安徽。不久，抗日戰爭發生，國共再次合作，共方正式成立「新四軍」，將高的武裝力量收編為第四支隊，高本人也被任命為支隊司令員。余英時的回憶錄記載了高敬亭在這一時期的活動：

關於高敬亭及其徒眾在官莊一帶殘殺百姓的事跡，我初回鄉間便開始聽人繪聲繪影的加以描述，後來又不斷有人重複談及，因此在我童年心中產生了一種很深的恐懼感。最殘暴、規模也最大的一次殘殺事件發生在一九三五年二月十五日，鄉人稱之為「二一五事件」。這一次高派了徒眾五百多人到高莊及附近鄉村綁票，稍有一口飯吃的人都被抓去，一共有三百多個肉票，逼他們共同繳納十萬銀元的贖金，這當然遠遠超過他們的能力。在勒索不遂所欲之後，綁匪大怒，將三百多個肉票集體屠殺了。後來只有一、兩個年紀較小的僥倖逃脫，把屠殺的真相傳了出來。「二一五事件」不僅盛傳於潛山，而且震驚整個南方，上海《申報》、南京《中央日報》等都有報導。

此次屠殺中的死難者之一余誼密是安徽的重要人物，與余英時同族而長其一輩。余誼密是清末拔貢，一直任地方官，從知縣到道尹都做過。民國以後，他在安徽省備受推重，最先被選為省議長，後來轉入行政部門，先後出任財政廳長、政務廳長，並且一度代理安徽省長。他的官聲極好，為人正派，尤以清廉為人所敬。一九三〇年代初退休後，由於經濟拮据，他住不起城市，從安慶遷回潛山林家沖（緊鄰官莊）。他被害得特別慘烈，除了他之外，一子一孫也同時遇難。當時報紙對他一門三代被殺之事加以報導。

少年余英時回到故鄉官莊時，「二一五」慘案才過去兩年，還算是最近的事情，因此仍然是鄉人最常談論的話題。由於高敬亭一向打著「紅軍」、「革命」的旗號，後來又被正式收編為「新四軍」，所以，「二一五」這筆帳是記在「紅軍」或「新四軍」身上的。

不過，大概是因為高氏此前當過鄂蘇區主席，雖被收編為新四軍第四支隊，卻不接受葉挺、項英等人的領導，而且處處抗命，一心一意發展自己的勢力和地盤。終於在一九三九年六月，中共中央派人到合肥將高逮捕，經過三天的鬥爭，予以處死。高被處決並非因為其濫殺無辜，而是死於中共內部的權力鬥爭。若高不死，中共建政之後他有可能成為高級將領或封疆大吏。

## 最後，共產黨是如何自相殘殺的

張國燾與毛澤東終身敵對，宛如蘇俄政治史上史達林與托洛斯基的對立。張國燾與托洛斯基極其相似，他們的文化修養高於對手，一度在軍事實力上占據上風，但最終被更善於玩弄權謀術的對手掀翻，被迫流亡外國。托洛斯基死被史達林派出的殺手暗殺，張國燾則在加拿大的老人院安享晚年。不過，張國燾和托洛斯基的失敗並不值得同情，如果他們勝出並執政，並不會比毛澤東和史達林更溫和與仁慈。

張國燾在鄂豫皖蘇區殺人，既殺地主、富農和親國民黨的人士，更殺自己人。他一手策劃了大規模的「肅清反革命」（肅反）行動，波及蘇區的黨政軍各個領域。

肅反對象，最初針對總部在商城白雀園的紅四軍軍部的將領和軍官。軍官團不聽從張的指揮，執意南下作戰，張非常惱火，電令紅四軍火速從洗馬畈戰場退出，撤到皖西麻埠整頓，隨即抓捕了許繼慎、周維炯等高級將領。張宣稱許及其同僚組織了「反布爾什維克聯盟」，向中央匯報，他在紅軍內部發現各種政治派別的、不計其數的間諜。得到中央授權後，大規模的捕殺行動開始。

從一九三一年九月十三日起，除了已被捕的許繼慎、周維炯、李榮桂、潘皈佛、高建斗等五、六十名將領外，紅四軍政治部黨委書記胡明政和組織部長淥禹原、第十二師政委龐永俊和副師長肖方、第十師副師長程紹山和政治部主任關叔衣、第二十八團政治委員羅炳剛、第二十九團團長查子清和政委李侯石、第三十二團政委江子英、第三十三團團長黃剛和政委袁皋甫、第三十四團政委吳荊赤、第三十六團政委王天明、第三十八團政委任難等上百人被逮捕。另外，在地方紅軍系統的高級幹部中，鄂豫皖軍委副主席鄭行瑞、政治部主任王培吾、祕書長程翰香、前任皖西軍分會主席姜鏡堂、紅軍獨立旅旅長廖業祺等人亦被捕。之後，大規模的錯殺開始，包括許繼慎在內的軍級幹部十七人、師級幹部三十五人、團級幹部四十四人遇難。

一位叫肖永正的老紅軍，如此描述許繼慎被處決的恐怖場景：

我的心蹦蹦的跳。只聽得一聲吼叫：「綁到馬上，拖、拖、拖他！」發出這種殘酷號令的正是張國燾。在張國燾的吼叫中，幾個唯命是從的打手，把許繼慎同志撂倒在河灘上，牽過一匹高大的戰馬，將許繼慎同志拴在那馬的兩隻後腿上。此時，我們紅軍前任軍長、現任的師長，已經血肉模糊、奄奄一息，聽憑張國燾一夥擺布。我的心房顫動，淚眼模糊。但聽得一聲鞭響，那戰馬便飛奔在河灘上，許繼慎同志的軀體被拖過去，河灘上留下一片深痕及斑斑血跡。使敵人聞風喪膽的我鄂豫皖紅軍優秀指揮員，就這樣被王明的「欽差大臣」張國燾下毒手，活活拖死在曹家河河灘上。

軍事整頓只是第一步，運動最根本的打擊目標，是那些縣級黨的領導和較為富裕的農民。

這些早期的革命者，都是在一九二〇年代中後期的農民運動中崛起的、彭湃式的人物，他們是最早信仰共產黨、出生於地主或富農家庭的「鄉村知識分子」。在國共第一次合作時期，他們大多數實際成了國民黨黨員。隨後，當統一戰線讓位於白色恐怖時，這群人中的倖存者開展了被張斥為「土匪行為」的恐怖主義游擊戰。張說，這些人本身就是「真正土匪」。

張國燾仿效蘇俄的大清洗模式，設立保衛局作為肅反工具。設在順河集區可行橋的麻城保衛局，受到他的特別關注，在清除間諜運動中特別賣力。麻城保衛局的頭目陳文富，家裡出過好幾位共產黨烈士，他掌控著約一百名祕密警察，逮捕並屠殺了估計共達一千一百七十五名所謂的改組派分子、李立三殘餘以及AB團成員[68]，其中包括三十二名縣級幹部、八十四名區級幹部、一百八十九名鄉級幹部以及六十八名村級幹部。保衛局外的野地屍體堆積如山，被附近的野狗吞食。此地被命名為「白骨塔」。據民間傳說，在某天深夜對西陽鎮的一次突襲中，陳派了兩個特別代表，提前在沒有改組派嫌疑的居民屋子上做個記號，可這兩個人還沒有完成任務就睡著了，一百一十四名無辜者就這樣，被陳手下的暴徒漫不經心的殺害了。

一九三一年秋天，張國燾發布文告，召集群眾集會，將肅反目標擴大化。十一月，他公布對紅四軍的調查結果，聲稱有一萬到兩萬名反革命分子，進而清洗地方黨組織和農民協會。地方幹部們為了自保而供出長長的「反革命分子」名單。中共黨史學家盛仁學指出，這年冬天，鄂豫皖蘇區幾乎所有出身地主、富農或知識分子家庭的地方黨員或積極分子都遭到清洗。物極必反，對張殘酷領導的反抗出現了——正如毛澤東的肅反運動激發了「富田事變」。

一九三二年一月，當保衛局人員來到黃安縣仙居鎮抓人時，恰巧遇上了估計有五萬人的群眾示威，高喊「打倒張屠夫」。張宣稱他們的行動是「反革命暴亂」（多年以後，鄧小平也如此冠名一九八九年的天安門民主運動），大約有六百名抗議者被逮捕，其中大多數被張下令槍斃。

一九三二年的大部分時間裡，張國燾繼續發動第二輪清洗和處決。五月，中共麻城縣委被全部消滅。縣委書記王宏學被保衛局拘捕，押送河南處決。紅四軍軍長徐向前的妻子程訓宣被逮捕、酷刑折磨並槍斃，徐為了自保假裝無動於衷。直到「長征」抵達延安後，徐向前見到鄂豫皖蘇區保衛局長周純全，問他：「為什麼把我老婆抓去殺了，她究竟有什麼罪？」周純全只好說老實話：「她沒有什麼罪。當時抓她，就是為了搞你的材料。[69]」

據徐向前回憶，在川北蘇區，上衣口袋別鋼筆的，必須審查，「凡是讀過幾天書的，也要審查。重則殺頭，輕則清洗。」還要看手上有無老繭，看皮膚黑白，以這些判斷好人壞人。張國燾本人其實也是讀書人，還是北大畢業生，兜裡別鋼筆、手上無老繭，他卻視知識分子為異類，下手極狠。這跟紅色高棉領袖波布[70]、喬森潘[71]等人的階級屠殺如出一轍。

68 共產黨想像出來的國民黨的特務組織。
69 從徐的妻子那裡挖掘出可以整肅徐的資料、證據。
70 ប៉ុល ពត（英文拼作：Pol Pot）
71 ខៀវ សំផន（英文拼作：Khieu Samphan）

更怪異的是，如果女紅軍誰長得漂亮，也大成問題。蕭華將軍的夫人王新蘭有個妹妹叫王新國，被張國燾殺掉了，據羅學蓬在〈張國燾川北蘇區「肅反」紀實〉一文披露，「殺王新國的原因是：她長得太漂亮了，白皮嫩肉的，一看就是個地主資產階級家庭混進革命隊伍的千金小姐，不『肅』掉不放心。」

到了九月，血洗的勢頭逐漸降下來。特務頭子陳文富因為遭到張的猜忌，被逮捕處決——「飛鳥盡，良弓藏；狡兔死，走狗烹」，古今中外，莫不如此，漢武帝和武則天的酷吏、史達林的克格勃頭領，沒有一個有好下場。年底，保衛局被黨組織廢止，祕密警察被解散。

持續一年多的鄂豫皖蘇區的肅反運動，究竟有多少人遇害？張國燾在《我的回憶》一書中說：「後來據中央分局的統計，這次的肅反案，被捕者約六百人，軍人占三分之一；實際被整肅的有許繼慎等百餘人，其中判死刑者約三十人，判處各種刑期的徒刑者約百人。」他晚年毫無反省，竭力縮小殺人數字。中共官方資料認定遇害者有兩千五百人。而歷史學者班國瑞（Gregor Benton）估計超過一萬人。

一九四九年，中共奪取天下，此前逃離延安依附蔣介石的張國燾，清楚知道毛澤東不會容許他活在中國。張逃到香港，靠賣文為生。一九六〇年十月，愛德加．史諾在中南海採訪毛澤東時問道：「您一生中最黑暗的時刻是什麼時候？」毛回答：「那是在一九三五年的長征途中，在草地與張國燾之間的鬥爭……當時黨內面臨著分裂，甚至有可能發生前途未卜的內戰。」可見毛對張何其痛恨。

一九六八年，張國燾與妻子及三個兒子移居加拿大，晚年在老人院得到良好照顧，一直活到八十二歲才過世。他熟悉中共黨內權力結構，準確預測到「文革難以為繼」和「鄧小平復出」。可惜，那個時代沒有國際法庭及反人類罪，否則張國燾應當像南斯拉夫獨裁者米洛塞維奇[72]和紅色高棉獨裁者喬森潘等人那樣被送上審判臺，而不是享受加拿大政府「大愛無疆」的福利政策。

夏斗寅的結局比不上張國燾。抗戰期間，夏斗寅最寵愛的二姨太王錦蘭結識了南京政府要員朱家驊，將家裡錢財全部捲走，還跟朱結了婚。此時，朱位高權重，夏只好忍氣吞聲。

一九四九年初，共軍進入湖北，夏斗寅在武漢參加「和平運動」，簽名迎接共軍進城，並被任命為武漢治安委員會委員。他將房產、農場和煤礦全都獻給新政府，希望換取新政權原諒他當年對共產黨人的屠殺。

然而，精通易經的夏斗寅給自己卜了一卦，卦象顯示前途不妙，新政權將對他痛下殺手。於是，夏於同年七月跑到臺灣。未曾想到，抵達臺灣後，蔣介石不但不給夏薪水，還揚言要查辦他的「通共行為」。

次年七月，夏斗寅又連夜與他的長孫夏漢生搭乘英國輪船赴香港，從此在六國飯店門口擺攤，以看星相算命為業——堂堂陸軍上將淪落至此，命運何其無常。一九五一年，夏斗寅

---

72 Слободан Милошеви（英文拼作：Slobodan Milošević）

在香港病死，終年六十六歲。

張國燾和夏斗寅在香港有兩年重合的時間，卻不曾相遇。羅威廉在《紅雨》的結尾部分意味深長的寫道：

不妨想像一下夏斗寅與同樣流亡香港的張國燾會面的情形，這會是很令人著迷的——如今兩人都從火熱的歷史場景中抽身出來，在這個還處於英國統治下的城市坐下來，飲著一杯清茶，靜靜的回想著各自在麻城欠下的幾千條人命。

第四章

# 蔣介石想學希特勒，有信為證

（一九三一～一九三二）

法西斯蒂（法西斯主義的組織或成員）之政治理論，本超象主義之精神，依國家機體學說為根據，以工團組織為運用，認定國家為至高無上之實體，國家得要求國民任何之犧牲，為民族生命之綿延，非以目前福利為準則，統治權乃與社會並存，而無後先。

——蔣介石（一九三一年五月五日在國民會議上發表的言論）

美國紐約圖書館舉辦過一次「百年壓箱珍品展」，展出兩百多件珍貴文物和罕見書籍，其中有一封是二次大戰時，蔣介石寫給納粹德國元首希特勒的親筆信。

據報導，該展覽分為四部分：「跳出書本的框架」、「收藏的欲望」、「看了反胃」以及「珍品古董」區。而**蔣介石的親筆信被放在「看了反胃」部分**，這部分陳列百年中極具爭議性的書籍，如色情小說、主張白人至上主義或納粹主義的書籍。兩個獨裁者之間惺惺相惜的通信，當然屬於「令人反胃」的部分。

## 蔣介石最崇拜的人不是孫文，而是希特勒

就目前已知的史料，**蔣介石與希特勒間至少有五次通信，四次是蔣給希特勒的，希特勒給蔣的僅一封。在兩人的「友誼」中，蔣介石處於主動的一方**，蔣對希特勒迅速復興德國欽佩得五體投地，他希望中國複製希特勒的經驗。蔣介石最崇拜的人不是他的革命導師孫文，而是希特勒，因為**孫文也崇拜德國模式**——孫文去世時，希特勒尚未崛起，孫文乃以德國的「鐵血宰相」俾斯麥為師。

在孫文規畫中國未來並提出民生主義時，以德國為「理想國」之模範。孫文曾數次訪德，相信德國最具有活力，其政府最具競爭力，俾斯麥不但用武力統一德意志各邦國，還建立了社會福利制度。一戰之後，凡爾賽條約剝奪了作為戰敗國的德國的在華利益，卻使德國和中國變得「平等」，甚至給了德國與中國建立「統一戰線」的契機。孫文對德國官員提出異想天開的建議：「**你們德國人已經被解除了武裝。現在你們必須武裝中國，這可能是你們唯一的自救方式。**」德國人當然不會當真。

蔣介石先後搞掉胡漢民、汪精衛，成為南京政府最高領導人之後，仿效孫文對俾斯麥的憧憬，只是將這種崇敬轉向現任德國領袖希特勒。一九三五年底，蔣介石寫了第一封親筆信給希特勒，表達對希特勒的景仰之意，並請德國軍事顧問塞克特將軍轉交。此信未在中德兩國的歷史檔案中查到，原文亦不可考。

一九三六年，中德兩國易貨貿易合同簽字生效，蔣介石借祝賀希特勒四十七歲生日，於四月十三日致信希氏：

德國總理希特勒先生勳鑒：

先生壽辰在邇（四月廿日），敬以充分誠意遙致慶賀。先生為德國力增光榮，時深欽佩。近時對於德華兩國間經濟合作熱心主持，合同現在簽字，使國交益敦親睦，建設得有基礎，尤為欣慰，特致謝忱，敬希察照。

一個月以後，希特勒回信給蔣，內稱：

鈞座決定與敝國友誼合作，以實施建國事業，吾引為幸慰者也。吾於鈞座勳業傾仰已久，關切亦深，尤願竭盡綿薄，以資推進之助。中德兩國之貨物互換，實給予兩國經濟進展以莫大裨益，獲蒙鈞座異數關垂，謹為申謝……倘鈞座不遺，尚希接受敝國國防軍之榮譽寶刀一柄，藉表吾個人敬仰鈞座及貴國之微意。

這是希特勒唯一一封給蔣介石的回信，信中對納粹德國與中華民國的經濟、軍事合作表示贊同，當時德國確實需要中國的礦石等戰略物資。

此後，蔣介石期望德國派高級官員來華具體商談合作事宜。當年七月間，希特勒派國防軍第七軍軍長、砲兵中將賴歇瑙[73]來華考察，並對中國「國防經濟諸問題」提供諮詢。賴歇瑙是到訪中國的德國最高級官員。賴歇瑙返德時，蔣介石又托他轉交一封信給希特勒，信中寫道：

荷蒙榮寵，特命萊謝勞將軍聘使來華，無任欣感。萊將軍臨貺敝邦，不獨以地位見重，其丰采精神宏猷碩劃尤足為兩國所利賴。余於其行旌旦暮西指，實不勝悵惜之情。（前略）……敝方現已樹立經濟組織機構，以求提高農產及礦產效率而開發富源，今後中國供輸貴國原料之可能性亦必繼續增高，必使此供輸貴國原料之數量足為貴國所重視也。為求目前實施開始起見，已令飭所屬准於年內供給貴國以三千萬華幣計值之貨物。

中國國防建設期在實施，故中國之原料必須巨量供給貴國，余亦熟慮已久。今茲西南兩省歸附中央，中國之統一遂告圓滿實現，內政建設不惟刻不容緩，更須加緊實施，尤須於政治經濟思想各方面與貴國攜手合作，以助他山。

萊將軍對於建國行政以及國防組織、軍令更新所建議各點，後者尤屬重要，余甚感謝，並已採納，令飭施行。

貴國首須有一軍政學識宏富之高級參謀軍官派遣來華，以資襄助一切革新工作之實施。余切望中德合作大計隨時有工作實效為之保障，而兩國信使往還交歡樽俎亦永如今日之盛況也。

蔣在信末還特意提起希特勒所贈的軍刀：「前蒙賜貴國國防軍榮譽寶刀一柄，以表胞澤精神親善正意，高懷遠識，良用拳拳，謹此布覆。」

賴歇瑙在華期間，頒贈紅十字勳章給財政部長孔祥熙。不久，國民政府向積極支持中德經濟合作的德國國防部長勃洛姆堡[74]、經濟部長沙赫特[75]等一批要員，頒發一等雲麾等勳章。

中國第二歷史檔案館公布的檔案中，還有一封蔣介石致希特勒的信，只注明是一九三六年，具體發出時間不詳，內容如下：

希特勒總理先生勳鑒：

前由克蘭君賜交玉照一幀……德國民眾仰賴大總理堅毅有方領導之力，能於困苦艱難中發奮上進，獲取其繼承光榮歷史而應有之民族地位，良為吾之所欽佩也。

吾亦懷抱決心，致中國於自強之途。克蘭君所傳達之塞克特將軍意見，必依照實行。

賴中德兩國親切友好提攜合作之力，足使敝國易達自強目的，若夫兩國經濟能力之聯絡

73 又稱萊謝勞。Walter Karl Ernst August von Reichenau（英文拼作：Walther von Reichenau）。
74 Werner Eduard Fritz von Blomberg（英文拼作：Werner von Blomberg）。
75 Hjalmar Horace Greeley Schacht（英文拼作：Hjalmar Schacht）

溝通，與藉貨物互換以救濟兩國之貧弱財力，實皆合作之目的也。

吾兩國國勢相仿，目的相同，故此友好合作之基礎，亦可昭示久遠。

吾謹致景仰之忱於希特勒總理閣下。

從信的內容及語氣看來，蔣介石認為中國與德國一樣受英美壓迫、處境艱難，而希特勒短期之內讓德國從一戰失敗的困境中崛起，中國可以效仿這個經驗。

不久後，德國國防部長勃洛姆堡向蔣介石贈送三輛汽車，其中一輛與希特勒檢閱軍隊時所乘相同。此一禮物正中蔣介石下懷，他可以乘坐此高級轎車，像希特勒那樣，檢閱由德國顧問訓練並裝備德國軍械的精銳軍隊了。

## 法西斯主義，是中國選擇的第三條道路和唯一的道路

蔣介石對希特勒及德國模式的推崇已久。他早年即十分贊同學習日爾曼「認真、勤儉、遵紀、執著」的民族精神，認為這是醫治中國貧窮、散漫、落後的社會痼疾的良方。

在留日期間，蔣介石曾學習德語，一九一二年和一九一八年兩次準備赴德留學。他曾在《軍聲》雜誌發表文章，讚揚德國的軍事教育與軍事訓練制度，主張中國應向德國學習。他從俾斯麥的「鐵血政策」中找到精神和實踐兩方面的祕訣，極力主張將「鐵血政策」作為中

國的指導原則，促成中國社會軍事化。精神上的崇拜與現實上的需要，使蔣介石堅定了外交上聯德的決心。

既是偶然，又是必然，蔣介石早年去過的兩個國家——日本和蘇聯都實行專制獨裁制度。日本是在天皇制下舉國一致通過富國強兵，走上稱霸東亞乃至世界的「趕超型發展之路」，蘇俄則是在極度惡劣的外部環境下，透過組織嚴密的共產黨，來奪取政權並實現工業化和軍事化。這兩個成功的例子，對蔣介石的影響極為深刻。

一九三〇年代的先進國家，大致有三種發展模式：第一種是英國、美國和法國的模式，以民主憲政和自由主義為根基；第二種是蘇俄模式，以列寧和史達林主義為宗旨；第三種是義大利、德國和日本模式，即所謂的法西斯主義、納粹主義和軍國主義。

蔣介石對英美法模式充滿懷疑，他仇恨英國，也從來不是親美派——即便在二戰中後期，重慶政府必須依靠美國援助才生存，到了臺灣之後，也是靠美國協防臺灣海峽才苟延殘喘，但他對美國還不如浴血奮戰過的日本更親近。蔣對美國尊崇的憲政民主、個人主義、自由主義等價值，一向深惡痛絕，雖然宋美齡是接受美國教育、習慣美式生活的「半個美國人」，但蔣本人在衣食住行每一個方面都拒絕美國化，與宋美齡各行其是、互不干涉。

蔣介石對蘇俄同樣深懷警惕。在其訪問蘇聯歸來之後，一改之前對蘇聯一廂情願的好感，「斷定了本黨聯俄容共的政策，雖可對抗西方殖民主義於一時，決不能達到國家獨立自由的目的；更感覺蘇俄所謂『世界革命』的策略與目的，比西方殖民地主義，對於東方民族獨立運動，更是危險」。一九二七年四一二事變[76]，清共、屠殺共產黨人之後，蔣介石與蘇俄決裂，與中共更是血海深仇，雖然在抗戰中一度獲得蘇聯援助，並在西安事變之後展開第二次國共合作，但只是權宜之計，中華民國不可能再走蘇俄道路。

南京政府成立之後，蔣介石與日本日漸疏遠，不能公開倡導學習日本——但他發現日本學習的榜樣乃是德國，日本與德國一樣都是後發展資本主義國家，要與先行一步的英國、法國、美國等國爭霸，就得聞雞起舞、發憤圖強、勵精圖治，這種處境跟近代以來積弱的中國非常相似。於是，蔣介石跳過日本，直接學習德國，亦在情理之中。

一九三一年五月五日，蔣介石在國民會議上發表長篇演講，這是他首次全面論述中國的發展道路。蔣介石不是理論家和思想家型的領袖，其充滿浙江口音的演講缺乏感染力，但這篇演講是其少有的展露心聲的「真情告白」。

蔣介石指出，共產主義之政治理論，包括其殘酷手段，尤不適於中國產業落後情形及中國固有道德，中國亦無需乎此。這等於是說，共產主義不適合中國的國情，中國斷乎不可效仿之。

蔣介石接著又說，自由民治主義之政治理論，雖可以進行，但中國沒有英美長期演進之歷史，所以無法照辦：

英美民治，本其長期演進之歷史，人民習於民權之運用，雖有時不免生效能遲鈍之感，

> 然亦可以進行，若在無此項歷史社會背景之國家行之，則義大利在法西斯蒂黨當政以前之紛亂情形，可為借鑑。他邦議會政治之弱點，已充分暴露，而予論者以疑難。自由必與責任並存，自由乃有意義，否則發言盈庭，誰執其咎。

這種論述，是基於「每國各有其客觀的環境，世間決無可以完全移植之政治」之原理，與今日中共當局拒絕民主、法治、人權等普世價值，如出一轍。今天中共御用媒體《人民日報》及其子報《環球時報》挖空心思、絞盡腦汁的找證據否定普世價值，論證普世價值不適合中國國情，還不如直接到蔣介石的《先總統蔣公思想言論總集》中尋找現成的句子，直接拿來「為我所用」。

蔣介石進而將北京政府時代議會制運作失敗，以及當前共產黨坐大的罪過統統歸咎於自由主義和民主政治，一如他對「五四」思想的反感，和對從西方留學歸來者的不信任。他認為：「自由主義之政治理論，高唱自由，各據議席，使群疑滿腹，眾難塞胸」、「以致今歲不征，明歲不戰，使共產黨軍閥坐大於中原。」這真是「欲加之罪，何患無辭」，**近代以來中國的各種問題，不是引進民主自由思想造成的，恰恰是民主自由理念未能在政治領域實踐和扎根的結果。**

---

76 中國國民黨「清黨」第一期中的代表性事件。

在否定蘇俄道路和英美道路之後，蔣介石水到渠成的指出：「唯法西斯蒂之政治理論能保證最有效之統治權。」換言之，能拯救中國當前危機的，只有義大利和德國的道路，只有法西斯主義和納粹主義。

同年，蔣介石在其親手打造的法西斯組織復興社（由於復興社幹部均穿藍衣黃褲，故又稱「藍衣社」）發表一段言論，直截了當的說：

今日中國所需要的不是討論未來中國將實行何種理想的主義，而是需要眼下將能夠救中國的某種方法。

法西斯主義能不能救中國？

我們回答：可以。法西斯主義是目前中國所最需要的。

在中國現階段的緊急形勢下，法西斯主義是最適合的一種奇妙的藥方，而且是能夠救中國的唯一思想。

既然領袖打定主意走德國道路，以法西斯主義為官方意識型態；其徒子徒孫自然應聲而動，大力營造此種輿論。復興社的刊物鼓吹：

（法西斯主義可消除）帝國主義之侵略，軍閥之叛變，共產黨挾其國際背景之軍事行動。

只有法西斯主義才能救中國。要借法西斯之魂還國民黨之屍。以三民主義為體，法西斯主義為用。

蕭文哲在〈法西斯義大利政治制度〉一文中論述：「自一九二二年法西斯蒂在義大利執政後，一舉而義大利變強，現已躋身世界四強之列，再舉而希特勒執政，德國又赴於強盛之途；三舉而日本勢力澎漲，已侵佔我東北四省……何以法西斯蒂如此水到渠成，聲勢浩大，此為人人所急欲知者。」

徐淵則在〈法西斯蒂與三民主義〉一文中強調：「要中國得救，便須實行三民主義，要實行三民主義，尤非採用法西斯蒂的精神不可！所以我說，在中國，法西斯蒂與三民主義是不可分離的一體。」、「一個病人總不會拒絕吃對於自身有益的藥物的，患重症的中國該也不會拒絕吃特效藥的法西斯蒂吧！」

一時間，法西斯主義似乎成了能讓中國起死回生的「特效藥」。

## 藍衣社，中國的蓋世太保

一九三二年三月，以賀衷寒、桂永清、肖贊育、滕傑、康澤、戴笠、鄭介民等人為首的一批國民黨青壯骨幹，在南京成立名為「中華復興社」的祕密團體，其政治理想是在中國推行「法西斯主義」，以「法西斯主義」救中國。

回溯「中華復興社」的成立，實是蔣介石的意思。其骨幹成員康澤後來回憶，復興社成立前，蔣多次召集他們談話，其中語多痛切，譬如某次談到：

現在日本帝國主義壓迫我們，共產黨又這麼搗亂，我們黨的精神完全沒有了，弄得各地的省市黨部被包圍的被包圍，被打的被打，甚至南京的中央黨部和國民政府都被包圍（此處指一九三一年因東北淪陷，各地出現的以學生為主體的民眾抗日請願）；我們的黨一點力量沒有，我們的革命一定要失敗！我的好學生都死了，你們這些又不中用，我們的革命就要失敗了！

據康澤說：「『中華復興社』的名字，乃至『驅逐倭寇，復興中華，平均地權，完成革命』的十六字綱領，也是蔣親自擬定的。」——這是孫文反滿革命的口號的升級版。

復興社的宗旨是：第一，保衛領袖的安全。領袖的安危同於國家的安危。因此，必須時時刻刻決心保衛領袖的安全。第二，懲治腐敗。腐敗是革命鬥爭中的蛀蟲，除非這一（懲治腐敗）行為得到圓滿完成，否則建立一個廉潔和誠實的政府是不可能的。第三，摧毀一切反革命力量。這包括控制調查集會、結社和出版。第四，幫助國家重建。如同農民在莊稼成熟前必須除草一樣，必須清除國家重建道路上的障礙。第五，防範國際間諜和叛徒。政治偵探是國防的哨兵，當一個國家處於戰爭時期，主力部隊的成功常常取決於幕後偵探的成功。

與此同時，蔣介石命心腹顧問黃郛創辦《復興月刊》，與共產黨爭奪青年的心。第一期刊登了一篇論述第一次世界大戰後德國如何復興的長文。一九三〇年代，法西斯主義在中國盛極一時，希特勒、墨索里尼的人像懸掛於各處，與蔣介石像並列。國民黨元老張繼公開推崇：「**蔣中正先生就是中國的希特勒。**」

一些此前支持自由民主價值的知識分子，此時也公開為法西斯專制叫好。一九三三年十二月，留美歸來的學者蔣廷黻在《獨立評論》第八十號上發表〈革命與專制〉一文，主張在中國實行「新式獨裁」。他論證說，要解決中國的「政治分裂與政府腐敗」問題，非要蔣介石的「新式獨裁」不可。

蔣介石三次召見蔣廷黻，聽取其意見。蔣廷黻吹捧蔣介石「態度極為得體」、是「有堅強意志，對於重要工作能夠全力以赴」的國家領袖。蔣介石先派蔣廷黻以「私人代表」身分訪問蘇聯和歐洲，回國後即任命其為行政院政務處長。

像蔣廷黻這種自由知識分子的轉變，反映出法西斯主義何其得人心。

復興社秉承蔣介石旨意，除了反共之外，集中攻擊「五四」以來的自由主義思想，認為**自由主義「毒害了中國人心靈」**。對於藍衣社分子來說，自由主義代表頹廢輕浮的生活和奢侈的消費。復興社權威出版物《前途》撰稿人張伏雲譴責，上海的大學生把時間花在去妓院和舞廳而不是去圖書館，女學生則精通於化妝品和奇裝異服，這正是自由主義帶來的災禍[77]。劉炳藜則抨擊一個晚上花費三千元款待女友的城市中產階級青年：「他們花掉的這筆錢可供三萬農民生活一天。自由主義是一種文化疾病，在城市中最顯著，而且現在農村也受到它的汙染，所以要以『建設性的、進步的和勇敢的民族至上國家至上文化』取代頹廢的、個人主義的文化。」

復興社的宣傳文章聲稱「**國家是最高的和神聖的，民眾的唯一職責就是保證自己捍衛國家利益**」，個人為國家服務和犧牲是「神聖的原則」。因此，掃除舊文化是必要的：「為了建設新文化，列寧、史達林、墨索里尼以及希特勒都對舊文化發動了無情的、殘酷的進攻，**重演秦始皇焚書坑儒的舊劇**，自然，這非做不可。」這就已經是磨刀霍霍、殺氣騰騰了。

復興社也竭力鼓吹國家主義和領袖崇拜，認為個人崇拜是救國的唯一途徑：「蔣介石是國民黨的唯一，也是中國唯一的偉大領袖；因此，黨員必須絕對支持他，只聽從他的命令，以他的意志為自己的意志。」、「建立中心偶像是統一國民黨的重要條件，是復興中國革命的第一步。我們不必隱瞞，我們需要中國的墨索里尼、中國的希特勒、中國的史達林！」

鑑於中國四分五裂、國民黨暮氣沉沉，這些言論頗能讓某些人耳目一新。但政府和國民惰性已深，連搞法西斯主義都畫虎不成反類犬。復興社一度發展為擁有五十萬成員的國民黨內第一大派系，仍無法避免國民黨的痼疾——窩裡鬥。最終，復興社分崩離析，被併入三青團[78]，其特務組被戴笠收編入軍統。

諷刺的是，實現復興社將中國法西斯化夢想的，是三十多年之後毛澤東發動的文化大革命——**毛澤東的「紅衛兵」比蔣介石的「藍衛兵」更忠誠、更迷狂、更暴虐**，蔣介石在彼岸看到此情此景，是否會嫉妒得發狂？

一九七九年，當「藍衣社」這個歷史名詞在臺灣已沒有多少人知曉時，卻被中共拿來「鞭屍」。毛澤東死後，鄧小平等元老們發動政變，抓捕其妻子江青等「四人幫」公審之。最高法院特別庭在一份公告中指出：「四人幫」之一的前中共政治局常委張春橋，是藏匿很深的「原法西斯組織復興社分子」，早在一九三三年就加入藍衣社，並在濟南成為外圍組織華締社的首領；「四人幫」之一的前中共政治局常委姚文元，其父親姚蓬子，也與藍衣社關係密切；更有甚者，毛澤東的妻子、中共政治局委員江青，在上海當演員時曾參與藍衣社活動。這大概是蔣介石和藍衣社骨幹們做夢也沒有想到的巨大成就——藍衣社成員成了中共第一夫人，居然還有兩人當上中共政治局常委。國共鬥爭的荒誕劇比小說還要離奇。

## 蔣的領袖才能，遠遜於希特勒

希特勒絕非卓別林電影《大獨裁者》中那個猥瑣的戲劇形象，蔣介石也絕非史迪威回憶

77 一九三〇年代的上海租界擁有治外法權，文化思想相對自由。
78 三民主義青年團，簡稱三青團。由中國國民黨領導的青年組織。

錄中愚不可及的「花生米」[79]。就組織系統、人員素質等而言，國民黨比不上納粹黨；就個人魅力、政治及軍事才能而言，蔣介石也比不上希特勒，他拚命學習希特勒，卻只學到皮毛。

希特勒的演講具有宗教領袖般的催眠能力。希特勒在紐倫堡的納粹黨代會上，讓群眾的情緒跳動到近乎歇斯底里的程度。他大喊：「在數千萬人中……你們找到我，是今世的奇蹟！而我找到你們，是德國的福氣！」

一九三〇年代中期的美國駐德國大使多德（William E. Dodd）感嘆「因為希特勒的蠱惑，幾乎所有的德國人都陷入對暴力不以為然的心態，他覺得自己好似走進童話中『黑幽幽的森林』。」——在德國，確實有綿延不絕的「黑森林」——在那裡，所有是非對錯的標準完全顛倒過來。

希特勒透過民選合法上臺執政，短短幾年間顛覆了威瑪共和國，打造了納粹全面獨裁的德意志第三帝國。希特勒透過一群親信牢牢掌控黨政、經濟、文化教育等大權，對黨衛軍和國防軍更是如臂使指。希特勒沒有受過正規的軍事教育，但其軍事天賦超乎常人。二戰初期德軍閃電戰橫掃歐洲大陸，就是希特勒力排眾議取得的戰果。

隆美爾[80]之後，德國最傑出的年輕將領曼陶菲爾在戰後回憶，希特勒機具個人魅力，確實能讓人為之折服。希特勒讀過不少軍事文獻，喜歡聽軍事講座。作為士兵，希特勒參加過一戰，了解低層級作戰的情況——各種武器的性能、地形和其後的影響、部隊的精神狀態和士氣狀況，他尤其能評估官兵對事情的想法。

英國戰略思想家和歷史學家李德哈特（Liddell Hart），也高度肯定希特勒的軍事才能：

對於新思維、新武器和新的人才，希特勒十分敏感，他能很快發現他們的價值。他比參謀本部更早了解裝甲部隊與機動作戰的潛在威力，他支持德國新式武器的鼓吹者古德林，這是二戰初期德軍開得勝的關鍵因素。在運籌帷幄和指揮作戰時，他確實不乏軍事天賦。希特勒任命的新人如隆美爾等，稟賦非凡，思維如天馬行空，擅長出其不意、克敵制勝。他們給戰爭帶來新氣象，宣告統領軍隊半個世紀以上的軍事謀略已經過時，傳統教條已經不適應現代戰爭。希特勒的成功證明正統軍事教條的謬誤。

相比之下，蔣介石是一個弱勢獨裁者，一個半吊子的暴君，在軍事上更是缺乏常識和想象力。

蔣介石最大的夢想是成為中國版的希特勒。一九三三年，蔣在廬山對軍官訓練團發表第二次言論：「法西斯主義的一個重要觀點，是絕對信任一個賢明和有能力的領袖，除了完全信任一個人外，這裡沒有其他領袖和主義。」但是，中國的民族性是「散漫的集體主義」，

79 志大才疏。
80 Erwin Johannes Eugen Rommel（英文拼作：Erwin Rommel）二戰一位著名的德國陸軍元帥，綽號「沙漠之狐」。

如孫文所說的一盤散沙，而且當時中國遠未完成現代國家的建構，不具備個人全面獨裁的社會基礎。

於是，蔣介石只能訴諸於地域、師生關係等中國傳統的人倫來塑造其領袖地位。這就好像缺乏鋼筋水泥的高層建築，弱不禁風、搖搖欲墜。一個有趣的細節是，蔣介石在給許多黨政軍官員的信件中，通常是「稱兄道弟」，以此拉近關係。這種做法對希特勒來說是不可思議的——所有的德國人都必須是完全聽命於他個人的士兵。

蔣介石的強勢獨裁在敗退臺灣之後才完成，那時國民黨的其他派系已被共產黨消滅得差不多了。但蔣又不得不接受美國的保護和制約，像小媳婦一樣「事大」，不可能如希特勒那樣天馬行空、我行我素。

而且，蔣介石本人未曾如希特勒那樣，作為普通士兵在戰爭前線奮戰並獲得勛章。蔣成名於北伐，但指揮北伐的是蘇俄軍事顧問，蔣只是簽字畫押。蔣介石從來沒有像希特勒那樣，指揮大軍團作戰並獲得重大勝利。非蔣嫡系的將領，大都瞧不起蔣的軍事能力。比如，李宗仁在檢討淞滬會戰[81]的得失時，直言不諱的說：「我們不能不承認，我們的最高統帥犯了戰略上的嚴重錯誤。我們極不應以全國兵力的精華在淞滬三角地帶做孤注的一擲。淞滬會戰，不過表示我國抗戰的決心而已，自應適可而止。當我方敗徵已現時，蔣先生應即採納白副總參謀長（白崇禧）的建議，有計畫的撤退，實行節節抵抗。則我雖退不敗，敵雖勝不武，以空間換取時間，達成消耗戰的目的。無奈蔣先生不此之圖，意氣用事，甚至潰敗之兆已顯，他還要一守、再守，終於潰不成軍。」李宗仁推而廣之，澈底否定了蔣介石的整個軍事生涯：

溯自北伐以來，凡蔣先生親自指揮各戰役，如武昌之圍、南昌之圍、徐州之潰退，以及後來「剿共」戰爭中，東北與淮海的全軍覆沒，均如出一轍，實堪浩歎！所以蔣先生在中國戰場縱橫數十年，他所憑藉的武器，不外金錢收買和分化離間的伎倆。若從純軍事觀點立論，則蔣先生實在是既不能將將，也不能將兵，若以他一己的意志來統兵作戰，安有不敗之理？只以軍事一端作簡單的論列，中共統一大陸，實非偶然。

李宗仁晚年投共固然不堪，但李對蔣的分析卻頗為透澈。不知晚年蔣介石在臺灣看到這樣的評論，當做何感想？

81 又稱八一三戰役或上海戰役。是中國和日本雙方在抗日戰爭中第一場大型會戰。

# 第五章 新生活運動，身體被規訓，靈魂也被綑綁（一九三四～一九四九）

若將「新生活運動」視作一個窗口，則可觀察到民國時期中國五花八門的現象。這場極為奇特的運動，其焦點聚集於中國人的「身體」。具體而言，新生活運動是國民黨政權教養或撫慰人民的身體，並由此適應近代的嘗試。

——深町英夫[82]《教養身體的政治：中國國民黨的新生活運動》

在臺灣立法院委員沈智慧的官網上，我看到一份中華民國一〇八年（二〇一九年）三月十三日印發的「立法院議案關係文書」。

該文書「案由」部分如此寫道：本院沈委員智慧，針對民國二十八年（一九三九年），教育部定禮義廉恥為全國各校共通校訓，明示禮為規規矩矩的態度，義為正正當當的行為，

82 日本中央大學經濟學部教授、日本研究中國的學生代表人物。

廉是清清白白的辨別，恥是切切實實的覺悟。但近年臺灣教育，四維八德的觀念逐漸消失，致使社會風氣逐漸暴戾萎靡。

而「說明」部分包括以下三點：

一、教育部定禮義廉恥為全國各校共通校訓……到了民國六十五年（一九七六年），教育部又宣稱「各校可依各校的特色自訂校訓」，禮義廉恥自此漸漸鮮少被人提起。

二、何謂四維？一曰禮、二曰義、三曰廉、四曰恥。《資治通鑑》歐陽修曰：「禮義廉恥，國之四維。四維不張，國乃滅亡。」禮義廉恥自古以來皆是立國、做人的重要根本。

三、近年臺灣社會充滿不倫、不孝的風氣，對於廉恥更是棄如敝屣，毆打父母、殘殺雙親時有所聞，在公共場合自私逾矩更是屢見不鮮。政府應堅定禮義廉恥為各校共通校訓之立場，並在課綱內加入「四維八德」教育，讓臺灣社會重拾做人的基本核心價值。

## 「禮義廉恥」拯救臺灣？時空倒錯的道德教化

這份公開文件讓人感慨不知今夕是何夕。這種由政府強制施行道德教化的想法，在臺灣、中國乃至整個華人世界都相當普遍。無獨有偶，日前，臺灣新北市新莊丹鳳國小舉行揭牌儀式，重新掛上禮義廉恥的匾額。家長會長陳俊憲與校方共同組織拍照儀式，找來幼幼班及兩位高年級同學一同拍照，光喬道具、位置就花了一個小時，小朋友耐著高溫童言童語的問：「為什麼要躺在地上拍照？」

蘋果新聞網記者詢問參與揭牌的五年級學生，他們害羞的搖搖頭：「我不太懂禮義廉恥的意思欸。」、「爸爸媽媽在家裡沒教我。」

陳俊憲表示，常收到老師、家長抱怨孩子不好管教，感嘆禮義廉恥這些美德日漸消失，盼藉由該活動重新讓學生重視傳統美德。

若在西方成熟的民主國家，這樣的做法早已違法了。但臺灣媒體對此是正面報導，這則新聞後面有很多讀者留言，大都對禮義廉恥教育以及家長和學校的大動干戈表示肯定，比如：

「國小時教的，我也還記得。現在許多年輕人可能已經不知道什麼叫四維八德了，找回被差勁黨搞丟的優良倫理道德，國家才有希望。」

「這間學校太棒了，這位會長真的是太優秀了。」

「難得的好學校，現在的學生頂撞老師，老師只重視成績，家長投訴重視品德教育的老師，治安怎麼會好。」

無論是在立法院起草提案的立法委員沈智慧，還是在小學導演「禮義廉恥」掛匾儀式的家長陳俊憲，以及網上的某些留言者，似乎都很懷念高舉「禮義廉恥」原則的兩蔣時代，特別是蔣介石在臺灣推行「中華文化復興運動」的年代。沈智慧特別提及一九三九年教育部定禮義廉恥為全國各校共通校訓的往事，但他是否知道這一事件的背景，乃是蔣介石在剿共和抗戰的硝煙中推行「新生活運動」？臺灣人但知一九六八年在臺灣開始的中華文化復興運動，卻不知一九三四年在中國開始的新生活運動。然而，兩者之間乃是傳承關係，若不了解新生活運動的宗旨，就無法明白中華文化復興運動的用意。

研究「新生活運動」的最佳著作，不是中國人或臺灣人寫的，而是日本學者深町英夫寫的《教養身體的政治：中國國民黨的新生活運動》。深町英夫在一次訪談中談及研究新生活運動的緣由：

> 一九九四至一九九五年留學美國哈佛大學期間，我在哈佛燕京圖書館的書庫裡，看到了一本題為《新生活畫冊》的海報集。對於寫在各張海報上的標語，我產生了一種不可思議的「既視感」，因為它們酷似我曾於一九八五、一九八九年來中國旅遊時在各地看到的例如「五講四美」等各種標語。我覺得中國人好像六十年來一直面臨著同樣的問題，由此開始對「新生活運動」產生了興趣。

這段話透露出觀察者獨到的眼光：中共的「五講四美」等愛國衛生運動與國民黨的新生活運動一脈相承。**國共兩黨都熱衷於「教養身體的政治」，都企圖像法國思想家傅柯所**

**說的那樣「規訓」或「改造」國民。**對國共兩黨來說，新國民必須具備新的生活型態。一九三〇年代中期，在主政者蔣介石的倡導下，中國全國上下展開了聲勢浩大「新生活運動」，對諸如衛生習慣、吃喝拉撒以及兒童養育方法等國民生活領域進行「切身」改造。在國家面臨內憂外患之際，國民黨政權何故發動並持續這種略帶膚淺、瑣碎之嫌的「啟蒙運動」？國民黨政權何故且如何介入和干預民眾的日常生活？

「新生活運動」是蔣介石企圖將中國法西斯化的一部分政策，也是蔣介石學習希特勒的重要一課。納粹德國透過體育運動、青年和婦女組織、音樂與藝術活動等迅速將國民洗腦，這是蔣介石非常羨慕的景象。毫無疑問，新生活運動是「**儒教、法西斯、日本、基督教等因素的混合物**」，也是蔣介石謀求獨裁的表現。但是，在這場大規模的群眾運動中，宣傳和口號走在現實前面，過高的抽象主義和行政命令，讓運動脫離了大多數群眾。這場「教養群眾身體」的運動，並未將中國人民「教養」成具有近代性身體美學和公共意識的國民，其結果令人唏噓。

然而，這一運動仍然潛在的影響著

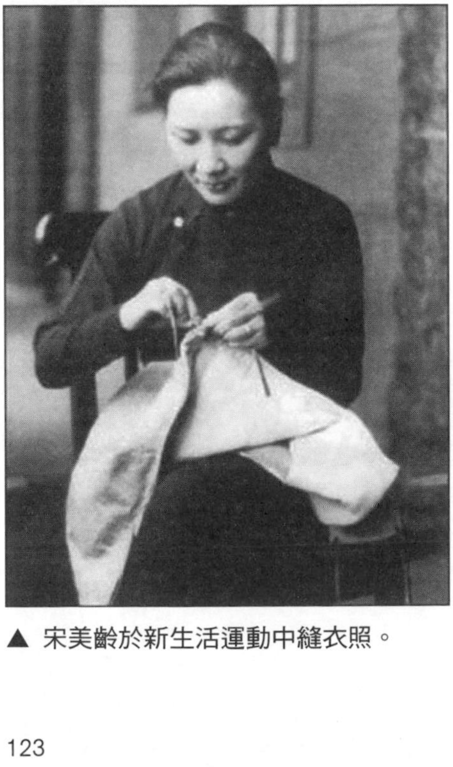

▲ 宋美齡於新生活運動中縫衣照。

今天的中國和臺灣，它是一頁並未完全翻過去的歷史。臺灣人或許不知道，升級版的新生活運動是中共在新疆設置所謂「再教育營」，那裡關押數百萬不願漢化的維吾爾人。中共強迫維吾爾人接受共產黨版的新生活訓練：背誦習近平語錄、學習中共的民族政策，甚至表演充滿「中國味」的京劇。

## 新生活運動，是「蔣公的新衣」

二十世紀中國最優秀的作家沈從文，在其長篇傑作《長河》如此嘲諷新生活運動——樸實的湘西人理解不了新生活，對這個稱呼感到莫名其妙，以為是一群人、一個軍隊。一位婦女得知新生活要來了，十分擔憂，她不明白新生活是什麼樣子，會不會拉人殺人，問了許多人也說不明白。一位老水手同樣對新生活抱有杞憂，以為新生活一來，這地方原來的一切，必然會有些變化。湘西人實在被折騰怕了，之前，又是土匪，又是共產黨的蘇維埃、又是追剿紅軍的國民黨軍，一點風吹草動，新名詞、新運動都讓他們感到莫名的恐懼。等到新生活運動在湘西小城實施，人們看到的只是些不切實際的可笑之舉，比如強行規定鄉下人走路要靠左，不然要打膝關節，不扣紐扣也得挨罰等。沈從文的小說出於虛構，但湘西老鄉對新生活的懼怕心態卻是真實的。

「妄議中央」的《長河》被國民黨圖書審查官認為「思想不妥」，下令查禁。還好，國民黨的威權統治非鐵板一塊，尚吞舟是漏（意為大魚漏網）。輾轉交涉，作者答應刪減，當局決定發行。如果在共產黨的極權統治下，沈從文敢如此諷刺毛澤東或習近平發起的政治運動，那就只能死無葬身之地了。

新生活運動是一九三四年蔣介石在南昌發起的，進而推到全國，目的是想用最簡易、最急切的方法改變國民的日常生活習性，也就是按照蔣所理解的禮義廉恥標準，重塑國民的行為規範。那時，蔣介石正在南昌行營指揮對中共江西中央蘇區的圍剿作戰。二月十九日，蔣介石在演講中首次提出新生活運動這個概念，希望從江西尤其是省城南昌開始，使一般人民除舊布新，過一種合乎禮義廉恥的新生活。

具體而言，所謂新生活運動，「就是要使全國國民的生活能夠澈底軍事化，能夠養成勇敢迅速、刻苦耐勞，尤其是共同一致的習慣和本能……。」軍事化的新生活體現在衣食住行等方面，比如不吸菸、不擦香水，不歪戴帽子、不蓬著頭髮、不拖著鞋子、紐扣不能不扣、不隨地吐痰等。

一九三四年七月，「新生活運動促進總會」在南昌成立，蔣介石自任總會長，江西省政府主席熊式輝任總幹事，下設調查、設計、推行三個部門。與此同時，國民黨中央黨部做出決議，要求有關部門共同擬定推行辦法，用黨和政府的力量推廣該運動。

深町英夫指出，正如「**造成幾千幾萬蔣介石**」論所示，蔣介石極其自負，懷有很強烈的捨我其誰的意識。這種認為人民唯有模仿領袖的一言一行才能被稱得上現代國民的思想，或許源自於孫文的「先知先覺、後知後覺、不知不覺」論。孫文和蔣介石都認為自己掌握權力才是救國、救民的唯一途徑，自己理所當然是國民的學習典範——當然，孫文不會公開承認自己是專門玩弄幼女的「蘿莉控」，蔣介石也不會公開承認自己拋棄前三任妻子並嫖妓無數的無恥往事。

在發起新生活運動之前，蔣介石曾在日記裡寫到：「今日之我是由幼年時家庭教育父母所鍛鍊、青年時代日本軍事教育所琢磨、壯年時代總理革命教育所陶冶而成也。」蔣說出了自己的三大思想源泉。第一，蔣介石的父母特別講究衣食住行的規矩、清潔，他從小就在家中接受嚴格的家教。第二，蔣二十歲時留學日本並到日本陸軍部隊實習，共約三年，日本軍校及部隊對日常生活中的紀律、衛生的重視（來源於德國醫學）讓他留下深刻印象。第三，蔣追隨孫文，從孫文身上繼承了「革命品格」。當三十六歲的蔣介石被孫文任命為黃埔軍校校長時，特別對學生們強調起居、內務之紀律的重要性，並親自檢查校內衛生情況。

在內憂外患不斷、政權危機四伏之際，蔣介石突發奇想，推行新生活運動。**首先是企圖藉由新生活運動塑造他精神領袖的形象**。蔣讓自己站在一個文化道德制高點，成功煽動親信及各派系之間的競爭關係，以此促使他們向其效忠。他還迫使黨內競爭對手（如西山會議派、改組派）對這一前所未有的群眾運動表態，迫使他們認為，與其站在旁觀者的立場，不如參與其中，由此將競爭對手拉入其親自掌握的運動體制之中。

當時，國民黨內部存在著激烈的派系鬥爭。南京黨政中央內部，分為擁蔣派（蔣介石心腹各系）和非蔣派（西山會議派、改組派）——西山會議派主要由林森、居正、葉楚傖、戴季陶、邵元沖等元老組成，與蔣介石爭奪對孫文思想遺產的闡釋權；改組派則有汪精衛、陳公博、顧孟余等，屢次策動地方軍事勢力反叛中央，企圖取蔣介石而代之。

新生活運動開始後，擁蔣派希望透過它改變原有的政治機構，遂積極組織各種活動，成立各種大會，選取理事席位，以此吸納非蔣派的黨政領袖。國民黨中央執行委員會常務會議決議，交由組織、宣傳、民眾運動三委員會及內政、教育兩部會擬新生活運動推行辦法，這意味著中央政府、黨部正式承認，蔣在新生活運動乃至在黨政軍系統中獨一無二的領導地位。

西山會議派和改組派在理念和實際操作上與擁蔣派存有異議，但仍積極參與運動。他們意識到，如果不參加，會遭到進一步邊緣化。汪精衛呼應：「規矩、清潔兩項是新生活的基本條件，也是共赴國難、共挽危亡的基本條件。」不過，汪精衛對蔣介石利用運動將自己塑造為「教主」的意圖表示警惕。

在地方上，新生活運動對各省領導人形成壓力。蔣介石的親信在各省市力推該運動，使地方實力派人物不得不採取措施呼應。其中，尤其以山西的閻錫山最為積極。閻錫山跟蔣介石一樣喜歡講道德教化那一套，他在山西的新生活運動中塞入私貨，以此確保個人牢牢控制住山西地盤。

類似的情形也出現在四川，四川軍閥劉湘承認新生活運動的意義，卻以四川社會的落後性為藉口，為該運動在該省的遲滯辯護。這背後其實是地方實力派對中央權力滲透的抵抗和排斥。蔣介石多次到四川成都等地督促運動的進展，對地方實力派人物採取又拉又打的兩手政策。

深町英夫意識到，各派政治力量對新生活運動有不同反應，由此看出蔣介石存有「**利用這場群眾運動成為全國唯一領袖的意圖**」。新生活並非目標本身，而是實現多重政治目標的手段。**蔣透過新生活運動獲得更高威望，鞏固自身地位，並導致對原有統治體制的改變。**

## 名為新生活，實為舊道德

新生活運動以「四維八德」[83]和「總理遺教」為思想資源與合法性來源，頗有點「以德治國」的氣概——中共領導人胡錦濤常常掛在口頭的以德治國，也許是跟蔣介石學的？

蔣介石用一種抽象化的策略，將中國傳統的「禮義廉恥」觀念加入新生活運動，他本人則在這場運動中扮演「**教化中心**」角色。蔣對民眾宣稱：「你們如果要為國家來做一番事業、為民族來爭一口氣，**就要學我蔣介石的整齊、清潔、勤勞、刻苦。**」這無疑源自《中庸》「君子動而世為天下道，行而世為天下法，言而世為天下則」、《道德經》「聖人抱一為天下式」之類的傳統思想。在西方或日本均不曾見到這種仿佛「道成肉身」[84]一般榜樣的力量。比如，英美民主國家的選民並不要求政治人物具備極高的道德標準，只要符合一般的民情民俗即可；

納粹德國的宣傳機構，不會用希特勒的私人生活方式來規範德國民眾；而日本天皇早已具有「神」的地位，民眾對其私生活一無所知，日本政府當然不會號召民眾效仿「神」的生活方式。

蔣介石提出，國民的生活應實現「三化」，即「生活藝術化、生活生產化、生活軍事化」。所謂生活藝術化，是以藝術（包括中國古代的「六藝」）為國民生活準則，達到整齊完善，利用厚生之宏效；所謂生活生產化，是以勤以開源，儉以節流，知奢侈不遜為非禮，不勞而獲為可恥的教育，達到救中國之貧困，弭中國之亂源之目的；至於生活軍事化，就是要整齊、清潔、簡單、樸素，也必須如此，才能合乎禮義廉恥，適於現代生存，配做一個現代的國民！蔣還說，勇敢迅速、刻苦耐勞、能隨時為國犧牲、可以與敵人拚命等，也是生活軍事化的內容。後者才是蔣關注的核心內容——**蔣一輩子以軍人為第一身分，他希望將「民國」打造成「軍國」**，所有國民都能成為其如臂使指的指揮作戰士兵，如此才能對內消滅共產黨、對外抗擊日本人。

蔣介石在〈新生活運動發凡〉的演講中指出——革命是依據一種進步的新思想或主義，用人的力量澈底改進每一個人以至整個國家的生活型態。「簡言之，革命即生活型態之改進也。吾國革命之所以迄今尚未成功，即在於全國國民之生活型態始終無所改進。」他強調，

83 四維：禮義廉恥；八德：忠孝仁愛信義和平。

84 基督教術語。三位一體中的聖子在降世之前與聖父同體，稱為「道」。後來這個「道」以肉身的形式降世成人，便是耶穌。所以耶穌就是道成肉身，既是完全的神又是完全的人。

新生活運動既是使國民革命得以成功、中華民族得以復興的一項重要措施，也是要求全國國民在衣食住行方面澈底改進的社會教育運動。在這裡，推翻一切舊社會、舊制度、舊思想、舊文化的革命，卻要靠舊道德來支撐，蔣介石及國民黨的官方意識型態陷入左右手互搏的尷尬處境之中，正反映了民主派知識分子儲安平對蔣政權的描述：民主無量，獨裁無膽——不是天意或民意對其過於刻薄，而是「和尚打傘、無法無天」，號稱「代表占中國人民最大多數之特定階級的現實利益」的共產黨必然取而代之。換言之，蔣介石掀起新生活運動的思想來源——中國的傳統文化、日本明治維新以來的近代化經驗、德國的法西斯經驗、孫文的三民主義以及基督教文化的皮毛等大雜燴，在跟共產黨階級鬥爭和暴力革命意識型態的競爭中敗陣。

新生活運動中制定的具體實施守則，包括改變人們的餐桌禮儀、衣衫不整、亂丟垃圾、隨地吐痰之類的「不文明」行為。這些新規林林總總，甚至還有諸如「對朋友要講義氣，做買賣必須公平，無謂應酬要減少，婚喪喜慶要節儉」等要求。這並不是臨時起意的短期政策，而是國民黨政權具有連續性的政策，在八年抗戰及之後的內戰期間都未停止貫徹，甚至敗退到臺灣之後仍執行了二、三十年之久——在兩蔣時代的臺灣，教育部門對學生頭髮的長度都有嚴格規定，一個男學生可能因為留長髮而被抓到警局關押。而在組織動員和控制能力上遠勝於國民黨的共產黨，更深刻和廣泛的規訓了民眾的日常生活。毛時代自然不必說，在所謂改革開放時代，仍有不少地方「酷吏」嚴格規定民眾的婚喪喜慶的宴席規模，將民眾當作幼稚園孩童管理。

新生活運動名為新生活，實為舊道德。對於新生活運動中對舊道德的張揚，新與舊的自相矛盾，在當時就引起輿論的議論。北平《晨報》載文指出：

自革命軍興，「打倒孔家店」之呼聲，傳遍全國，國民政府成立，且明令廢止祀孔。曾幾何時，向之主張廢孔者，今又厲行尊孔。撫今追昔，真令人百感叢生，覺人事變幻，殆有非白雲蒼狗所能喻者，孔氏有知，度與吾人有同感矣。

新生活運動一開始就充滿矛盾，**它繼承的是中國的傳統思想，想要達到的結果卻是一種西方意義上的身體美學和公共意識**。在此期間，國共內戰正激烈，日軍從滿洲南下到華北，對於國民黨而言，正值內憂外患之際，處在夾縫中的新生活運動有點像是遠水救不了近火。

## 胡適對新生活運動的批評，未能正中靶心

新生活與五四新文化背道而馳。中國自由派知識分子領袖胡適，雖然在國共之間選擇了國民黨這個「次壞的蘋果」，但他對國民黨這個「次壞的蘋果」，歷來採取直言批評的態度。胡適晚年在臺灣中央研究院院長任上，曾當面發言頂撞蔣介石。蔣當場沒有表示，但在

日記中痛罵：

今天實為我平生所遭遇的第二次最大的橫逆之來。第一次乃是民國十五年冬、十六年初在武漢受鮑爾廷宴會之侮辱。而今天在中央研究院聽胡適就職典禮中之答拜的侮辱，亦可說是求全之毀，我不知其人之狂妄荒謬至此，真是一狂人。今後又增我一次交友不易之經驗。而我輕交過譽，待人過厚，反為人所輕侮，應切戒之。惟仍恐其心理病態已深，不久於人世為慮也……因胡事終日抑鬱，服藥後方可安眠。

蔣居然將胡適溫和的規勸與鮑羅廷的粗暴凌辱相提並論，可見其晚年在臺灣是何其獨裁霸道，聽不進去任何逆耳忠言。

這不是胡蔣二人第一次交手。早在一九三〇年代，與「五四」相比明顯是開倒車的新生活運動，胡適心中不以為然。那時，胡適對蔣介石的個人人格還比較肯定：「他雖有很大的權力、居很高的地位，他的生活是簡單的、勤苦的、有規律的。我在漢口看見他請客，只用簡單的幾個飯菜，沒有酒，也沒有菸。」獨裁者有兩種，一種驕奢淫逸，一種刻苦己身——蔣屬於後者，在黃埔軍校及廬山軍官訓練團時，他偶爾用戴白手套的手去摸門窗，若摸出烏黑的灰塵，他會惱怒發火。他不吃點心、不吸菸、不飲酒、不喝茶、牛奶及咖啡，只喝白開水。然而，蔣的簡樸生活習慣並未妨礙他，即便在困守孤島臺灣時，在全島風景秀麗之處修築數十處「行館」[85]。

胡適肯定蔣的嚴於律己，卻不贊同新生活運動的某些做法，在《大公報》發表了〈為新生活運動進一解〉。他寫道，根據最近的觀察，不能不感到過慮，故提出三個方面的意見：

第一，這種新生活的效能不可太誇張。《新生活須知》所列內容，「不過是一個文明人最低限度的常識生活，這裡面並沒有什麼救國靈方，也不會有什麼復興民族的奇蹟」。做到其中的規定，不過是學會了一個做人的本分。這就好像做官不貪汙乃是做官的本分一樣，強調過分，「那是會遺笑於世的」。

▲ 胡適提倡文學革命而成為新文化運動的領袖之一。

第二，新生活運動應該是一個教育運動，而不是一場政治運動。生活是一種習慣，道德也是一種習慣。生活習慣的改革，要依靠教育的進步，而不能依靠政府的強制。家庭教育與人格感化的事，不在政府的勢力範圍之內。「若靠一般生活習慣早已固定的官僚政客來開會提倡新生活」，只能助長虛誇應付的惡習。

第三，生活的基礎是經濟的、物質的。許多壞習慣都是貧窮陋巷裡的產物。人民的一般

85 臺灣約有三十幾處蔣公行館，為蔣介石曾居住、度假、巡視居留處。

經濟生活水準太低了，絕不會有良好的生活習慣。中國人之所以不講道德，是因為生活太窮困，眼裡只看得見小錢，看不見道德。因此，政府的第一責任，是讓老百姓能夠生活下去；第二責任，是要提高他們的生活能力；最後一步，才是教他們如何去過所謂的新生活。

胡適的批評很有道理，但並未擊中靶心。蔣胡的差異，不單是治國的方法和手段的差異，而是治國的價值和信念的差異。對胡而言，自由和個人主義是最高價值，國家存在的理由是確保個人的安全和自由；對蔣而言，國家和集體主義才是最高價值，個人應當為國家服務乃至犧牲。

正如深町英夫所論，新生活運動的發起是時代的必然，一九二〇年代，國民黨仿效蘇聯模式改組為列寧式政黨，企圖透過黨國體制——即前衛革命政黨單獨掌握權力，並將其組織浸透於各個階層，藉此成為國家、社會之間唯一的媒介，進而由政府馴化人民，普及民族共和國的觀念，簡言之，即創造出近代國民國家。但國民黨透過國民革命（北伐戰爭）掌握全國政權（雖然實際控制區域近南方數省）以後，蔣介石採取了「重軍輕黨」的方針，而軍隊又不足以承擔創造新國民的責任。所以，蔣透過自上而下的方式進行「身體的教養」，將中國人民改造成既勤勉又健康的近代國民，於是發起、推動新生活運動。同時，蔣介石作為「教主」，成功提高了自己的威望和地位。

但是，問題的關鍵在於：黨及政府有沒有權力介入民眾個人生活領域、包括精神生活？深町英夫指出，新生活運動是一種教養身體的政治，他只說對了一半——**這場運動不僅「教**

**養身體」，更企圖「干涉靈魂」**。身體和靈魂是不能截然二分的。一個政權一旦開始干預民眾吃什麼、穿什麼，必然要進一步干預民眾看什麼書、聽什麼歌、說什麼話、想什麼事。獨裁政權不會滿足於控制民眾的身體，還要實現洗腦。所以，**身體不自由，靈魂也不自由；身體被規訓，靈魂也被捆綁**。

## 日本明治維新成功了，中國新生活運動卻失敗

中日戰爭爆發時，蔣介石在日記裡寫道：「以倭寇有組織之國家，其全國動員，人人能發揮其戰爭之效用。惟我無組織之國家，事事皆須以一人當敵國之全體。可不懼乎？」在日本近代化進展的刺激下，他企圖將中國改造成與日本同樣的近代國民國家，但這一構想始終未能如願以償。

那麼，同是嘗試近代化，為何中日兩國近代化的結果天差地別？

深町英夫直言，中日兩國之差異，最典型的領域是教育和軍事。中國未能建立好全國性的國民教育、全民皆兵等制度，因此無法像日本那樣，透過學校、軍隊等制度化的管道對全體人民進行身體的教養，由此創造出均質的國民。是故，國民黨只能依靠群眾動員這種非制度性方式，但其效率很低，甚至注定要以失敗告終。

後來，日本明治維新走上歧途，軍國主義的崛起使得日本走上戰爭之路，但日本戰敗反

倒讓日本找到了一條真正的繁榮富強之路。二戰後，日本經過政體改革，被創造出來的均質的國民一直存續至今。

二〇一六年，在日本轟動一時的科幻影片《正宗哥吉拉》淋漓盡致的描繪出當代日本人於國家與個人之間的關係之觀念：上自首相官邸的總理大臣，下至災難現場的工作人員，所有的劇中人物均非格外傑出的英雄，而是平平凡凡但兢兢業業的人物。為了實現同一個目標——打倒既神祕又可怕的怪獸（象徵二〇一一年三月十一日發生的地震、海嘯及核電廠事故），並盡可能挽救每個國民的生命和財產，這些「庸人」都按照整體規畫而安分守己、整齊劃一的奮鬥到底。他們的行為未必顯赫，甚至有時顯得遲鈍、呆板，但他們都是「好公民」，是國家服務的主體。

反之，中國至今仍未建成公民社會。蔣介石推動新生活運動的起點，是一九〇八年在日本振武學校[86]的《齋房條規》。如果說西歐式「文明的進程」是一種社會的禮儀教養，日本式文明開化旨在躋身文明國家，那麼在蔣心目中，從這一套對秩序與衛生的新型生活規範中看到的好處，則是透過管理身體達到社會生活的有組織化、乃至軍事化，進而實現國族的復興與強大。以日本為仲介來接受現代化，但經過日本「轉譯」的版本帶上了國家主義色彩。就此而言，新生活運動的目的並不是讓國民有教養，而是為了提高集體行動的效率，時刻為可能到來的動員做好準備。因此，蔣介石以強化個人崇拜的模式來推動新生活運動。而崇拜領袖、期待被領袖拯救的國民，不可能是近代意義上的公民。這正是新生活運動以及今天中共的中國夢願景難以解決的內在矛盾。

**新生活運動的失敗正是近代中國轉型失敗的縮影**：在朝不保夕的動盪中，社會無法高效率的完成自我重組，它既缺少日本的軍隊、學校那樣的有組織生活和一支堅決的警察力量，也缺少歐美那樣頻繁互動的社會公共生活和法律框架，於是僅能依靠政治力量的決心和空泛的口號，來發起一些間歇性的群眾運動。它空有高遠的目標，卻無法將這種意志轉化為能真正實現的政治行動。如深町英夫所說，這裡的悖論在於：**新生活運動希望有效動員中國社會，它的失敗恰恰暴露出當時的國家並不具備此種動員能力**。

本質上，蔣介石、毛澤東、習近平都一樣，他們不是現代公民，也不是現代領導人，他們的治理方式如同倒著走路。他們力圖富國強兵，卻又害怕出現一個具有身體與精神自主性的公民階層，他們的失敗是必然的。學者傅國湧指出，新生活運動的致命弱點是**權力主導**，所以它不是一場**公民運動**：

> 我們能在這個運動中看到的只是返回「禮義廉恥」傳統的努力，並不是一條通往現代公民之路。「新生活運動」最大的缺失就是價值錯置，其中強調的那些個人生活規範，都只是為了規矩、服從、守紀律，而沒有自主的為這個社會服務、做一個負責任的公民這類內容。

86 專為中國陸軍留學生開辦的預科軍事學校，蔣中正畢業於此，對中國近代歷史產生重要影響。

也就是說，「新生活運動」倡導的價值不是現代的，即使表面看去有一點，那也只是現代之末，而無現代之本……「新生活運動」離開公民教育，而奢望以政治運動的方式來重塑一代新國民，本質上不是要培育現代化的國民，而只是想訓練聽話的工具。這是權力主導的大規模的改變私人生活規範的一次嘗試，完全依靠權力自上而下的推行，在公眾當中並沒有激起多少反響。

# 第六章　兩岸都不能說白的真相：隨軍妓女制（一九三七～一九三八）

戰場形勢突變，大軍倉猝後撤，茫茫黑夜，十幾萬大軍，擠在一條路上，大多數跟著部隊跑，但少數人離隊逃跑了。這時最艱苦的要算我們砲兵了，騾馬為防空襲都留在後方，前方都是小路，拆卸下來要靠人抬。兵敗如山倒，途之為塞，真是寸步艱難，只看見步兵輕裝過去，也看見軍長李延年換了長衫跑過……路邊溪塘裡漂浮著多具已被水浸泡多天腫大屍體，更淒慘的是路旁躺著哀叫的傷兵：「做做好事呵，補我一槍！」這種重傷後無人過問的情景，令人慘痛難忍。

——金柏源[87]

國共內鬥的殘酷和血腥，超過了八年抗戰。中國人殺中國人，比日本人殺中國人還要來

87 第十九集團軍第二軍第九師砲兵營見習軍官。

勁。中國的歷史書不僅弱化內戰的真相，而且諱言在抗日戰爭中的屢戰屢敗。

## 一本被盟軍查禁的「淞滬戰役實錄」

研究抗戰的歷史，不能只讀國民黨和共產黨偽造的歷史著作，而要讀那些沒有被兩黨汙染和扭曲的私家回憶錄，比如《敗走千里》——這是一本奇書，一本禁書，一本好書，一本顛覆之書，一本幽暗之書，一本真相之書。作者是中國人，卻以日文寫作；它不能在中國出版，卻在一九三〇年代的日本成為超級暢銷書；而當日本戰敗後，又被美軍占領當局查禁，可謂命運多舛。直到八十多年後，中文版才在華人世界唯一享有「百分之百的言論自由」（鄭南榕語）的臺灣出版——在抗戰已成為遙遠歷史的今天，這本親身參與抗戰的基層士兵的回憶錄，仍然在中國、臺灣、日本和美國引發爭議與波瀾。

《敗走千里》的作者陳登元，出生於中國南方一個富裕的綢布商家庭，十四歲即赴日本留學，直到一九三七年中日戰爭爆發才回國。陳登元的日文老師是名作家新井，新井為群馬縣人，戰前因發表《憤怒的高村軍曹》、《礦工之夢》等作品，而成為日本「反軍文學」代表人物，又因為有砲兵軍工廠以及兩年軍隊生活經驗，其作品被稱為勞工文學和士兵文學。太平洋戰爭爆發後，新井轉而支持戰爭，成為戰爭協力作家，一九四三年發表了描寫作為日軍翻譯的中國人及其女兒的紀實小說《父親，到哪裡去了》。一九四四年，其住宅遭受盟軍的空襲，搬家到千葉縣。戰後，新井未能找到教師的工作，遂以行商為生，也不再寫作——可見，他對作家這一身分已然深深絕望，他對自己昔日的作品亦深感如此，在國族主義的壓力下，誰能做到「我手寫我心」呢？

一九三八年一月，新井收到陳登元的一封來信，並附上一本厚厚的書稿。陳登元告訴老師，他在故鄉被政府「強制徵兵」，參與了血腥的淞滬戰役，在炮火連天中身受重傷。原以為傷好後可逃離軍隊，沒料到再次被送上前線。他再度逃走，在淪陷的上海完成此書稿。陳登元在信中寫道：

> 我將所見所聞、親身體驗的全部記錄下來，戰爭是怎麼回事，試圖以神之冷靜、客觀角度，以純粹第三者的立場毫無保留的寫出來。老師請一定忙中過目。

新井讀了原稿後，立即判斷大有出版價值。依陳登元要求，「不變動情節，可改寫詞句」，新井只修正少許不恰當的日文用詞，即將此書推薦在日本出版。而陳登元此後「人間蒸發」，再未與新井有任何聯繫，也再沒有作品為人所知。在那個暴風驟雨的時代裡，陳登元如同汪洋中的一艘小小紙船，或許死於戰場，或許死於後方，無聲無息。《敗走千里》差不多成了他唯一存世的作品。

在中日兩國滿坑滿谷的、左右立場尖銳對峙的「戰爭文學」當中，《敗走千里》是一本作者並不預設政治立場、只是描述本人切身經歷的「戰爭實錄」。作者用白描手法寫出戰場的殘酷、人心的詭譎、民眾的悲慘和官僚的專橫，娓娓道來，栩栩如生。陳登元這位初出茅廬的新手，幾乎可以直追英國文學大師歐威爾——他最撼動人心的作品，不是家喻戶曉的反烏托邦、反極權主義的《動物農莊》與《一九八四》，而是關於西班牙內戰的回憶錄《向加泰羅尼亞致敬》。

歐威爾最初以記者身分前往西班牙，隨即以戰士身分奔赴前線。戰爭爆發前，他天真的認為「這將會是一場富有理想主義色彩的戰爭」。到達巴塞隆納的第一天，一位記者對他說：「**戰爭就意味著欺騙，這裡的戰爭也絕不會例外。**」那時，他不相信這句話，他堅信自己站在正義的一邊，為正義而戰。但隨著戰爭的白熱化，歐威爾逐漸意識到，「其罪惡也在一點一點積累，每一場戰爭都是如此，因為在戰爭中個人自由、客觀報導等等都與戰爭的效率格格不入」。到他離開西班牙時，終於得出沉重的結論：「**這場戰爭最陰暗的影響之一，就是讓我意識到，左翼新聞媒體在每一個方面都和右翼都一樣弄虛作假、虛偽透頂。**」

**《敗走千里》是中國版的《向加泰羅尼亞致敬》**，或許能幫助打破華文世界讀者從官方壟斷的歷史教科書上得來的錯誤印象：抗日戰爭輝煌、偉大、崇高且充滿浪漫主義和理想主義。實際上，即便是作為反抗侵略一方的國民黨軍隊，其內部也充滿勾心鬥角、爾虞我詐，黑暗與卑汙同在，欺騙與殘忍競技。

## 只有私人軍隊，沒有現代國防

當年，剛剛走上西班牙內戰戰場之際，歐威爾端詳並肩作戰的戰友，不禁倒吸了一口涼氣：「我們看起來究竟是怎樣的一群烏合之眾，自由散漫，凝聚力還不如一群綿羊。我們這批男子漢差不多有一半是孩子——我指的是真正意義上的孩子，他們之中最大的不過十六歲。」他驚嘆：「共和國的保衛者居然就是這樣一群衣著破爛、扛著幾乎報廢的來福槍的孩子們組成的烏合之眾，他們甚至還不知道如何開槍。」將從未受過軍事訓練的孩子送上戰場的西班牙共和國的左派領袖，比起被冠以法西斯惡名的法蘭西斯科．佛朗哥（Francisco Franco）等叛軍軍頭來，又能好到哪裡去呢？戰爭不是單單靠浪漫的激情和政治正確就可以取勝。西班牙共和國的失敗，一開始就注定了。

比一九三〇年代西班牙的狀況更目不忍睹，**中華民國是一個卡在古老帝國與現代民族國家之間「進退不得」的怪胎。中華民國未能實現工業化和現代化，其軍隊自然不可能是一支現代化的軍隊。**《敗走千里》的主人公陳子明敏銳觀察到，每當遭遇日本軍的空襲，中國士兵就猛向飛機射擊，但就子彈射程而言，根本不可能打中飛機。一開始，陳子明不明白「為什麼明知無效也要打？」後來，老兵告訴他，這是為了趁機消耗配給的彈藥，彈藥消耗完，才有藉口撤退到後方休養補給。

有趣的是，最近幾年來，中國拍攝的某些抗戰「神劇」中，不僅出現共軍官兵用步槍、手槍擊落日本飛機的情節，還出現武功卓越的共軍士兵扔出手榴彈打下日本飛機的「奇蹟」。如果中國的軍隊有這麼厲害，抗戰為何需要打八年（或十四年）呢？中國的導演們真該好好讀一讀《敗走千里》，至少就不會胡編亂造了。

那時，「中國」這個從清帝國的廢墟上誕生、已經存在二十多年的國家，其實只存在於地圖上，並未成為民眾深入心靈的國家認同。不同省分的軍隊，視對方為外國軍隊。而且，「好男不當兵」，自願當兵的大多數是吃不飽飯的男子，更多的是被抓來的壯丁。中國的軍隊不是真正的國防軍，官兵不知道為誰而戰、為何而戰。如果戰事平穩，軍隊尚能保持建制；如果戰事不利，軍隊很容易潰敗為匪。**「兵」與「匪」這兩種身分，可以隨時轉換。**陳子明所在的部隊潰敗後，他不由自主的加入一個號稱「便衣兵」的團伙。這些人過的完全是匪賊的生活，曾經襲擊友軍的炊事班，將五名炊事兵全部射殺之後掠奪所有物資。他們嘻皮笑臉的殺自己人，嚇得陳子明逃入一邊的樹林中。

陳子明雖然處於軍隊基層，不曉得上層鬥爭的複雜性，卻也觀察到軍隊內部派系鬥爭和傾軋到了水火不容的程度。書中寫道，歐美派的軍官龐勳，是中央政府派送的留學生；知日派的軍官王祥謙，原來是地方軍閥的部下。如今，他們被編入同一支部隊。但即便大敵當前，他們也不願傾力合作，恨不得在對抗日軍之前，先置對方於死地。

陳子明是留學日本多年的「知日派」，知道日本包括日軍的現代化程度為中國和中國軍隊所望塵莫及，這場戰爭若只是中日對決，中方勝算不大。可是，他不敢說真話，一旦說真話，就會被當成漢奸和日本走狗，性命堪憂。當時，很多具有留日背景的人士已遭到清洗——儘管最高領袖蔣介石本人是留日學生的背景。中國的事情，從來是「只許州官放火，不許百姓點燈」：你留學日本，就是漢奸；他留學日本，就是愛國。

陳子明更發現，身邊幾位南京軍官學校畢業的中尉、少尉，從未出國，見識不多，在校所學，凡事都要牽扯到「中國第一」的概念——中國乃世界第一疆域遼闊、世界第一人口眾多、世界第一物產豐饒、中國軍隊世界第一雄壯威武。最重要者，中國乃世界第一歷史悠久、世界第一等博大精深的文化。他們不把日本放在眼中，狂傲的說：「**滴墨入海何足憂。日本啥玩意，闖進來，終究要被中國消化掉……。**」這些軍官既不知道自己的狀況，又不曉得對方的情形，屢戰屢敗，也就在情理之中了。

如果說作為低級軍官的陳子明對戰局的觀察是微觀和局部的一葉知秋，那麼作為蔣介石軍事顧問的德國名將法肯豪森（Falkenhausen）則是高屋建瓴，登泰山而小天下，對國軍的弊病看得一清二楚。法肯豪森對於國軍王牌的第五軍在淞滬戰役中的表現給予嚴厲批評，他認為該軍在軍一級的指揮極為混亂，張治中猶豫不決、進攻計畫缺乏重點，又沒有仔細劃分屬下部隊的任務。各師之間缺乏聯繫，軍司令部亦未能切實指導各師，各部經常失去通訊，甚至共同進攻時亦不能協同。由於國軍沒有陸空聯絡官，致陸空部隊各自為戰，空軍未能對戰局有較大影響。八月十四日，即國軍進攻當日，空軍派機攻擊日軍在上海的軍艦時不但未有命中，更有炸彈誤投市區，造成逾千人傷亡。至月底，國軍僅有的重轟炸機幾乎全部損失。

國軍在淞滬戰役中潰不成軍，是因為國軍的戰術觀念陳舊、落後和官兵們不具備現代戰爭的常識，仍然抱著以往國內戰爭的老一套戰法跟日軍作戰。在日軍的立體戰法之下，不知疏散和偽裝，僅憑一腔的愛國的勇敢而招致許多無謂的傷亡。北伐名將、第八集團軍總司令張發奎在幾十年後總結說：

大兵團作戰，確是一件不容易的事。而下級幹部和士兵們，到這時候才認識了現代戰鬥的形式，才明白僅靠精神而忽視物質科學的戰鬥已是落後的思想了。

最具諷刺意味的是，早在一九三四年，國民政府根據德國軍事顧問法肯豪森等人的建議，在上海附近修築防禦工事，在吳縣、常熟一帶構築主陣地吳福線，在江陰、無錫之間構築後方陣地錫澄線，同時在乍浦與嘉興之間興建乍嘉線。當局以為固若金湯，稱之為「東方馬奇諾防線」。然後，當國軍潰敗到吳福陣地時，既找不到已設好的陣地線和工事圖紙，駐守於此的川軍更找不到鑰匙開門，以致耽誤占領陣地及部署防禦的時間。國民政府花費巨資建立的國防工事變成一堆空架子。

初到部隊，陳子明弄不明白的事情還多著。本來就絕頂危險的外出偵察任務，老兵們為何掛著神祕微笑爭先恐後搶著去？幾個時辰之後，這一夥人帶著各式各樣的戰利品回來，有人的口袋塞滿了金銀。「陳子明看到老兵手上的耳環，就像前一刻才從女人耳垂硬扯下來，血跡未乾，又看著他們那副愚昧、暴戾、殘忍，舔著嘴唇猶如幻想什麼的貪婪樣，不禁胸口一悶感到哀傷，不曉得他們剛才到底幹了怎樣傷天害理的事。」

## 隨軍妓女不是日本的發明，乃是中國的世界之最

老兵們津津有味的分享出任務途中闖入民宅、強姦婦女的「快活」，讓陳子明不忍聽聞。中國的愛國者們義憤填膺的聲討日軍強姦中國婦女，這當然沒有錯；但是，他們從來不提及中國軍隊強姦本國婦女的惡行——**被外國軍隊強姦是羞辱，被本國軍隊強姦則是勞軍，這是舉世無雙的中國式邏輯。**

隨著在軍中的閱歷加深，陳子明逐漸明白，**戰爭的本質是從事掠奪的買賣，軍隊的本質就是幹這行買賣的匪賊集團裡，最有望得到成效的一支人馬。**因為軍餉被上級貪汙，兵士拿不到足額酬勞，「掠奪很自然成為他們的合理酬勞。這是當兵的人應得的獎賞」。他們所有人，只相當於「**後方某將領擁有的私兵**」罷了。因此，對他們來說，「戰爭是做買賣，一場戰役過後展開的掠奪是獲取報酬的唯一機會」。**強姦本國女子，也算是作戰的「福利」之一。**難怪中國老百姓並不把國共兩黨軍隊以及大小軍閥當作「自己人」看待，比起日軍，他們更害怕本國軍隊。

中國軍隊對本國民眾跟外國侵略軍一樣殘忍，甚至有過之。從民心向背就可看得清清楚

楚：抗戰期間，無論是國軍還是共軍，並未得到本國民眾真心的支持和擁護。一般老百姓，只能被動的西瓜偎大邊。在淞滬戰場上，國軍紀律蕩然，殺人放火強姦，民眾並不支持本國軍隊，致使國軍在本土作戰的優勢完全喪失。國軍師長宋希濂將軍在回憶錄中承認：「我們軍隊開到之後，能幫助我們的老百姓都逃走了，留下的都是漢奸。」、「漢奸他們不光是破壞我們的交通，放信號，還把我們的軍情報告給敵人，作敵人的嚮導，替敵人拉夫[88]。漢奸之多如蟻，每天殺也殺不完。」他說的是真相，但他掩蓋了是國軍先對人民不仁，人民才對國軍不義。

日本歷史學家半藤一利在《昭和史》中記載：

一九四〇年，河北省無極縣的郊外，有個地方叫東陽村。當地的村民組織起自衛團，為了不想給中國軍隊或日本軍增加負擔，決定靠自己的力量保衛村莊。日本軍的某個中隊向該村進擊，中隊長和自衛團團長談判，保證日本軍絕不做不法的事情，因此感情變得很好，當受到中共軍攻擊時，自衛團和日本軍便一起追擊。這個村子與附近的村莊，都與日本軍一團和氣，事實上關係非常良好。但自從這個中隊調走以後，來的卻是個紀律不良的中隊，不久便背叛了自衛團，這次倒過來，自衛團和中共軍聯手將日本軍趕了出去。

村民首先考慮的是自保，沒有國家意識，更無意識型態的考量。此種真實情況，在國民黨和共產黨的官方歷史中不可能有所記載。不過，《陳誠先生回憶錄·抗日戰爭》中對國軍

「軍紀廢弛已極」導致民眾自發對抗國軍的情形有如下之描述：

河南民間早就有「寧願敵軍燒殺，不願國軍駐紮」的口號，雖不免過甚其詞，但軍隊紀律的敗壞，實在也是無容為諱的事實。湯副長官不能以身作則，又個性太強，上行下效，往往相率蒙蔽，不敢舉發。伊川、嵩縣、登封遭八十五軍洗劫極慘。十三軍之於密縣、禹城，預八師之於盧氏，四十軍之於木洞溝亦復如是。長官部特務團隨長官部行動，亦到處雞犬不留。軍民之間儼如仇敵，戰事進行中，軍隊不能獲得民眾協助，自屬當然。而各地身任鄉鎮保甲長或自衛隊長等之土劣惡霸，且有乘機劫殺零星部隊及予以繳械之事。

國民與本國軍隊為敵，這是現代國家在對外戰爭中罕見的情形。又據《第一戰區中原會戰之檢討》中記載：

此次會戰（即一九四四年豫中會戰）期間，所意想不到之特殊現象，即豫西山地民眾到處截擊軍隊，無論槍支彈藥，在所必取，雖高射炮、無線電臺等，亦均予截留。甚至圍擊我部隊，槍殺我官兵，亦時有所聞。尤以軍隊到處，保、甲、鄉長逃避一空，同時，並將倉庫存

88 戰時強迫人民到軍中充當夫役。強迫別人做事情。

糧搶走，形成空室清野，使我官兵有數日不得一餐者。一方面固由於絕對少數不肖士兵不守紀律，擾及閭裡，而行政缺乏基礎，未能配合軍事，實為主因。其結果各部隊於轉進時，所受民眾截擊之損失，殆較重於作戰之損失，言之殊為痛心。

有關紀錄和回憶刻意迴避國軍官兵姦淫本國良家婦女的暴行，實際上這是戰爭中的普遍現象。後來，為了防止官兵侵犯良家婦女，國軍開始設置**隨軍妓女制度**。《敗走千里》中記載，上級司令部特意安排一群妙齡女郎到前線勞軍，帶隊的女子對兵士們說：「各位，振作些。小女這就來慰勞各位的勞苦，小女還有夥伴們，在後方五公里的村落待命，**為各位奉獻一切**。」她就是婦女慰勞隊的領隊李芙蓉——國軍使用的「**慰勞**」一詞，比日軍使用的「**慰安**」一詞更隱蔽和曖昧。很快，李芙蓉就與龐勳、王祥謙以及陳子明等三人玩起「四角戀愛」——這種戰爭時期的男歡女愛，只是暫忘死亡威脅的救命稻草，算不上傾城之戀，甚至比霍亂時期的愛情還要脆弱

▲ 正在進攻河南省的日軍。

與虛無。

這一幕場景，讓人想起臺灣電影《軍中樂園》，以及我在金門「特約茶室展示館」看到的血淚斑斑的史料。國軍並不是敗退臺灣之後才建立起隨軍妓女制度，早在抗戰期間甚至北伐期間就有了雛形。此一用女人刺激軍心的模式，在中國歷史中源遠流長。戰爭中的慰安婦或慰勞婦，不管女性是被擄掠、被強迫的，還是遭到欺騙而自願選擇的，都是對人權的粗暴侵犯和踐踏，政府和軍隊都應受到批判和譴責。這是戰爭中附帶的罪惡，即便在戰爭中作為受害者或被侵略者的一方，也不能對此加以掩蓋和遺忘。

## 國民黨的潰敗，在《敗走千里》一書中就已埋下

書中主人公陳子明是被強制徵募到軍隊的，這是國共兩黨軍隊中大部分官兵的來源。陳子明從日本回到老家，不知誰告密，軍隊得到消息，募兵官上門抓人，他跟小妹躲進地窖。士兵進來遍尋不獲，嚴厲的脅迫捆綁在店裡的父母。「**再堅持不把兒子交出來，就放群眾進來掠奪家產，全家槍斃！**」這時，外面騷動的人群中，有人告訴兵士地窖所在，陳子明就這樣被逮出來。

幸運的是，陳子明家離戰場不遠，經過簡單訓練就被送上戰場，不必像其他壯丁那樣經過漫長的「死亡行軍」才能抵達戰場。當時，許多青年在碰到徵兵官員之後的幾週內可怕的死去。

蔣介石承認，在一隊從福建步行去貴州的一千人中倖存者不足一百人。在從廣東到雲南的五百英里的艱苦跋涉中，七百名新兵只有十七人活著走過來。在一九四三年徵集的一百六十七萬人當中，有將近一半在他們趕往所去部隊的途中死去或逃走。在八年戰爭中，那些到達所分配的部隊之前就死去的新兵總數大約有一百四十萬人。在除了中國之外的任何國家，這個數字都是讓人震驚的，致使產生這個數字的任何政府都會垮臺。

很多時候，戰爭都充滿非理性的荒謬。歐威爾參加西班牙內戰時，驚訝的發現他們分配的武器根本不能用，他描述了一個相當普遍的例子：「這是一支德國毛瑟槍，製造日期是一八九六年，已經四十多年了！外表鏽跡斑斑，扳機很澀，從槍口往裡看，槍膛也已銹蝕，完全沒有繼續使用的希望。」

跟西班牙共和國政府軍相比，中國軍隊的情況並不更好，甚至更壞。國民政府聘請的德國軍事顧問弗蘭克・多恩將軍（Frank Dorn）評論：「訓練可以說是無法令人滿意，甚至根本不存在……裝備和武器是老式的並相當破舊，缺少彈藥。」陶峙岳為師長的第八師並非中央嫡系部隊，進入淞滬前線時，其裝備仍以一九二〇年代的漢陽造步槍為主，全師沒有重型武器。第二十六師副連長何聘儒回憶，他們的部隊一個步兵連只有三挺機關槍、五十多支漢陽造步槍，而且槍支時有殘缺不全，有時沒有來福線，乃至用麻繩捆綁避免槍栓脫落。參加淞滬會戰的老兵勞聲寰回憶：「除了中央軍有機關槍，一個師有一個砲兵營，四門山砲外，沒有其他的！」他還描述了一個細節：「國軍仍然用中古模式來埋鍋造飯，行軍鍋在那裡做飯，燒得滿天煙火沖天，這等於報告敵人，『我們在這裡，你來啊』，我們很多部隊，沒有跟敵人交手就垮了，就這樣被日本的砲兵、飛機給炸了。」

陳子明並非軍官學校出身，從來沒有從軍的意願，戰技、戰術之類的知識有限。但在短暫投入戰爭之後，就連他這個外行人也覺察到，軍事高層犯了嚴重錯誤：「既然要對敵作戰，為什麼東洋軍有各式各樣威力駭人的輕砲、重砲，**我軍就沒有半點足以匹敵的配備**——就是這麼簡單的疑問。」

作家張戎在毛澤東的傳記中，指控淞滬戰役前線指揮官、蔣介石信任的張治中是中共特務，故意挑起淞滬戰役，讓蔣介石的精銳部隊灰飛煙滅——即便這個指控沒有足夠的證據支持，但正如陳子明這名在前線作戰的士兵所質疑的那樣，國民政府及軍事當局對淞滬戰役和此後的南京保衛戰完全缺乏應有的準備，輕率的將官兵填入絞肉機當中，每天就消耗一個師。蔣介石和張治中都應當受到軍事審判。

實事求是的說，日本並沒有被中國打敗。在中國本土戰場上，一直到一九四四年底、一九四五年初，中國持續潰敗，日本不斷獲勝。在廣袤的亞洲大陸，日本最慘痛的失敗不是在中國戰場，而是在緬甸戰場——擊敗日本陸軍精銳師團的，是約瑟夫・史迪威（Joseph Warren Stilwell）及孫立人、廖耀湘訓練和領導的遠征軍。在更廣袤的太平洋上，日本更大的敗仗是從中途島海戰開始的一系列海戰。而最終讓日本放棄抵抗的，是美軍在廣島和長崎投下的兩顆史無前例的原子彈。蔣介石和國民黨不能貪天工為己有，儼然以抗戰勝利者自居。如果國軍真能靠自己的力量打敗日軍，之後就不會在短短三年多時間裡，被共產黨軍隊輕而易舉擊敗、敗退到臺灣苟延殘喘了。

陳登元將回憶錄命名為《敗走千里》，似乎是一個不祥的預言，預言了淞滬戰役的潰敗、預言了南京保衛戰的潰敗、預言了豫湘桂的潰敗、預言了國共內戰的潰敗、預言了國民黨在臺灣選戰中的潰敗。**國民黨的歷史就是不斷潰敗的歷史**。

昔日，以中國之大，國民黨可以「敗走千里」；如今，以臺灣之小，國民黨無處「轉進」，即便把臺灣拱手賣給共產黨，也得不到昔日鄭克塽受封的「海澄公」頭銜。

# 第七章 黃河口決堤，淹死三名日軍，八十九萬平民卻陪葬（一九三八）

黃河治水，自有史以來向為中國為政者的最大事業之一，建築的堤防寬度達三百公尺，極其堅實，現在由中國軍自行決口，實在令人思之斷腸。

——蔣介石

花園口決堤（一九三八年六月九日）是抗戰初期的一件大事，國民政府和蔣介石多年對真相祕祕而不宣。戰後，蔣介石調撥大量資金修復黃河大堤，史稱「黃河歸故」，即恢復故道。

如今，位於鄭州市區北郊十七公里處黃河南岸的花園口修建了「記事廣場」，廣場上有兩座東西相對、高約三公尺、內徑約一公尺的六面石碑。一座為一九四七年國民黨的「黃河花園口合龍紀念碑」，另一座為一九九七共產黨的「黃河花園口掘堤堵口記事碑」，從不同的角度記錄了同一段歷史。

## 一段歷史，兩座石碑，各自表述

國民黨所立的西亭碑文上，有中華民國總統蔣介石手寫的「濟國安瀾」，以及水利部長薛篤弼寫的〈花園口合龍紀念碑文〉和復堵局局長朱光彩撰寫的〈花園口工程紀實〉。前者記述：

民國二十七年六月，河決於南岸鄭縣之花園口，維時日寇進關中原，駸駸西趨宛洛，賴洪水氾濫，鐵騎乃為之阻，然河南、安徽、江蘇受其害者，蓋四十餘縣，夏秋之間，百川激灌，四瀆並流，浩蕩滔天之禍不忍睹，考之歷史，河決於兵爭，歷久之際，則河必改道，此次決於開封、中牟以西，澎湃奔騰，為害益烈。日寇降服之翌年三月一日興工，上承主席之訓示，外承友邦之供應。內有河南軍民長官之通力合作，施工再挫，卒於三十六年三月十五日合龍。

後者寫道：

倭寇侵我之翌年，河防工作停頓。六月，河決於鄭縣之花園口。舊槽斷流，雖籍天塹以遏方張之日寇，而被淹面積兩萬九千方公里，災民六百餘萬。河水奪淮入運（河），並集於大江（長江）。

兩篇碑文之後，刻有參與修堵決口的陸軍總司令顧祝同、河南省政府主席劉茂恩、各工段組長以上長官，以及在堵口中的工夫等數百人的名字。

耐人尋味的是，這兩篇碑文指出了黃河決堤的事實，卻遮蓋了決堤的真相——這一次並非黃河自然決堤，而是人為造成決堤。抗戰期間，國民黨宣傳部門死咬說是日軍的毒計；抗戰勝利後，中國成了光榮的戰勝國，這兩篇碑文為什麼不理直氣壯的譴責「日軍暴行」呢？

五十年之後，中華人民共和國河南省人民政府所立的東亭碑文如此記載：

一九三八年五月十九日，徐州失守，日本軍沿隴海鐵路西犯，中國國民政府軍事委員會六月一日策定：將豫東二十萬國軍調到豫西山地，作戰略轉移，並掘黃河堤放水。六月四日，日軍逼近開封，第一戰區第二十集團軍五十三軍一團奉命在中牟趙口掘黃河堤，但是因為此處水流太小，掘堤後使水流不暢，又因黃河流水北移，後準備改掘，五十三軍又派軍隊沿河向西找新的掘口，六月六日夜半，該軍新八師參謀熊光煜等六人在選定花園口，開始掘堤，並最終將此處掘開，大水隨後分兩路向東南方向漫沖，一路沿潁河入淮，一路沿賈魯河東去，共淹農田八十四．四萬公頃，災民近四百萬，死亡八十九．三萬人。

共產黨的這篇碑文，詳細陳述了花園口決堤的真相，將具體執行的軍隊番號和軍官的名字都披露出來——對於跟自己無關的慘劇，尤其是敵手製造的慘劇，共產黨樂於大寫特寫；

而對於自身的暴政，則隻字不提，正如牛津大學中國中心研究員喬治·馬格努斯（George Magnus）評論習近平顧盼自雄的大閱兵時說：「在中國，週年紀念活動的唯一目的是記錄成功並鞏固共產黨的合法性，而諸如大躍進的饑荒中，數以千萬計的死亡、毛澤東發動的文革或一九八九年天安門大屠殺，都被掩蓋了。」國共兩黨，都是謊話大王。

## 製造花園口決堤並嫁禍給日軍

「臺兒莊大捷」（一九三八年三月至四月，其實只是小勝）後，蔣介石決定「擴大臺兒莊戰果」，遂將各戰區精銳部隊大批調往徐州，準備在徐州地區同日軍進行決戰，使第五戰區的總兵力由初期的二十九個師，增加到六十四個師另三個旅，約四十五萬人。

日本大本營本來因為準備不足而決定暫不擴大戰場，但發現國軍大規模集結，特別是湯恩伯[89]軍團的出現，認為這是一次集中殲滅國軍的天賜良機，因此決定進行徐州會戰。一九三八年四月七日，日軍正式下達八十四號作戰命令。徐州會戰由此開始。

日軍占領徐州後，大本營認為徐州會戰基本結束。國軍第一戰區司令程潛則奉蔣介石的命令，準備將突出之日軍第十四師團，殲滅於內黃、儀封、民權之間。

然而，由於中央軍將領桂永清和黃杰不聽調遣，貪生怕死，擅自逃跑，導致原來制定的蘭封作戰計畫全盤崩潰。圍殲日軍十四師團的任務非但未能完成，反而使國軍面臨被日軍圍殲之危局。二十多萬國軍未能圍殲土肥原率領的兩萬日軍，讓蔣介石大為不滿，五月二十八日致電報給程潛譴責：「在戰史上亦為千古笑柄。」

話雖如此，蔣介石一貫賞罰不明。此次戰役中負有重大失敗責任的程潛、黃杰、桂永清等高級將領並未受重罰，反而一直被重用。程潛官運亨通，兩年後升任軍事委員會副總參謀長，國共內戰後期投共；黃杰到臺灣後任臺灣省主席、警備總部司令、國防部長等要職；桂永清則升任海軍司令，在海軍內部製造諸多冤案。他們跟蔣介石一樣，內戰不內行，外戰更外行。

前線國軍兵敗如山倒，日軍沿隴海路西犯，於六月初攻陷開封，接著跟蹤西進，抵達距離鄭州不足百里的地方。鄭州是隴海、平漢鐵路的交匯處，北扼黃河天險，鄭州一失，不但阻斷各個戰區間的鐵路交通，而且將會導致西安、武漢無險可守的嚴重局面。而此時在河南境內的國民黨主力部隊多為徐州戰場撤下的疲兵，尚未得到休整，已無力再戰。

早在一九三五年，國民黨政府軍事顧問、德國名將法肯豪森就提出「最後的戰線為黃河，宜做有計畫之人工氾濫，以增禦其防禦力」的建議，蔣介石批示「最後抵抗線」五字。德國將軍不珍惜中國百姓的人命，不足為奇；作為中國的最高領袖，蔣介石視人命如草芥，難道「無情才是真豪傑」嗎？

---

89 中華民國陸軍二級上將。

一九三八年六月一日，在武漢舉行的國民政府最高軍事會議經過討論，蔣介石做出決定：「策定豫東大軍向豫西做戰略之轉進，同時決定黃河決口，做成大規模氾濫，阻敵西進。」蔣介石說，這是從孫子兵法中學來的「以水代兵」的方法。

花園口決堤之後，慘劇超乎國民政府的預估。中央通訊社等宣傳機構迅速展開宣傳攻勢，嫁禍於日軍。六月十一日，中央社發出第一條電訊，報導日軍扒開黃河大堤的情形：「敵軍於九日猛攻中牟附近我軍陣地時，因我軍左翼依據黃河堅強抵抗，敵遂不斷以飛機大炮猛烈轟擊，將該處黃河堤壩炸毀，致成決口，水勢氾濫，甚形嚴重。」國民黨政權作戰無能，說謊卻駕輕就熟。

隨後國民黨各大報紙紛紛譴責日寇的暴行。包括共產黨的《新華日報》也發出「犯新鄭之敵已擊退，暴敵仍到處決堤，中牟、白沙大水，數萬災民流離失所」的消息。六月十三日，國民黨軍事委員會政治部部長陳誠招待各國駐武漢記者，介紹近來作戰情況及日軍炸毀黃河大堤的經過情形，譴責日本「狂暴軍部竟以人力來幫助黃河為害，以淹沒我前線士兵和我戰區居民。這慘無人道的行為，真可算達到了登峰造極的地步。」

國軍還奉命偽造現場證據。三十二軍軍長商震，電令新八師用炸藥將決口處的小龍王廟、房屋還有大樹通通炸倒，偽造日機轟炸黃河堤壩的假象。新聞記者要求採訪，新八師又偽造一些材料，弄了一個假現場。六月二十一日，新八師官兵以及僱傭的兩千多民工又進行一天「演習」。

二十二日，中外記者來到決口現場，新八師按照預先準備的念了一遍，軍民煞有其事的堵住缺口。有記者問，為什麼日軍飛機從蘭封轟炸一百公里外的花園口？堤岸有二十公尺厚，為什麼炸彈坑只有一公尺？六架飛機投彈為什麼都能投到一點？國民黨中宣部的官員支支吾吾應付一陣就跑開了，他怕時間長會露餡。

日軍雖然凶暴，卻不願背上這個罪名。日方立即對國民黨的栽贓予以反駁：「（中國）慣做欺騙宣傳，不知懺悔，在廣播中、報紙上，竟把決堤毀堤的罪行，移駕到我們身上來，說是我們自己毀決的。」一九三八年六月十六日，《東京朝日新聞社》報導了日軍參與救災並獲得中國民眾讚揚的消息：

由於（敵人）極其非人道的使黃河堤壩決口導致水災，皇軍在濁流湍急的水災之中，以必死之心繼續著救助工作。儘管皇軍勇士們以必死之心努力救助，還是造成了十萬多災民被奪去房屋，食物，乃至生命。街巷化為了人間的阿鼻地獄。然而，親眼看到我皇軍予以妥善救助安置，並不敢視支那良

▲ 日本報紙上讚揚日軍的宣傳照。

民。當地的居民投以感激的目光。

## 死傷人數是南京大屠殺的數十倍

蔣介石對花園口決堤事件長期閉口不提。晚年在臺灣接受日本學者訪問時，他才故作輕鬆的說了一段話：

> 誠然，洪水淹沒了田地，民眾生活難免受到影響；不過，當時黃河水量不多，水流速度每小時不過三公里，浸水地區最高水位不到一公尺，農民都還可以步行往來。

按照蔣介石的說法，黃河水量不多，農民在浸水時可以步行往來，也就是說，這樣的水量幾乎不會造成人員傷亡。

然而，以當時被圍困於洪水中的日軍第十四師團的記載來看：「據北支那方面軍的測算，將六月九日到十五日的流量，單純以水淹面積去除，得出的計算結果也的確為：水深大致平均一公尺（方面軍祕密檔案第三十九號）。水位上漲

▲ 決堤引發的水災而撤離的難民。

最高的十六日當天，在中牟，水勢已迫近到距城牆上端一公尺之處（《第十四師團史》），由於情況以及場所的不同，某些地方是危險的。不難想像嬰幼兒、老人以及病人等弱者的悲慘狀況。」

路透社六月十九日電訊稱：「**目前黃河水災，恐將成為中國有史以來最嚴重之浩劫**。」多位西方觀察家估計，僅僅潰堤時被瀉出的洪水淹死的百姓，人數就在三十二萬至四十四萬之間。《劍橋中華民國史》記載：「國民黨人多年否認他們曾有意決堤，因為**洪水對中國老百姓的損害甚至超過對日本人的損害**。大約四、五千個村莊和十一個大城鎮儘成澤國。據說有兩百萬人無家可歸，一貧如洗。甚至七年以後，在一些村莊裡所能看到的，只是從幾英呎河道淤泥中露出來的廟宇弧形屋頂，和光禿禿樹木頂端的枝椏。」

《豫省災況紀實》對於黃泛區人民的悲慘遭遇做了如下描寫：

泛區居民因事前毫無聞知，猝不及備，堤防驟潰，洪流踵至；財物田廬，悉付流水。當時澎湃動地，呼號震天，其悲駭慘痛之狀，實有未忍溯想。間有攀樹登屋，浮木乘舟，以僥倖不死，因而僅保餘生，大多缺衣乏食，魂蕩魄驚。其輾轉外徙者，又以饑餒煎迫，疾病侵奪，往往橫屍道路，填委溝壑，為數不知幾幾。幸而勉能逃出，得達彼岸，亦皆九死一生，艱苦備嘗，不為溺鬼，盡成流民……因之賣兒鬻女，率纏號哭，難捨難分，更是司空見慣，而人市之價日跌，求售之數愈夥，於是寂寥泛區，荒涼慘苦，幾疑非復人寰矣！

河南省戰時損失調查報告，行政院善後救濟總署（呂敬之）統計：河南、安徽和江蘇三省四十四個縣因此災，八十九萬人死於滔滔洪水，近四百萬人外逃，一千多萬人無家可歸，經濟損失超過十億元。

如果南京大屠殺造成數萬中國平民死亡（並非中方宣稱的三十萬之多），那麼花園口決堤造成的平民死亡數字是南京大屠殺的數十倍。由此可見，中國本國統治者比異族侵略者對本國平民更加殘暴，真個是「天地不仁，以萬物為芻狗」。

## 以水代兵阻擋日軍，蔣介石的天真想像

蔣介石聊以自慰的是，花園口決堤暫時阻止了日軍迅速占領以武漢為中心的華中地區：

假定對決堤之覺有所躊躇，則日軍機械化部隊便會由鄭州一鼓作氣衝到武漢。是故面對暴虐侵略而謀保衛國土，有時乃不得不採取有犧牲決心之非常手段。實則，由於此一洪水得以遏阻日軍向武漢推進達半年的時間；又在淹水一帶的以西地區，在此後的六年之間，得以一直未許日軍侵入。

當時參與花園口決堤國軍陸軍中校工兵參謀劉叔琬多年後也聲稱：

共匪數年來，常在匪區及香港報章上惡痛攻訐本黨，稱在黃河決口時，淹死人民數十萬，造成重大災禍。此固為當年參加抗戰，實地眼見之中原人士所洞悉其奸偽慣計。回思當時若非由黃河大氾濫阻止日軍，鄭州早已陷敵，西安可能不保，毛匪巢穴延安，亦將成為問題焉？

立場親近國民黨政權的荷蘭裔歷史學家方德萬（Hans van de Ven），在其名著《中國的民主主義與戰爭》一書中，為花園口決堤辯護：

關於這一決策，存在著一些戰略上的正當理由。這場洪水阻止了日軍在華北的部隊和長江流域的部隊連成一片，從而無法切斷中國軍隊通過武漢的撤退路線。因此，這場水災使日軍無法迅速利用徐州會戰的勝利，而中國軍隊則爭取到撤退和在戰區中重組的時間，得以在未來繼續抗戰。

實際上，水障沒有從根本上阻止日軍南下的腳步，只是讓日軍機械化部隊進軍延緩了三個月左右。由於日軍有空軍優勢，向被圍困於洪水中的日軍空投糧食和船，死於洪水的日軍並不是很多——據一度被洪水圍困的日軍第十四師團統計，洪水一共淹死日軍三人。**中國民眾淹死八十九萬人，換來日軍淹死三人，這是一筆划算的買賣嗎？蔣介石的數學真的差到這個地步？**

日軍半年後才發動武漢會戰，攻陷華中重鎮武漢，並非因為花園口決堤，而是因為兵力不足，需要從國內運兵來補充。即便日軍第二軍不受水障所阻，在日本大本營未決定進攻武漢、其國內新擴建的十個師團未派至中國調整部署以前，第二軍不可能孤軍深入、單獨進攻武漢。武漢會戰中，日軍一開始動用的兵力就高達二十五萬人，會戰期間曾四、五次補充人員，前後投入的總兵力當在三十萬人左右。

其次，戰局發展並非如蔣介石所說，淹水一帶地區在以後六年中從未受日軍侵入。一次淹水，就能永遠阻止日軍進攻，簡直是天方夜譚。事實上，日軍此後多次占領該區域。比如，一九四一年十月二日，日軍第三十五師團為策應長沙會戰，以五個步兵大隊、三個騎兵大隊強渡黃泛區，兩天之後即攻占鄭州。一九四四年四月十七日，日軍發動「一號作戰」的豫中會戰，其第十二軍第十七師團由中牟強渡黃河，也是兩天之後即占領鄭州，僅三十多天就攻占第一戰區司令長官部所在地洛陽及豫中地區。

而且，正因為國民黨政權對災區民眾殘酷無情，使得災區民眾寧願接受日本的殖民統治，也不願再被蔣政權統治。日軍進入這些地區，受到很多民眾歡迎，簡直如同「王師北定中原日」般榮耀。

## 黃河改道造成生態及人道主義災難

花園口決堤，將黃河每年幾十億噸泥沙順著決口湧入平原，淤塞河道，淹沒田野，漫溢湖泊，堵塞交通和航運，形成穿越豫、皖、蘇三省四十四個縣、共五萬四千平方公里的「黃河氾濫區」，簡稱「黃泛區」。

因人為改變當地環境，造成局部氣候環境發生變化，氣象災害頻發。每年汛期，黃水都會回流倒灌，淹沒農田。洪水過後蝗災複至，真是禍不單行。地表突兀凸凹，到處沙丘堆移，根本無法耕種。決堤對當地農業造成嚴重而長期的破壞。

花園口決堤直接造成一九四一至一九四三年連續兩年旱災，並引發慘絕人寰的河南大饑荒，數千萬人淪為難民，僅河南一地就有三百萬農民死於飢餓。

一九四三年三月底，美國《時代》雜誌記者白修德當面向蔣介石陳述災情，蔣矢口否認，並故作驚訝。實際上，蔣介石早在大半年前就知曉了有關情況。一九四二年八月，蔣親赴陝西王曲，召集緊急「前方軍糧會議」。不過，他關心的是如何運糧給河南駐軍，而不是救濟河南災民，因為軍隊是他的命根子，至於平民百姓，餓死百萬也只是統計數字而已。蔣在「新生活運動」中將「不說謊」作為新國民的標準之一，但他自己就是謊話大王。

一九四二年十二月，蔣介石答應撥給河南災區兩億元賑災款和貸款，卻同時強調軍糧徵收不能減免。即便是帝制時代，歷代王朝都會減免災區的「皇糧」，蔣介石偏偏拒絕減免災區的軍糧——而且，這場災荒還是其人為製造的花園口決堤的直接後果，災民都是政府暴行的受害者。有人計算，中央政府撥發的兩億元即使全部買成糧食，按照當時十元一斤計算，只能購買兩千萬斤。與此同時，國民政府從河南徵收了一百七十萬包小麥，按照每大包兩百斤計算，共三億四千萬斤。政府從農民手上奪走的糧食，遠遠多於政府賑災的糧食。蔣介石「捨民保軍」的暴政，與日後北韓金家王朝的「先軍政策」非常相似。

當時，《大公報》記者張高峰赴河南災區訪問，寫成長篇報導〈豫災實錄〉。文章寫道，河南已經變成人間地獄，「成千上萬的人正以樹皮（樹葉吃光了）與野草維持著那可憐的生命」、「**一路上的村莊，十室九空了**，幾條惡狗畏縮著尾巴，在村口繞來繞去也找不到食物，不通人性的牲畜卻吃起自己主人的餓殍」、「災民每人的臉都浮腫起來，鼻孔與眼角發黑，起初我以為是餓而得的病症，後來才知是因為吃了一種名為『霉花』的野草中毒而腫起來」、「在河南已經恢復了原始的物物交換時代，賣子女無人要，自己的年輕老婆或十五六歲的女兒，都馱在驢上運到豫東那些販人的市場賣為娼妓」。

《大公報》總編輯王芸生亦發表社論〈看重慶，念中原〉，質疑中央賑災款項沒有到位，地方官員及軍隊對河南農民橫征暴斂，重慶官場則夜夜笙歌。他諷刺說：「憶童時讀杜甫所詠嘆的〈石壕吏〉，輒為之掩卷嘆息，乃不意竟依稀見之於今日的事實。」

誰知，蔣介石讀到振聾發聵的通訊和社評，不僅沒有反躬自問，反倒惱羞成怒，勒令《大公報》停刊三天。《大公報》是中國發行量最大的報紙，停刊三天成為震動大後方的一件大事。

多年後，王芸生回憶：「這篇文章……竟如此觸怒蔣介石，摘去『民主』『自由』等假招牌，公然壓迫輿論。」蔣介石的祕書陳布雷則說：「委員長根本不相信河南有災，說什麼『赤地千里』、『哀鴻遍野』、『嗷嗷待哺』，委員長就罵是謊報濫調，並嚴令河南徵繳不得緩免。」《大公報》記者張高峰被湯恩伯下令逮捕，並親自審訊。不久，在美國及國內輿論的壓力之下，張高峰才獲釋。

花園口決堤及河南大饑荒，讓人們重新檢討抗戰的目標究竟是什麼。如蔣介石所說，抗戰乃是讓國民不做亡國奴，但現實生活中卻有一種比亡國奴更可怕的命運——那就是立刻成為淹死鬼、餓死鬼和其他形形色色死不瞑目的「鬼」。**如果抗戰不能最大限度的保存民眾的生命，喚起民眾的國民意識，那麼甚至可以說：投降是一種比「絕望的抵抗」及本國人之間互相殺戮更好的選擇。**

在此意義上，建立維琪政府的法國元帥貝當和建立南京「偽政府」的汪精衛，似乎更珍惜同胞的生命。汪精衛的南京政權相對寬鬆的統治，優於蔣介石的重慶政權嚴酷的且占據所謂正統地位的統治。抗爭勝利後，張發奎負責接收廣東地區，誠實的指出：「我沒有聽到廣州民眾對汪偽政府的抱怨或抨擊，也沒有廣州民眾對偽政府懷抱惡感的印象。」這段話，官方正史中不會記載。

在河南，花園口決堤造成極其嚴重的人道主義災難，民眾對蔣介石和重慶政府怨聲載道——當然，河南大饑荒的倖存者不會料到，二十多年後的一九五九至一九六一年，比蔣介石和國民黨更殘暴的毛澤東和共產黨還會導演出遍及全中國、延續時間更長的大饑荒，在此次大饑荒中，死難者高達三千萬至六千萬人左右。中國人的苦難，似乎永遠沒有結束的盡頭。

第八章

# 水淹剛過，火燒慘劇接踵而來——長沙焚城（一九三八）

大火發生時，市民從夢中驚醒，面對熊熊烈火，上天無路，入地無門，老少婦孺的哭喊聲和火燒房屋發出的爆炸聲匯成一片，構成一幅極端悲慘的景象。

——席楚霖（時任長沙市長）

水淹的悲劇剛過，火燒的慘劇接踵而來。中國統治者鐵石心腸，視人命如草芥；中國草民生活在水深火熱中，被淹死和被燒死成了宿命。

花園口炸堤在軍事上沒有取得多少作用，日軍很快重整旗鼓，向武漢出發。國民政府棄守武漢，棄守之前，蔣介石下令焚城，實行焦土政策。

主持放火的陳誠不忍將商民財產化為灰燼，故意洩漏放火消息，使放火計畫因武漢商界群起反對而未能完全實施。

武漢失守後，中央政府機關、難民、傷兵以及上海、北京、武漢、南京等地的工商業者紛紛湧入長沙，使長沙人口由三十萬驟增至五十多萬。這種畸形的繁榮轉瞬即逝，日軍的攻勢比蔣介石想像的更加凌厲和迅速。

## 焦土政策，蔣介石下達全城焚毀之密令

長沙是湖南省城，也是第九戰區司令長官部駐地。一九三八年十一月七日，蔣介石抵達長沙，他知道長沙守不住，在蓉園召開軍事會議，部署實施「焦土政策」。他說：「長沙位於武漢廣州之間，正處於敵人南北夾攻之下，易攻難守，因此不必和優勢敵人死打硬拚，而**對長沙要用焦土政策。我們不能住，更不能叫敵人來住**。不論糧食器材，凡不能帶走的東西都用火燒掉。這是大家不可忘了的事。」經過損失慘重的淞滬會戰以及南京保衛戰，蔣介石終於明白「**不必和優勢敵人死打硬拚**」這個對兵家來說是再簡單不過的道理，打不過就逃，不僅要逃，還要燒——在會上，蔣介石嚴厲斥責陳誠在撤離武漢時焚城不澈底，使交通水利等設施留下來被日軍利用，要求不要再有武漢焚城未盡之事。他對長沙居民毫無憐憫之心，若實行焦土政策，數十萬居民何以過冬、何以生存？這些都不在其考慮的範疇之內。

十二日上午九點，湖南省主席張治中接到蔣介石密電：

限一小時到，密。長沙張主席，長沙如失陷，務將全城焚毀。望即妥密準備。勿誤！中

正文侍參。

旋即張治中又接到蔣侍從室副主任林蔚的電話，內容是「對長沙要用焦土政策」。張治中立即召集長沙警備司令酆悌中將和省保安處長徐權中將等軍警城防負責人開會，研究放火燒長沙的實施辦法和人員安排等事宜。會上決定準備好火油和火爐，在日軍進犯到長沙情況緊迫時，放火燃燒，並且要在燃燒前拉警報，疏散居民。酆悌和徐權兩人在下午四點拿出了一份焚城計畫。

據計畫起草人長沙市警備司令部參謀處長許權回憶，該計畫（共十三條）明確要求，「棄守前，需將長沙市的公私建築和一切不準備運走的物質全部焚毀，不資敵用」、「派省會警備司令部警備第二團和長沙市社訓總隊負責執行」、「於十一月十三日淩晨兩點以前，進入準備位置」。

該計畫還對焚城的全部過程，如引火材料的發放和控制，起火的命令、信號、秩序、紀律等做了具體規定。放火地點選定天心閣，這是長沙城中地理位置最高的地方。

張治中和酆悌、徐權一起研究組建了「破壞長沙指揮部」。決定由酆悌負總責，警備第二團團長徐昆任總指揮、市社訓總隊副總隊長王偉能和許權任副總指揮。

十三日晚上十二點，肩負放火使命的警備二團、社訓總隊組成的一百多個縱火小分隊帶領汽油、煤油等燃料到達準備位置。一部分隊員將燃料澆在房屋上，長沙變成一個汽油庫。

張治中再次表態，「須在我軍自汨羅撤退後再下令開始行動」，而且還詳細布置，「開始行動時，**必須先發空襲警報**，使居民躲避，等到再放緊急警報時，開始行動」。

十三日淩晨兩點左右，長沙南門口外的傷兵醫院突然起火，許權得到士兵的報告，判斷是失慎。不到一刻鐘，南門又有三處起火。

按計畫，舉火有四重規定：一是省政府的命令，二是警備司令部的命令，三是警報器有節奏的長短叫聲，四是天心閣上有火柱。許權打電話給前線關麟徵總部，得知前方平靜無事，而且南門是不舉火的地點，所以他判斷是「一處失慎，三起放火」。

許權打電話找警察局局長文重孚要求救火，文說：「警察跟消防隊員都撤離了。」而早前為了實行焦土政策，所有消防車把水放掉，換成了汽油。

此時，不知真相的城內警備司令部見城外起火，以為是信號，便紛紛將點燃的火把投向油桶或居民的房屋。沒多久，連天心閣也火光四射，接著全城起火。當晚，焚城總指揮酆悌的電話一直占線。

大火已無法撲救，只能宣布棄城。長沙的這場大火延續五日五夜，將千年古城焚燒殆盡，始自行熄滅。

後來查明，日軍先頭部隊尚在岳陽附近，並未向長沙進軍。為什麼不通報居民就先行放火，大概是通訊出現誤報。國軍電訊器材奇缺，武漢會戰時通信兵曾冒險至湘北岳陽等地撤收電線電話，以圖搶運後方應用，只因戰局逆轉過速，措手不及，以致電訊傳播極為困難，甚至第九戰區司令陳誠與省主席張治中欲得一具電話都不易。

岳陽失守時隔兩日，敵軍向岳陽以南離長沙還有兩百五十華里[90]的新牆河進犯時，譯電員竟將前方電訊漏一「牆」字，致將「新牆河」變成離長沙僅有十二華里的「新河」。此資訊被自衛隊首先得知，這班烏合之眾，不管上級有無命令，也沒有聽到警報，即放起火來。

不知是否巧合，蔣介石率侍從室人員於十二日深夜乘專列火車離開長沙。在深夜二點左右，車上的人看到了後面長沙方向的熊熊大火，蔣介石不可能不知道長沙起火。隨專車南下的高級將領有：副參謀總長白崇禧上將、軍令部部長徐永昌上將、航委會主任錢大鈞上將、軍令部第一廳廳長劉斐中將、鐵道運輸司令錢宗澤中將、侍從室副主任林蔚中將等，他們也都知道長沙起火了。

專車停在郴州時，蔣介石命林蔚打電話給留守長沙的陳誠和薛岳詢問情況，均不得要領。專車到達廣東韶關時，蔣又命林蔚與陳、薛通電話，這次終於弄清楚了情況。原來日軍尚未進犯到長沙時，長沙城防軍警就迫不及待的放火燒起來。陳誠匯報：

　　在實施焦土之先，至少應先期有一次預告，不怕時間短暫到一天或半天，總要給人一點逃避的機會。而長沙這次放的火，不但不曾預告，而且在深夜中為之，全城四面突然一齊火

90　一華里約等於五百公尺。

起，居民在睡夢中聞警，多半隻身逃出性命，倉皇中葬身火窟者達萬餘人。

蔣介石知道事態嚴重，即命令專車北返，準備回去處理此事。陳誠竭力勸阻，謂長沙現毫無兵力，人心慌亂堪憂，待稍穩定後再北上不遲；同時急調附近俞濟時部第二十軍連夜趕來長沙，一方面責令張治中督率部下盡快清掃主要幾條街道並撲滅餘燃，雖略微修飾門面，實難掩傷心怵目之慘狀。

十六日晚間，蔣介石到達長沙，親睹長沙劫後慘狀，及陳誠、張治中來見時，告曰：「長沙焚毀，精神上之打擊，千百倍於戰敗之痛苦，可恥可悲，莫此為甚。」而蔣、張二人正是焚城凶手。

## 將帥無能，千年古城焚燒殆盡

隨即，蔣介石一行到達南嶽衡山，召開南嶽軍事會議。會上，蔣介石就長沙大火事件痛斥手下高級將領，並命令嚴懲肇事者。當局拿出的處罰名單及定罪為：

一、長沙警備司令酆悌、警備二團團長徐昆，以辱職殃民，怠忽職守罪被執行槍決；湖南省會警察局長文重孚，以未奉命令，放棄職守罪，被執行槍決。

二、湖南省政府主席張治中，用人失察、防範疏忽，革職留任，責成善後，以觀後效。

三、湖南省保安處長徐權，驚慌失措，動搖人心，革職查辦。

四、長沙警備司令部參謀長石國基、參謀（處長）許權在逃，予以革職，通緝查辦。

五、長沙市市長席楚霖棄職潛逃，革職留任。

看似亂世重典，直接責任人張治中卻被從寬發落。長沙燃起大火之後，張治中驚慌失措，無所作為，罪過最大。半個多世紀後，當時任國軍副營長的華宣恩如此回憶逃難途中見到張治中的狼狽模樣：

十二日半夜，我與營部的官兵們（我時任二團一營營副）退至五里牌時，只見張治中身披黑披風，兀立在何鍵（前省主席）別墅大門口，態度木然，雙眼直盯住長沙城中的沖天烈火，身旁站著背木殼槍衛士五人，我們向他敬禮也視若未見。

寥寥數語，將張治中失魂落魄的狀態描述得栩栩如生。

張治中事後問明真相，覺得大錯業已鑄成，再下令補救已無可收拾矣。他情知不妙，準備東渡湘江，一走了之。事經九戰區司令長官陳誠獲悉，急電其留在長沙處理善後。如果張治中真的逃之夭夭，其罪過就比山東省主席韓復榘更重了。但蔣介石會像對待非嫡系的韓復渠那樣對待嫡系的張治中嗎？

事後，針對當時「類似陰謀的縱火」的責難，張治中百般辯解，說是一個意外的突變，「**首先是我和幾個高級人員疏忽，其次是中下級幹部的慌張，再次是那些訓練不夠的士兵與義憤人民的無知與急躁**」。至於為什麼會有這樣過早的行動呢？張治中歸結為「誤信流言」，「岳州沒有放棄，就謠傳岳州情況不明，常德市交通已斷。等到敵人登陸城陵磯的消息一證實，就傳說敵人兩天之內就可以到長沙。就在十二日晚間，戰事發展到汨羅前線時，有些人竟慌張到這種程度『敵人的淺水兵艦可以在三小時內開到長沙新河』。」而這一切全是因為失敗主義的靈魂在作祟。每一個戰局的轉換，總帶來一個新的普遍的恐慌。

「革職留任」的張治中，繼續處理長沙善後事宜。一九三八年十二月十一日《申報》八版〈張治中談善後措施〉全文刊登張治中的談話：

十二日為長沙大火周月之期，張主席治中，發表談話如次：長沙燒劫瞬經彌月，治中待罪任中，心神愴痛，不可言喻。在最高領袖訓示與中央責勉之下，無時無刻不與各方各級工

▲ 迪化各界慶祝和平大會盛況：張治中致辭。

作同人，兢兢業業，求全於事後，冀能略補愆尤，此一個月之主要工作，為一、救濟災民；二、清除街道；三、恢復市場及交通；四、調查死傷及損失。

蔣介石心中知道張治中罪不可赦：「文白（張治中之號）不知責任所在，猶以為普通罪過，尚思推諉卸責，此表示無能無知之事小，而對於革命與廉恥之事大……。」但蔣又表示：「此皆我用人不當之咎，而亦中國人才缺乏之所致。」蔣介石用一種大事化小、小事化了的方式幫其遮掩過去：

就這一次事件的根本成因研究，可以說不屬於哪一個個人的錯誤，而可以說是我們整個集團的錯誤。這一錯誤的造成，不能不認為是我們的失敗。

既然這是「我們整個集團的錯誤」，法不責眾，就不需要任何高級官員為此負責。張治中因禍得福，反倒步步高升。一九三九年二月，張到重慶，任軍事委員會委員長侍從室第一處主任，負責軍事機要，成為蔣身旁的重要助手。人們對此頗表不滿，長沙街道的殘壁上寫著：「兵臨城下，主席張惶失措。烈焰沖天，全城盡成焦土」、「電訊失真，鑄成大錯。罪魁禍首，推諉卸責」、「新牆河是屬岳陽，長沙新河少一牆，這牆相隔兩個府（岳陽府與長沙府），混作一府似荒唐」、「三個頭顱一把火……」等。張治中到任之日，有人在其辦公室門後大書「小心火燭」四字，此更虐而謔矣。

張治中全身而退乃至繼續高升，不是因為他有才能，而是因為他善於討好奉承。白崇禧一生很少說人是非，但最瞧不起的就是張治中。北伐中汀泗橋之役，張治中當眾下跪幫蔣介石擦拭染血的靴子，白崇禧說：「後來軍中罵人不要臉、拍馬屁，就說『**這傢伙是擦鞋的**』。」北伐時，張治中身為師長，攻徐州部隊潰散，依軍法須處死部隊首長。張為了求免死，在火車站公開綁上白布跪地哀求蔣饒他一命，蔣看了他那個樣子，當場下令給條子「尚屬知恥，記槍斃一次」。這兩件事，讓白崇禧一輩子瞧不起張治中。

此前，張治中在淞滬會戰中任第九集團軍司令，蔣介石交待張治中指揮數萬穿戴德械裝備的精銳軍隊，前去圍殲僅數千人的日本海軍特別陸戰隊，中日雙方兵力十比一，但張以四個師圍殲還是沒有拿下日軍，蔣氣得在日記寫：「撤張文白」，又責備何應欽無識人之明——明明就是他自己沒有識人之明，卻將責任推給何。事實上，戴笠、陳誠等多次在蔣面前提及張治中不切實際，「尤其在抗戰軍事上，而湖南除出兵外，其他毫無成績可言」，蔣偏偏聽不進去，只是長沙大火之後不再讓張治中帶兵作戰。

抗戰後期，蔣介石任命張治中為新疆省主席，希望其穩住新疆局勢。張治中在新疆任期內，已逐漸親共，新疆省政府所任用的重要人員盡是共產黨，如任屈武為迪化市市長、任劉孟純為新疆省政府祕書長等。國民政府軍事委員會少將參議龔德柏在回憶錄中，直指張治中為「**中共長期之間諜**」，郭寄嶠、上官業佑等，均將其提交中央舉報，蔣仍執迷不悟，繼續對張寵信有加。

國共內戰後期，代總統李宗仁派出國民黨內的親共人士如張治中、邵力子、章士釗、黃紹竑、李蒸、劉斐等六人為代表到北平和談，張治中任代表團團長。張在北平發給蔣一封電報，勸蔣「毅然放下一切」。和談破裂後，張投向中共，留在北平，繼而宣布脫離國民黨。

作家張戎點名指出，毛澤東在蔣介石陣營裡安置了四個「紅色代理人」——邵力子、張治中、衛立煌和胡宗南。「這四個人皆有扭轉乾坤之功，毛澤東全靠他們裡應外合，贏得內戰勝利。」其中，說胡宗南是「紅色代理人」或許不準確，胡是四人中唯一跟隨蔣介石到臺灣的將領，其部屬很多是共產黨特工，但胡本人大概不是共產黨；其他三人則確實投共。在中共統治下，張治中將溜鬚拍馬的對象由蔣介石轉變為毛澤東，從而比其他投共的國民黨高級將領得到更多生活優待。

▲ 長沙大火是長沙歷史上，毀壞規模最大的一次全城人為性質的火災。

## 三名被槍決的替罪羊，無法挽回草菅人命的罪惡

張治中在長沙民眾之中評價極差，有人做了一副對聯和匾額譏諷他，在民間廣為流傳：上聯是「治績云何，兩大方案一把火」；下聯是「中心何忍，三顆人頭萬古冤」；橫批則為「張惶失措」，第一個字連起來藏頭正好是張治中。

對聯中的「三顆人頭」指的是在此案中被處決的警備司令酆悌、警備二團團長徐昆、警察局長文重孚三人。身為徐昆部下的華宣恩在回憶文章〈我親歷的長沙大火〉認為，三人罪不致死，三人之死是為蔣介石和張治中頂罪。

當時，張治中是長沙乃至湖南的軍政首長，而長沙警備司令酆悌下轄兩個警備團，警備一團團長岳岑率部於寶慶集訓，在長沙僅有警備二團，團長為徐昆。

酆悌是黃埔軍校一期畢業生，在黃埔就讀期間經宋希濂介紹加入國民黨。一九二六年，被任命為國民革命軍第一軍第一師政治部主任，兩年後擔任中央陸軍軍官學校政治部副主任。一九三〇年代初，酆悌參加力行社（藍衣社）並任書記，成為蔣介石信任的「復興社十三太保」之一。後因參與密謀刺殺汪精衛，被調離出國，任駐德少將銜武官。一九三六年，酆悌回國後進入委員長侍從室，負責政治工作，後再度捲入刺殺張群事件，被調出侍從室。又據稱酆悌在「四一二」親共事變期間，曾縱容部下私下釋放已被逮捕的、與之有師生之誼的共產黨首領周恩來。此事後為戴笠密報蔣介石，導致蔣對其信任不再。抗戰爆發後，酆悌被派

往常德，任湖南省第二行政督察區行政督察專員兼保安司令。九月，又被任命為長沙警備司令部司令。

酆悌才德皆不配其位。據華宣恩回憶，張治中下令準備焦土政策時，酆悌正赴副司令唐生明之晚宴，唐生明之妻乃老牌電影明星徐來，擅長肆應，美而多姿，每有宴會，賓客皆趨之若鶩。酆悌官僚習氣極深，很少與部下接觸，高高在上，一味只知享樂，沉迷燈紅酒綠之中，接張治中電令後沒經過深思熟慮，立即傳令參謀處周處長布置長沙焦土事宜。周處長緊急電知，徐團長、文局長，以及地方自衛隊等開緊急會議。會中酆悌宣布奉主席命令，若日軍進犯長沙，即實施焦土政策，一切實施事宜由周處長擬定方案，經磋商後各位分頭進行，然後他就匆匆離開會場。

最後商定實施的方案，是由警察局盡力勸市民疏散，並防止暴民乘機搗亂；市區內交由警備二團負責行動；因兵力不足，郊區可由地方自衛隊負責放火，放火隊三人一組，每組間隔五十到一百公尺，汽油可向警備司令部領取，每一組配發一小桶，所有市內各放火組統一由徐團長指揮，聽到拉警報即開始放火。任務完成後，分頭向湘潭退卻。然後在湘潭集結，聽候下一步命令（按軍事規定，敵軍進入城郊三十華里以內時，即實施「焦土抗戰」政策）。

這時，防守長沙的兵力極為薄弱，不論官兵都存有早日脫離不安全地帶的矛盾心理。次日凌晨兩點，在城內的官兵們，驀然看到四面火起，人心彷徨不已，不知所措。徐團長立即騎車趕往警備司令部請示，豈知到司令部見滿地紙屑雜物零亂，人員已不知去向，僅有三名士兵在捆行李也準備逃走，當然也問不出所以然來。他返回原地，如同熱鍋上的螞蟻，進退兩難，長嘆一聲「走吧」，於是各處士兵也點上火，大火如此一轟而起。

為了逃避大火，華宣恩等隨著人群往湘潭公路撤退，當時的場景宛如人間地獄：

人潮洶湧，寸步難行，部隊炊事兵的大鍋被擠丟在路旁，大小汽車皆被推倒在兩旁田中，失散人群小孩哭著喊爹娘，爹娘聲嘶力竭呼喊兒女，沿途人擠人，雖有善心人欲伸援手，但面臨如此生死關頭，自身難保，徒呼奈何！那種絕望悲慘情景讓人不寒而慄。

大火之後，湖南民眾哭聲震天，要求懲辦責任者。中央政府為查究責任，特設軍事法庭於二十軍軍部，派賀國光為審判長，拘押酆悌、徐昆、文重孚三人於軍部特務排。三人得到相當優待，眷屬可隨時會見、送飯。警備兩個團官兵則全部交由二十軍編收。

據參與長沙大火案審理的第九戰區司令部調查室主任張振國回憶，蔣介石限定兩天內調查結案，十一月十八日的審判結果，原本是酆悌處有期徒刑十年，徐昆、文重孚二人各判七年。專案組報呈最高當局後，蔣介石批示：「**瀆職殃民，一律槍決**，張治中撤職查辦。」這是蔣介石一人獨裁、踐踏司法的一貫做法，他的硃批如皇帝的諭旨一樣，可讓人活，亦可讓人死。

一九三八年十一月二十日，長沙大火之後一週，酆悌、徐昆、文重孚三人在南門口外侯家塘刑場執行槍決。臨刑前，酆悌說了最後兩句話：「**我對不起長沙人民。張主席對不起我。**」

據傳，在軍事法庭上，酆悌曾進行申辯，說他是奉張治中命令燒長沙的，但他只得到張的口頭通知，並未有書面命令，致無憑無證，百口莫辯。又有人說，張治中和酆悌素不相睦，因借長沙大火一案置酆於死地，酆悌必死無疑。還有一種說法，張治中很為酆悌叫屈，曾請求蔣對酆從寬處理，然而未成，張為此沉痛的哀嘆：「大錯鑄成，力餘（酆悌字）死矣！」

又據傳說，處決酆悌時，蔣事先叫人轉告酆悌，今後對其妻小家屬當優予撫恤，如果酆悌真有死罪，為何要以烈屬待遇優待其家人呢？蔣介石的作為，完全不顧現代法治和正義觀念，一方面出於策略考量，殺人以平息民憤；另一方面則用儒家倫理治國，以為小恩小惠可籠絡人心。對此，身為下級軍官的華宣恩評論：「**國民黨有許多高官官僚習氣極重，只知享受權勢，無視於人民生活痛苦，以至造成上下離心卻是實情。**」

## 三萬條輕如鴻毛的人命，凸顯失敗國家真相

在中國抗戰史上，**長沙大火與花園口決堤、重慶防空洞慘案並稱三大慘案**（長沙、伏爾

加格勒[91]、廣島和長崎為二戰中毀壞最嚴重的城市）。中國抗戰中的三大慘案，只有一起是日本人空襲造成的，其他兩起是蔣介石政府自編自演的。事後，日本飛機曾將大火後所攝照片投擲於劫後長沙以及中國其他城市，上印有「請看是誰殺人放火」等中文字樣。

長沙大火一直延燒五天五夜，三萬多人喪生，全城九〇%以上房屋被燒毀，共計五萬六千餘棟。據湖南省政府統計室編印的《湖南省抗戰損失統計》估計，大火造成的經濟損失約十多億元，約占長沙經濟總值的四三%。被大火燒死的人中，有四千多名來不及轉移的傷患官兵。當時的電報代號為「文」，所以這場二十世紀以來中國最大的火災又稱為「**文夕大火**」。

熊熊大火中逃命的人們，在擁擠和混亂不堪中，有的被人群踩死、有的被汽車輾死、有的被大火活活燒死、有的人跳入江中淹死。一位帶著孩子的母親躲進水缸避火，雙雙被活活煮死。淒厲的哭喊聲、恐怖的嘶叫聲，連同建築物燃燒時的爆炸聲，交織成為一個悲慘世界。

政府機關被燒毀的有省政府、民政廳、建設廳、警察局、警備司令部、省市黨部、保安處、地方法院、高等法院、電報局、電話局、郵政局、市商會、中央通訊社、中央廣播電臺和在長沙各家報館等大部或全部建築；被燒毀或大部燒毀的學校有湖南大學、明德中學、岳雲農工、楚怡工業學校、第一師範、南華女中、明憲女校、妙高峰中學、省立長沙高中、民眾教育館等三十一所；被毀的銀行有湖南省銀行、江西裕民銀行、上海銀行、交通銀行和中國銀行等十餘家；被燒毀工廠的有四十多家，損失最大的為湖南第一紡織廠。長沙作為全國四大米市之一，一百九十多家碾米廠和糧棧僅倖存十二家半。綢布業損失約兩百多萬元，約占全行業資產的八成。湘繡業四十家全部毀滅。除湘雅醫院外的所有醫院均被燒毀。

大火毀滅了長沙城自春秋戰國以來的文化積累，地面文物毀滅到幾近於零。長沙作為中國為數不多的兩千多年城址不變的古城，文化傳承就此中斷。

《中央日報》在社論中寫道：「長沙近三十年來，物質、人力欣欣向榮。全國都市中，充實富庶，長沙當居首要。百年締造，可憐一炬。」

救助災民首先需要統計人數。一九三八年十二月二日，災民統計基本完成，可對受災人數和遇難人數做出大致預測。一九三八年十二月三日《申報》第四版〈登記結束〉的新聞報導記載：長沙火災難民，登記結束，統計住所者二千二百五十人，不住所者二萬三千六百七十一名，無家收容孤童一百五十人，湘潭、寧鄉等處登記者預計總數在六萬左右。

長沙大火讓「焦土抗戰」策略受到人們質疑。抗戰中最先提出「焦土抗戰」戰略思想的是李宗仁，他曾發表〈焦土抗戰論〉，明確提出：「舉國一致，痛下決心，不惜流盡最後一滴血，更不惜化全國為焦土，以與侵略者做一殊死之抗戰。」李宗仁認為，為抗擊日寇侵略，應當放火燒掉任何可資敵用的財物、設備和房屋，以空間換時間。

蔣介石贊同此一策略。蔣介石在軍事會議上引用拿破崙入侵俄國時，俄國人為抗擊侵略而火燒莫斯科的歷史。武漢淪陷後，蔣在南岳和長沙召開的軍事會議上，一再強調焦土抗戰

91 俄羅斯南部的城市，原名為察里津，一九二五年改稱史達林格勒，一九六一年改為現名。

政策。

長沙大火之後兩天，中央社發表〈堅壁清野，長沙已成廢墟〉的短評，正面評述：「依據既定計畫，誘敵深入，而成為敵軍進犯目標之長沙，則不得不為堅壁清野之計，使敵縱能深入亦無所得，於是當局自十三日凌晨三時起，即**自動毀城**。」並宣稱：「**此次大火，長沙將無一草一木可以資敵。**」

這種自欺欺人、殘酷無情的說法，並不被所有人認同。汪精衛發表一篇反對焦土抗戰的文章，他認為，「如果『焦土抗戰』就像長沙那樣毀滅自己，那還不如不抗戰的好！」此前，汪精衛曾反對焚燒武漢，並致電蔣介石：「武漢如放棄時，除有關軍事之建設物，不能不破壞，其餘如電燈、自來水廠及其他無關軍事之建築物，若悉行破壞，**無損於敵而結怨於民**，萬乞禁止。」後來，國民政府放棄廣州之時，縱火焚燒民居、商店，汪精衛又致電蔣介石：「此次廣州放棄時縱火焚燒除軍事設備外，民居、商店亦一律被毀，雖云不以資敵，然民怨已深，將來淪陷區內之工作，必受影響，利害相權，利少害多，告國民書中，焦土一段，可否注意及此……。」汪精衛的看法是，**政府不是流寇，不能以抗戰為名隨意毀壞百姓個人財產及戕害百姓之生命**：

犧牲是必要的。但近年以來，有許多人橫著一種謬見，以為流寇方法，可以對付侵略，這是濫用焦土政策之最大原因。歷史上以流寇方法對付政府，不是政府將他趕盡殺絕，便是他將政府打倒。這種方法不能為對外戰爭之用。

國民政府內部，並非只有汪精衛反對焦土抗戰。主政浙江、深受蔣信賴的朱家驊也極力反對國軍實施「軍隊撤退時毀壞民間財物」的做法，他在〈對於焦土抗戰與遊擊戰之感想〉一文中說：

焦土抗戰者，係「即使敵人將我州邑摧為焦土，我仍悉力抗戰」之謂。此乃吾人抗戰應具之決心，必如是而後可獲得最後勝利；但有人頗多誤解，軍隊撤退時，往往將當地所有無關軍事之建設，及民間財物，予以毀壞，並不為淪入戰區同胞著想。

正是出於這種想法，朱家驊多次阻止國軍施行焦土政策。一九三七年十一月十二日，上海陷落後，他被告知杭州守軍接到「即刻出動開挖錢塘江堤，以江水攔截淞滬日軍南下」的密令，軍方正欲實施。他當即一邊嚴厲要求守軍停止部署掘堤，一邊急電蔣介石請其下令制止，這才避免使蘇杭成為澤國。十一月二十四、二十五日，朱家驊又接到報告說，市內有人「悄悄劃好了區域，貼上了符號，準備了火油、木材之類放火材料，預備把杭州燒掉」，趕緊去街頭親自詢查。原來是戴笠的別動隊受命執行焦土政策，朱嚴令其立即住手。十二月九日，朱在調職武漢、離開杭州前，特地交代杭州市長周象賢、省警察局長趙龍文等人說：「外邊焦土抗戰的風氣很盛，一旦杭州撤退時，你們一定要防止。」後來，新任浙省主席黃紹竑撤離杭州時，下令在敵軍到達前把杭州全市燒毀，趙龍文等集體抗命才保住這座千年古城。

**焦土政策是一種可憐又可恥的自殺行為，於事無補，於敵無害，只能凸顯統治者的無能與冷酷**。遭到強大的敵國的侵略，對於弱國來說是不幸的災難；如何應對此種災難，可顯示該國統治者的智慧與勇氣。蔣介石悍然以焦土抗戰為對策，乃是對國家和民族的背叛，他的抗戰只是為了確保自己一人獨裁及國民黨一黨獨裁的權力。

政府的第一功能乃是向民眾提供基本的安全保障，並未得到民眾授權而擅自做出犧牲民眾生命財產決定的政府，注定了會被國民唾棄。**儘管是在戰爭狀態、非常時期，但三萬條長沙人的人命，在蔣介石和張治中眼中居然輕如鴻毛，難道還不足以說明，國民黨治理的中華民國是一個「失敗國家」嗎？**

# 第九章
# 宛如清帝國軍機處的蔣介石侍從處（一九四一）

多年來的觀察，我看總統（蔣介石）很想作聖賢，也作過聖賢修養，他講仁講愛，談論王陽明，談論孟子，眼光很大，但他是英雄本色，豪傑心腸。他用人始終是雙軌制的，可說活用辯證法的矛盾、統一律，最後統一於他，他對許多人、許多事，喜作直線領導，有時收到效果了，但有時屬下的矛盾發展到自亂陣營，結果削弱自己，大陸的失敗不是沒有原因的。

——萬耀煌（國民黨陸軍二級上將）

清朝的雍正皇帝在養心殿西暖閣題寫了一副對聯：「**唯以一人治天下；豈為天下奉一人。**」這兩句話出自唐代大學士張蘊古給唐太宗上的〈大寶箴〉。原文為：「聖人受命，拯溺亨屯，歸罪於己，固心於民，大明無私照，至公無私親。故以一人治天下，不以天下奉人。」意思是說，聖人（即皇帝）享天命拯救百姓於水火之中，不論順利還是困難，都要自己承擔，把心思全放在百姓身上，像太陽一樣大公無私，不偏向親近的人。所以，皇帝的使命是一個人專門管理天下百姓，而不是讓天下百姓侍奉皇帝一個人。雍正將最後兩句稍加改動，表面上顯示皇帝大公無私，卻更準確的體現了雍正時代，以嚴猛著稱的政治手段和皇權高度集中的現實。

## 沒有皇帝的民國，卻有為皇帝服務的侍從室

**雍正集權的重要標誌是設立軍機處**[92]。《清史稿．職官志》載：「雍正十年，用兵西北，慮儤值者洩密，始設軍事房，後改軍機處。」王昶在〈軍機處題名記〉中說：「雍正七年，青海軍興，始設軍機房。」當時，為因應羅卜藏丹津叛亂創設軍機處，它原本是一個非常的臨時機構，但其自誕生之日起就擺脫了正式官僚體系壅滯、繁瑣的毛病，非常適合皇帝加強皇權的意願。所以，在準噶爾戰事平定之後，按理應裁撤軍機處，非但沒有將其撤銷，反而進一步擴大其權力。一七三二年，朝廷鑄造「辦理軍機印信」，軍機處成為一個常設機構，並超越議政王大臣會議、內閣，成為清帝國最主要的政治核心。從雍正七年直到宣統三年清政府實行責任內閣制而撤除軍機處，在這一百八十餘年裡，軍機處對清代政治、經濟和軍事等各個方面都產生深刻影響。

一方面，軍機處是清帝國的權力中樞機構，《清史稿．軍機大臣年表．序》指出：「軍國大計，罔不總攬。自雍、乾後百八十年，威命所寄，不於內閣而於軍機處，蓋隱然執政之府矣。」另一方面，軍機處實際上只是皇帝的**祕書機構**，軍機大臣的職責是向皇帝提出建議，

執行皇帝的政策，決策權完全在皇帝身上。軍機處並不是中央的最高行政機關，充其量只能說是皇帝用作行使權力的**執行機關**。而且，軍機處沒有專官，軍機大臣、軍機章京都是以原官兼職，皇帝可以隨時令其離開軍機處，回到本衙門。軍機大臣既無品級，也無俸祿。軍機大臣之任命，並無制度上的規定可供遵循，完全出於皇帝的意志。軍機大臣承旨辦事，「只供傳述繕撰[93]，而不能稍有贊畫[94]於其間」。

入民國後，沒有了皇帝，北京政府的幾任總統中，唯有袁世凱權力較大，其他大都是象徵性人物，中樞自然不再有類似軍機處的機構。

一九二〇年代末，蔣介石一步步的獲取國民黨、國民政府和國民革命軍的最高權力，**作為最高統治者，他模仿清帝國的軍機處，建立了其權力分身機構「侍從室」，以此指揮調度行政、黨務、軍事、外交、情報、宣傳等各個領域**。歷史學者張瑞德在《無聲的要角：蔣介石的侍從室與戰時中國》一書中，揭開了蔣介石的「侍從室」這個「無聲的要角」的神祕面紗，也勾勒出蔣介石看似現代、實則「古早」的統治方式。蔣介石口口聲聲宣揚總理遺訓和基督信仰，但這兩者都沒有皇權專制傳統對其影響大。**蔣一心學孔孟、王陽明、曾國藩和耶穌基督，一不小心卻學成了第二個雍正皇帝**。研究蔣介石思想淵源的學者陳鐵健、黃道炫指

92 清朝中後期的中央機關，專責參與機務，以皇帝為中心，討論國家大事。
93 抄寫和撰寫。
94 輔佐謀劃。

出：「蔣介石的思想，基本不離專制政治體系，他是專制者，又是愛國者，兩者統一，而以前者為本質。」

雖然生長在深受西方近代文明衝擊的中國浙江沿海地區，但蔣介石基本上還是一名傳統中國人。他沒有受過五四新文化運動的洗禮，生前到訪過日本、蘇俄、埃及、印度、緬甸等國，卻不曾親臨歐美民主國家，不知民主、自由、憲政、人權之真諦。蔣跟毛一樣，比較喜歡讀中國的古書，遠離西方現代文明主潮，抱殘守缺，終身不變。美國學者布賴恩·羅西特·克羅齊爾（Brian Rossiter Crozier）在《蔣介石傳》中指出，思想和知識結構上的缺陷，正是蔣介石失敗的原因所在：「**蔣介石所犯的大部分錯誤，也許是由於他的性格和思想上的潛在缺點，以及幼年時期受很少教育的緣故。由於教育和信仰的原因，他的思想很保守，但他卻認為自己是個革命者。**」

喬納森·芬比在另一本《蔣介石傳》中也得出相似的結論：「**十分保守而又遠離現實的總司令，思想依然停留在他成長的那個時代，這也使得他不能夠給這個迫切需要進步的國家提供任何新的東西，他著迷般的至死追求其老套的觀念。**」

長期擔任蔣介石軍事侍從的張治中曾指出，蔣之思想，自底定全國以後，似漸有保守傾向，以致某些極應改革之要政，受蔣憚於改革之態度影響，往往因循不決；蔣之態度，為儒家態度，而非法家態度，身為國家元首、革命黨魁，僅持儒家態度以謀治理，似不足以適應今日之時代。

其次，蔣心思過於細緻、過於深刻，顧慮越多、求治之心過切，未免流於急躁，動以盛氣斥責幹部，此不但不能使工作有效推動，徒使幹部養成掩飾蒙蔽之風氣，對蔣之領導作用，只有極壞影響。一般幹部，均不敢以逆耳之言相進，唯恐激怒於蔣，甚至國際間有流言稱蔣為世界各國領袖之中，脾氣最壞的一人。張雖人品惡劣、才能平庸，但亦不必因人廢言，他對蔣的評點頗為到位。

抗戰期間，是侍從室的鼎盛時期。侍從室以掌管機要，被時人視為「**鳳凰池**」——「鳳凰池」，意指古代禁苑中的池沼，為行政中樞中書省的所在地。蔣介石多次擴大侍從室的權柄，比如在侍從室一處成立**參事室**，使之成為「**特務中之特務**」、「**監察中之監察**」，如同錦衣衛。然而，此舉引起前方將領的嚴重不滿，認為俞濟時執掌的參事室如明末的宦官監軍制度，對上矇騙最高統帥，對下渙散軍心，也有人稱之為清代的軍機處。

抗戰後期，蔣介石希望在侍從室的基礎上重起爐灶，建立一個「最高幕僚會議」，類似於美國白宮的「國家安全委員會」。蔣為此與時任中央設計局祕書長的心腹熊式輝研討可行性。熊提出反對意見，認為侍從室本身都不該繼續存在：一則侍從室只宜辦文書，它不是中書門下省，人才選拔已有其他部門負責，不必讓侍從室來承擔；二則**侍從室的名稱，在今日已是民國的情景下，原本即不甚適宜，再做任何的改組或擴充，均屬徒費**。然而，蔣介石聽不進去此建議，因為他用慣了侍從室，已經無法離開這個用得得心應手的工具了。

## 侍從室治國：對既有制度和機構的破壞

軍人出身的史家劉馥，稱侍從室為「**政府中的政府**」。由於國民政府的決策機構眾多，包括行政院、國民黨中常會、國防最高委員會等，各自均參與部分的決策制定過程，而侍從室在其中，往往扮演最後「**把關者**」的角色。所以，侍從室雖然只是蔣個人的幕僚單位，卻擁有超過正式機構的權威和影響力。

國民黨是一個**弱勢集權**的政黨，學列寧模式只學成了兩、三成。蔣介石在黨內資歷較淺，有一大群在他面前倚老賣老的「元老」，這些人七嘴八舌、眾說紛紜，讓蔣介石感到頭痛，恨不得設置一個地位尊貴卻沒有實權的「貴族院」，將他們圈養起來（監察院大致是這樣的功能）。

**蔣介石無法依靠舊有的黨的機器達成集權之目標，所以他反倒要將黨的最高機構中常會弱化**。國民黨中央監察委員會祕書長王子壯從一九三五年即注意到，國民黨中常會已無任何重要性：「如蔣之主席事實上不能分身來主持黨務，至常務委員會多為老先生，除開會外，亦均不到黨部，事實上並不能負若何之責任也。」蔣不留痕跡的將中常會降格為「追認備案之機關」，甚至是「清議與謾罵的機關」。這跟毛澤東在文革期間，以中央文革小組取代中共中央政治局常委會，是一模一樣的做法。蔣、毛雖然彼此仇恨，但某些集權手段卻很相似。今日，中共黨魁習近平也學習毛的「小組治國」，用非常設的「小組」架空原有的黨政機關，讓政治局常委會成為黨魁的執行機關。

這種做法，短期內似乎很有效果，大大提高效率和執行力度。但正如張瑞德所指出的那樣，**這種不重視正式制度，而僅少數人參與的決策模式，不僅造成對常規組織系統和機構的破壞，而且造成的另一負面影響為使下屬普遍存在疏離感**。當時，行政院政務處長何廉即指出，蔣「**辦起事來首先靠人和個人的接觸以及關係等等，而不是靠制度**」，張瑞德更進一步闡發：「**蔣辦事並非完全不靠制度，而是要看制度是否能為他所用。**」

很多人都看到了這個嚴重的問題。一九四三年五月二十八日，行政院參事陳克文與另一位參事孫希文聊天：

大家都同意，目前彷彿已居魚爛之局，任乎任何問題都不能得解決之術。希老甚至以蔣委員長比之崇禎皇帝，以為人過於精明、能幹、不能用人，以目前政治不能進步的大原因。目前英首相、美總統正在華府忙於討論進攻軸心的政略和戰略，國內湖北、湖南的戰事形勢也日見不好，但我們的最高統帥蔣委員長卻忙於三聯制的討論會，做長篇的演講，做行政技術的研究和改良。希老說這和南宋時代，敵已渡河，宋之朝臣正忙於爭辯孔門弟子配享問題一樣，實可為太息。

蔣委員長現時在法律上、事實上均已享有絕大的權力，黨政軍最高權力均在他一人手裡。希老說中國歷史上除秦始皇外，並無第二人可與比肩。但近一、二年來他的威信卻常常不能和他的權力相稱，他所下的命令，常常不能貫徹。

當時，中共的力量尚不足以問鼎天下，蔣介石是中國當之無愧的最高領袖，旁觀者卻已然發現其統治危機四伏。孫希文此前曾在侍從室工作過，知道蔣介石的治理方式以及侍從室的諸多內幕，他用明朝末代之君崇禎皇帝來比擬蔣介石，準確的遇見到六年後國民黨政權在中國覆滅的趨勢——蔣介石雖未如崇禎皇帝那樣孤獨吊死於煤山，卻不得不倉皇辭廟。

孫希文的看法在高層頗能找到共鳴。一九四四年，軍令部長徐永昌指出，蔣介石的問題不是沒有人才，而是不會使用人才；不是沒有正常的體制，而是自毀組織功能：

委員長感嘆無人負責辦事，實由委員長自己造成，將領驕不受命，必委員長手令，才有幾分幾的效率，派出人員必侍從參謀，此全係不運用組織，自毀機構能力。

多年擔任侍從室主任的陳布雷對此亦有同感。一九四六年一月，政治協商會議在南京舉行，陳布雷與傅斯年相鄰而坐，兩人用大會的便條紙張筆談，此便條保存在中研院的傅斯年檔案中：

傅斯年：蔣先生對上海市民言：「明禮儀、知廉恥、負責任、守紀律。」此乃國家元首所以責其公務員而負責做到者，非對人民之言也。

陳布雷：此語我一大半同意。蔣先生向來總是以「作之師」的精神講話，其講話之對象，都認為他的學生，不問官、民也。亦嘗進言，但他看了不感十分興趣，知之而亦不能行。譬如他常說「綜核名實」，但只責成考核機關為止；常說「信賞必罰」，但罰不多，而賞則往往失之濫（他的罰亦只是口頭訓斥而已，仍是作之師，此乃其個性及早年認識之故也）。他是做參謀出身的人，所以顧慮多（只是對國家大事是十分有決斷的）；又是當過多年校長的人，所以教育家的意味多於政治家。

陳追隨蔣數十年，對蔣最了解，蔣的第一身分是要當民眾的導師。這一點跟毛很像：毛也亦以全民之導師自居——陳伯達、康生、林彪等吹捧毛之「四個偉大」——偉大的導師、偉大的領袖、偉大的統帥、偉大的舵手——其中，「偉大的導師」居首位，顯然是投毛之所好。

## 侍從處文膽，無力補天的忠僕，陳布雷

侍從室的靈魂人物是陳布雷。侍從室的一位祕書曾私下問陳布雷：「先生對領袖的貢獻，究竟在哪裡？」陳表示這個問題很好，但不易回答，要想一想，過一、兩天再答。一、兩天後，陳布雷回答：

> 委員長是全國領袖，繫國家安危於一身，譬如說他是「火車頭」，牽拉著全國軍民的長列車前進，有時速度太快，路基不平，左右顛簸的擺動太猛的話，就難免沒有危險。我的作用，就等於「煞車」，必要時可使速度稍減，保持平穩。這是我的一點微小貢獻。

▲ 陳布雷是民國時期評論家，受蔣中正賞識而棄文從政，被稱為「蔣中正之文膽」。

然而，伴君如伴虎，原本期望在新聞界有所發展的陳布雷，成為蔣介石的文膽[95]之後，固然可以在一定程度上影響政局走向，卻一直如履薄冰、動輒得咎，以致於換上了嚴重的精神衰弱症，並最終付出了生命代價。

張瑞德指出，侍從室人員固然忠於領袖黨國，願死心塌地為蔣服務，但普遍存在拘謹守成、開展不足的保守心態。在強勢的領袖以及激烈的派系鬥爭面前，幕僚唯有盡量內斂才能生存下來，若像楊永泰那樣鋒芒畢露、建議蔣介石進行大刀闊斧的改革，只能落得遭到敵對派系暗殺身亡的下場。陳布雷能數十年如一日的擔任蔣介石的首席幕僚，君臣之間從未翻臉，自有其過人之處。除了其文筆了得，更是對蔣個人務必忠誠，正如在侍從室服務過的曹聖芬對陳布雷的評價：「**領袖對他特別敬重，他對領袖絕對忠誠。無論任何場合，他可以說沒有**

**自己的意見、沒有自己的得失、沒有自己的選擇。他以領袖的意見為意見、以領袖的得失為得失、以領袖的榮辱為榮辱。」**

這就形成了陳布雷乃至整個侍從室人員的局限性：有一次，同樣在侍從室擔任要職的唐縱跟陳布雷私下交談，他指出抗戰八年發生許多嚴重的問題，而這些嚴重問題的來源，一則由於歷史的積病，一則是由於人為不善。這許多問題均牽涉到基本問題，動動小處無濟於事，動到大處，則顧慮太多，危險過大，而牽涉到基本問題便打消了。無論制度、人事、理論，莫不如此。陳聽到這裡，便曾嘆息：**「我對不起領袖，這些事領袖多交給我做，可是我都打消了！我也知道這是一個錯誤，想改，可是改不過來，也許是身體的關係，也許是性格的關係！」**這種保守心態，在基層幕僚中更為普遍。

唐縱在日記中如此評價陳布雷：「這是一個好人，顧慮周到，慮事周詳，不過求其無安，又安能有得，一嘆！」有趣的是，唐縱在一次小組會議中，曾要其部屬公開批評他，一位祕書也形容唐說，「沉靜有餘，精明有所不及，似嫌開展不足」——這正是唐縱看到的陳布雷的缺點，他自己亦未能擺脫類似的評價。

就人品而言，**陳布雷是屈原式人格的典範**，他比起毛澤東重用的人品卑劣的流氓文人鄧

95 非正式之職稱，專為高階的政治人物（通常是國家領導人），撰寫各種書信、文告、講稿、新聞稿等文書的關鍵性幕僚人員。

力群、胡喬木、張春橋、姚文元等人，判若雲泥。陳布雷的隨身副官陶永標這麼回憶：「布雷先生做了半輩子官，而且是大官，真是一人之下，萬人之上，但從不搞特權，生活上清苦儉約，抗戰時在重慶的伙食尤其簡單，同部屬同桌吃飯，衣著樸素，人所共見，房間裡家具裝飾也很簡單，會客室中只有三把舊沙發，配給他用的汽車，從不許家人使用。」

陳布雷被蔣介石信任，首先他是蔣介石的寧波老鄉，其次他的人格型態和學術背景是舊式文人的，沒有出國留學過——蔣不信任西化的知識分子，儘管他的妻子宋美齡在生活上是最為西化的。陳布雷小時候學傳統的四書五經、八股文，曾考過大清的府試與院試。辛亥革命那一年，以第四名畢業於浙江高等學堂。所以，陳算是五四之前那一代人，又沒有康梁等維新派的躁動之氣。但是，陳的性情和知識結構都只適合當太平宰相的幕僚，而不適合輔助在變動時代驚濤駭浪中苦苦行船的蔣介石。陳對西學以及一切現代文明都如隔膜，缺乏現代行政、經濟、宣傳及軍事知識，無法給予蔣介石前瞻性的建議。

一九四八年十一月十三日，蔣政權行將就木，陳布雷在南京服安眠藥自盡，他在一封留給蔣介石的遺書中寫道：

昔者公聞葉詆總理之言，而置箸不食，今我所聞所見於一般老百姓之中毒素宣傳，以散播關於公之謠言誣蔑者，不知凡幾。回憶在渝，當三十二年時，公即命注意敵人之反宣傳，而四五年來，布雷實毫未盡力，以挽回此惡毒之宣傳。即此一端，又萬萬無可自恕自全之理。

我心純潔質直，除忠於我公之外，毫無其他私心，今乃以無地自容之悔疚，出於此無恕諒之結局，實出於心理狂鬱之萬不得已。敢再為公陳之。

陳的自殺，算不上「死諫」，只是不願親眼看到「好似食盡鳥投林，落了片白茫茫大地真乾淨！」的那一天到來。他在寫給《大公報》總編輯王芸生的一封信中說：「**我如同一個已經出嫁的女人，只能從一而終。**」

陳布雷在遺書中承認，國民黨在跟共產黨的宣傳戰中一敗塗地，對此他本人負有重大責任。他所尊崇的蔣介石早已被共產黨妖魔化為「人民公敵」——就連他的次女陳璉都這樣認為。陳璉與清華大學左派學生領袖袁永熙結婚，並雙雙加入共產黨。

一九四七年九月二十四日，兩人因涉嫌為共產黨間諜被捕，解赴南京。陳布雷一向公私分明，這一次破例對愛女施加援手，在其懇求之下，蔣介石親自過問此案，陳璉和袁永熙獲得釋放，但兩人不改初衷，陳布雷亦無可奈何——一個連自己的女兒、女婿也說服不了的父親，怎麼可能以文宣首腦和總統文膽的身分，說服各界民眾支持國民黨和蔣介石？

陳璉不認同父親對蔣介石的愚忠，而她自己對共產黨的愚忠何嘗不是悲劇？中共建政之後，袁永熙一度高升為清華大學黨委書記，陳璉則在共青團中央任職。

反右運動中，袁永熙被劃為右派，下放勞改。陳璉為了子女的前途，忍痛與丈夫辦理假離婚。此時，她對自己的前途已不抱任何希望。陳璉在重慶中央大學時的同室好友陶琴薰[96]，這時在全國總工會國際部編譯處工作，工作認真、小心翼翼，也突然被定為右派。部門領導說，她沒有犯錯誤、也沒說錯話呀？上級領導則說：「陶希聖的女兒，單憑這一點，也夠了！」對此，陳漣將心比心的說：「那麼我這陳布雷的女兒，又會怎麼樣呢？」一九六六年九月二十四日，文革爆發僅三個月，陳璉在上海泰興路的華東局宿舍十一層跳樓自殺——幸虧陳布雷不用再看到或知曉如此悲慘的一幕了。

袁永熙倒是倖存下來，文革後復出再任清華大學黨委書記，成為來清華接受特別培訓的香港年輕大學生、後來當上香港特首的林鄭月娥的恩師——在二〇一九年香港的逆權運動中，人們發掘出一張林鄭月娥一九七九年，率香港學生團訪京時與袁永熙的一張合照。中共情報和統戰之綿密，讓外人瞠目結舌。

到了臺灣的陳氏家族成員中，倒是出了一位敢於批判國民黨、執著於轉型正義的人物——白色恐怖的受害者、監察委員陳師孟。不知陳布雷若地下有知，如何看待這個以另一種方式背叛國民黨的孫子？

## 蔣介石辦公室，無侍從室之名，有侍從室之實

抗戰之後，侍從室這個機構被裁撤，業務被併入軍務局和政務局。但隨著國共內戰開打，

它很快又以其他名稱復活。蔣介石晚年的貼身侍從副官翁元在回憶錄《我在蔣介石父子身邊的日子》中，講述了「侍從室之後傳」。

一九四六年，剛從中學畢業的少年翁元，以蔣介石浙江同鄉的籍貫應徵入伍，進入總統府侍衛隊，然後隨國民政府遷臺，再入選蔣介石貼身侍從副官，先後服侍老蔣和小蔣一直到他們過世。

翁元加入蔣介石侍衛隊時，國民黨在中國的統治已敗相畢露。一九四九年二月，蔣介石在內外交困之下宣布下野，翁元所在衛隊奉命趕赴蔣老家奉化，執行一項特別任務。大家拚命將幾十箱「軍火」扛上火車，有個粗心的衛兵不小心弄翻了一箱，夜暗中，只聽見一聲「嘩啦啦」，一整箱亮晃晃的袁大頭（袁世凱）銀元，傾覆在火車站月臺上。後來，翁元才知道，那一大箱、一大箱的銀元，其實是「總裁溪口辦公室」的辦公經費——包括自己每個月一塊銀元的薪水在內。這些錢是中央銀行總裁俞鴻鈞從國庫裡頭，設法撥出來的一筆經費。青年翁元看到火車站月臺滿地銀元的細節，生動的凸顯出國民黨一人獨裁和制度紊亂的統治特徵。雖然號稱行憲、實行選舉，但黨、政、軍、國所有資源都掌握在蔣一個人手中。

多年以後，翁元才覺察到此事不合憲政體制。當時，總統已由李宗仁代理，總統府衛隊卻精銳盡出，跟著蔣介石這個已下野的前總統走，將李宗仁拋在一邊。那時，沒有任何人敢

96 長期在侍從室工作的蔣介石的另一名文膽、國民黨宣傳部副部長陶希聖之女。

質疑：**「為什麼一個已經卸下職務的前總統，還能以國民黨總裁的身分，指揮近六分之五的總統衛隊兵力，跟隨他回到自己的家鄉，而且還押運了大筆的黃金、銀元以及軍火武器？」**

當然，面子上的遮蓋還是要做的，蔣介石已不是總統了，就將辦公室改名為「中國國民黨總裁辦公室」，衛隊也改為「特務大隊」。蔣在奉化看似卸下重擔、縱情山水，實際上仍在遙控軍政大事，安排各地軍隊做絕望的抵抗，並布置政府遷往臺灣事宜。反倒是南京總統府裡的李宗仁，無人指揮、無事可辦，更無法挽回大局，只好一走了之。可見，無論是總統辦公室，還是國民黨總裁辦公室，都是換湯不換藥的侍從室。

蔣介石喜歡侍從室這個名字，表明他心中將自己當作「現代皇帝」。蔣在公眾面前假裝表現其傾向新文化，實際上主宰其日常生活的還是舊習俗。翁元講述了一個生動的細節：蔣雖是軍人出身，晚年卻十分迷信，每次以總統或國民黨總裁的身分，去喪家或是殯儀館悼喪回來以後，一定要在洗手間裡面把雙手洗上老半天，把晦氣洗掉。蔣非常討厭黑色的東西，認為黑色是不吉利的顏色，官邸中看不到黑色的裝飾。有一次，有個侍從用黑布遮擋電視屏幕，蔣看到後大聲吼叫：「真是莫名其妙，誰叫你們找塊黑布來，還不跟我拿走！是誰的主意？」蔣很相信風水之說，住的地方喜歡朝東或是朝南，喜愛向陽、面陽氣較盛的老觀念。蔣住的幾個官邸，基本上都是按照這個風水原則建築。

這種保守的思想方式和行為方式的體現之一，就是蔣介石對待身邊工作人員毫無平等觀念。官邸中許多年老的工作人員，把自己的身分看得很低，蔣家也確實將他們當作家奴來驅使。翁元認為：「**蔣的潛意識裡有天下是我打下來的之心態，不知不覺間自認為是這個國家的王者。**」有一次，蔣找不到眼鏡，將侍從們罵得狗血淋頭，後來才發現眼鏡就在手邊。蔣明明知道是自己忘記了地方，是自己的錯，與副官們無關，但不願向副官們說一聲抱歉。翁元對此感觸很深：「蔣除了沒有向任何人說抱歉的習慣之外，也絕對不會向他心中視為奴才的內務科人員說一聲抱歉。」若是翁元活到今天，看到美國電影《白宮第一管家》，發現作為主人公的黑人管家在歷屆總統面前不卑不亢、擁有完整的人格尊嚴，而總統們個個都對其禮遇有加，不知當作何感慨？

蔣介石到了臺灣之後，將國民黨的統治模式全盤搬到臺灣，包括侍從室的實質性架構。而且，因為國民黨的其他派系要麼被共產黨消滅或投共，要麼在臺灣被當作失去中國大陸的替罪羊，蔣得以在臺灣建立起在中國從未實現的絕對集權。蔣由此成了「臺灣皇帝」。

蔣晚年疾病纏身，國民黨當局耗費巨資邀請外國醫學專家來臺會診。外國醫生感嘆：「**世界上再也找不到第二個國家，可以像你們這樣，動員全部的人力物力。**」確實，在拯救國家元首的生命上，即使在位的美國總統，恐怕也不可能得到蔣這樣近乎帝王般的醫療照顧。不過，某些共產黨國家亦可以做到這樣。在彼岸的中華人民共和國，毛澤東得到的醫療服務，比蔣介石還要優越。如果說蔣介石是雍正，那麼毛澤東就是朱元璋，他們的差別只是殺人數字的多寡。

蔣介石一生都在努力樹立一個無私、獻身、堅韌的公共形象。然而，他的半截身子深陷在皇權專制政治的醬缸中，另外半截身子撲向現代文明社會的門檻，他不能左右逢源，而是進退不得。在大清王朝和共產帝國的夾縫中，他只比段祺瑞、吳佩孚、張作霖這些曇花一現的軍閥幸運一些，掌權的時間更長，在歷史上留下的印痕更深。蔣介石去世時，像皇帝那樣將權力傳給兒子蔣經國；蔣經國去世時，卻再也不能像蔣介石那樣延續「家天下」的模式。

而民主化的臺灣，再也不需要像侍從室這樣的機構了。

# 第十章
# 一本《中國之命運》，種下國民政府敗亡的種子（一九四二～一九四三）

《中國之命運》一書的出版，在我一個人是一個很重要的關鍵，我簡直被那裡面的義和團精神嚇一跳，我們的英明領袖原來是這樣想法的嗎？五四給我的影響太深，《中國之命運》公開的向五四宣戰，我是無論如何受不了的。

——聞一多

蔣介石和國民黨在內戰和抗戰中視民眾如草芥，但為了虜獲民眾的靈魂，仍然要努力打造出關於中國未來的願景來，讓民眾成為實現此一願景的奴隸勞工。

## 「中華民族」的幻象能拯救國民黨嗎？

一九四三年，太平洋戰爭已經開打一年多，中國的全面抗戰則進入第六個年頭。日本在太平洋戰場上開始顯示疲態，但在中國戰場仍占據上風。在抗戰最艱苦的階段，蔣介石希望寫一本書來提振民心和士氣。

早在一九四二年十月二十四日過生日那天，蔣介石即有意寫一本書，回顧中國百年歷史，展望中國未來之前途，書名為《國民革命風》。此後，他多次與文膽陳布雷討論書稿。陳布雷因患病，讓侍從室五組組長陶希聖執筆此書。十一月七日，蔣決定將這本小冊子的名稱改為《中國之命運》。陶隨即整理出三萬字初稿呈上。蔣覺得不能用，需要親筆修改，於是在黃山上住了將近五十天之久，修改此書近二十次，增補至十萬字——從某種意義上說，這本書不是陶希聖的作品，而是蔣介石的作品。據說，對這本書的內容有所不滿的蔣經國，怒氣衝衝去找陶希聖「指出謬誤」時，陶希聖拿出手稿給蔣經國一看，上面密密麻麻都是蔣介石手寫改動的地方。

《中國之命運》全書共八章，總結了中國五千年歷史演變和儒家文化底蘊，回顧了中國近現代受帝國主義侵略的歷史，論述了不平等條約之廢除是信仰三民主義的結果，其中又特別提出，國民革命軍北伐和抗日戰爭是國民黨的兩大歷史貢獻。書中重點突出「**一個主義一個黨**」的正當性：

中國國民黨如能存在一天，則中國國家亦必能存在一天。如果今日的中國，沒有中國國民黨，那就是沒有了中國。如果中國國民黨革命失敗了，那亦就是中國國家整個的失敗。簡單的說：中國的命運，完全寄託於中國國民黨。如果中國國民黨沒有了、或是失敗了，那中國的國家就無所寄託，不僅不能列在世界上四強之一，而且就要受世界各國的處分；從此，世界地圖上面，亦將不見中華民國的名詞了……如果全國革命分子和有志青年，真正要與國家共存亡，和民族共榮辱，以國家的事業為個人的事業，以民族的生命為個人的生命；那就應該要一致加入中國國民黨和三民主義青年團，才能夠盡到國民最崇高的責任，達到人民最完備的境界，亦必如此，纔得完成我們共同建國的偉大使命。

如果說《中國之命運》中有什麼理論創新或理論突破，那就是重新定義「中華民族」這個概念。中華民族是清末輿論鼓動家梁啟超發明的術語，五四後由親國民黨的歷史學家傅斯年和顧頡剛等人，運用西方現代民族理論加以進一步修飾和完善。蔣介石將「宗族」與「民族」這兩個概念聯繫起來，認為在中國歷史上，各宗族都擁有共同祖先，透過累世通婚和相互同化，各個宗族形成了中國的民族，「總之，中國五千年的歷史，即為各宗族共同的命運記錄」。他進而認為，中華民族是一個整體，而非單一民族的集合。由此，蔣悄然否定北京政府時代孫文也認同的「五族一家」（漢、滿、蒙、回、藏）的民族觀。

美國歷史學者羅丹（Daniel D.Knorr）指出，蔣的民族主義學說將各個少數民族統統歸在中華民族旗下，強調這一過程是在歷史發展中自然形成的。這就**澈底斷絕了少數民族實行民族自決的可能性**，任何少數民族的離心，都被視為分裂民族團結的行徑。蔣的這個民族觀，後來被他的敵人中共所繼承和強化——中共在進行「反對民族分裂」的宣傳時，便以「中華民族」來消滅各民族的主體性。

《中國之命運》的基調是強調宣揚中華民族的所謂「固有的德性」、「中國人的思想、中國人的精神、中國人的情感、中國人的品性」崇高而偉大。蔣指出，與西方國家和日本所實行的帝國主義形成鮮明對比的是，中華民族的歷史充滿愛好和平的趨向，儒家思想的忠和孝，是中華民族德性的最好體現。蔣反覆強調，恢復這些價值觀，對於重現昔日中國的輝煌是至關重要的。

在一本官方出版的《中國之命運》的學習指南中，作者列舉出中華民族的十大品質，包括對一切族群一視同仁的平等性、調和性、保守性、堅韌性、和平性、吸收性、統一性和團結性等。然而，以中國白紙黑字的歷史記載衡量，這些說法是自欺欺人：二十六史和《資治通鑑》中的記載與蔣的描述相反，中國的內戰和外戰一點不比歐洲少。越南、朝鮮等屢屢遭受中國侵略的周邊國家，不會同意中國愛好和平的觀點，圖博（西藏）、東突厥斯坦、苗族、蒙古族、回族等多次遭到漢族種族滅絕式的族裔，也不會認同對中國式殖民的無限美化。

具有諷刺意味的是，蔣介石一邊高唱反帝的調子，一邊以「中國中心主義」取而代之，英國歷史學家畢可思（Robert Bickers）評論，蔣介石在《中國之命運》一書中，將中國的範圍擴大至西藏和蒙古，甚至似乎包括東南亞大陸，**「國民黨一面投身反帝國主義，同時又想取得區域的領導地位」**。

蔣介石的知識結構頗為駁雜。從德國和日本的尚武精神，到基督教和宋明理學，再到孫文的「總理遺訓」，這些形形色色的思想，共同塑造了蔣的專制獨裁人格。在本質上而言，蔣是王陽明、曾國藩的信徒。作為一個「閱讀《聖經》的儒家」，在寫作《中國之命運》前後，蔣介石花了不少時間，閱讀宋元理學家的著作和梁啟超關於中國思想史的著作。在一次日軍空襲中，蔣躲避在路邊的防空洞中，掏出一本「學案」（蔣手不釋卷的通常是《明儒學案》和《宋元學案》）讀，並感慨：「看書之收穫任何富貴皆不能比重也。」讀書固然是好習慣，但讀什麼書更重要。希特勒喜歡讀書，蔣介石和毛澤東也喜歡讀書，但他們讀再多的書，也不會具備基本的人權觀念和自由思想。

當時，蔣介石不顧黨內高官們反對，執意出版《中國之命運》，一手批判西方帝國主義以及五四後在知識分子中占據主流地位的自由主義思想，一手反對蘇俄及中國共產黨的共產主義，手中並沒有必勝的底牌，偏偏要四面開戰，結果必輸無疑。而以蔣剛愎自用的性格，不會承認《中國之命運》是一本不合時宜的作品。蔣在日記中聲稱《中國之命運》出版後，反應最為強烈者，一為英國，二為中共：「此乃預想所及，然未料其反感如此之大也，凡事利害不能完全避免，自行此書對於國家與民族之影響將愈久而愈大，聖人復起，必從吾言矣！」陶希聖也回憶，蔣對批評意見不屑一顧的說：「**我寫了一本書，若是沒有強烈的反應，那才是失敗。**」

## 以「反帝」為主軸的悲情論述，宛如向英美宣戰

《中國之命運》的誕生背景，是英美列強廢止在此之前與清帝國簽訂的若干條約。陶希聖回憶：

自十月十日起，蔣委員長著手起草一本書。書的目的是在指出百年來所受不平等條約的束縛，一旦解除，一般人應如何以獨立國家自由公民的資格，與世界各國的國民平等相處，同時應如何自立自強，共同致力於建國的事業，使中國真正成為獨立自由的現代國家，與世界上愛好和平的各國分擔世界和平的責任。

然而，在黨內高層徵求對書稿的意見時，被批評最多的正是關涉不平等條約的內容。許多國民政府高級官員認為，此時批評友邦，有損英美盟友關係。時任四川省主席的張群擔心並認為：「書中指摘英美俄過去對華政策部分，深以其有傷友邦感情為慮。」面對諸多批評，蔣介石不為所動。據時在侍從室的唐縱言：「《中國之命運》一書，外間批評頗多。最多數的人，認為不平等條約業已取消，何必再責備和得罪英國人。有一次軍事會報，何總長、白副總長提到此事，委座云，我正為此而寫，你們軍人，不應怕得罪外國人。」

在蔣介石的政治理念中，不平等條約是導致中國社會積貧積弱的根本原因，中國應該毫

無例外的反對一切形式的帝國主義。蔣介石看來，**為要救國，就須反帝**。因此，全書含有強烈的排外性的農民民族主義色彩，美國駐中國代辦艾哲遜（G. Atcheson）就對該書持批評態度，指其存有強烈的排外偏見；法國漢學家畢仰高（Lucien Bianco）評論，它的「反帝國主義染有盲目愛國主義的色彩」。當時，蔣介石一邊要依靠美國的援助，才能維持重慶政府的生存和繼續抗日戰爭，一邊卻又將西方視為仇讎（仇人），**就好像一個青春叛逆期的青少年，明明離不開父母提供的衣食住行，卻又在口頭上反對父權和母權**。

《中國之命運》反對幾乎所有西方現代文明。該書指出，西方文化的入侵，使中國原有的優越倫理和宗族社會組織被破壞。蔣痛心疾首的驚呼，近百年來中國人「因為學西洋的文化而在不知不覺中做了外國文學的奴隸」——

> 中國國民對於西洋的文化由拒絕而屈服，對於固有文化，由自大而自卑，屈服轉為篤信，信其所至，自認為某一外國學說的忠實信徒；自卑轉為自艾，極其所至，忍心侮蔑我們中國的固有文化遺產。

因此，蔣嚴厲批判自由主義與共產主義兩種西方現代思想，前者是英美思想，後者是蘇俄思想，兩者都破壞了中國傳統文化。

全書超過一半內容，在梳理和聲討帝國主義侵略中國的歷史。雖然英美列強已放棄在中國的特權，但蔣認為，中國人的恥辱並未結束，帝國主義對中國的影響深入骨髓，必須加以清除。反帝國主義的民族主義，也許能成功將英國人送回蘇伊士運河以西，但西方人仍會留下其文化與價值觀。所以，蔣指出，中國的問題不單是反對帝國主義，更是反對西方本身。中國的疾病不是皮肉也不是心臟，而是靈魂。洗劫中國漢人五千年歷史精華的，不是西方列強而是西方文化，並且羞辱、降格、奴化中國人。在該書的序言中說，「政治革命」需要「文化與道德的重建」相伴，這番話看起來陳詞濫調，卻將演變成巨大的恐怖。

一九四二年，美國政府派年輕學者費正清（John King Fairbank）來華，身分是美國國務院文化關係司對華關係處文官和駐華大使特別助理。一九四三年五月，費正清讀了《中國之命運》之後，感到十分駭然，並表示：「**我沒有看過利用歷史來達成政治目的如此惡毒的手法。**」《中國之命運》中有此一論調，「帝國主義是一切苦難的根源」。費正清慨嘆：「一位政治家寫出這樣的小冊子實在有失身分，如今我明白了為什麼每位與此書英譯本相關的人，像得了寒熱症一般。」但是，這種歪曲現實與歷史真相的宣傳術語，往往能蠱惑和動搖民心。

蔣介石邀請在西方最有名的中國作家林語堂翻譯本書的前言部分，並讓外交家王寵惠翻譯全書。然而，王寵惠十分擔心，英譯本會讓西方人對國民黨黨員那強烈的民族主義乃至法西斯主義傾向產生反感：書中喋喋不休的批判西方自由主義和蘇俄的共產主義，卻對德國的法西斯主義不置一詞。

國防最高委員會參事、參議審定此書英文稿的浦薛鳳回憶：「當時某些高級文武官長對實際執筆人，殊頗不滿……不平等條約固始國恥，但政治、經濟、社會、道德、文化一切一切之墮落，皆歸罪於不平等條約，客觀研究殊有問題。質言之，殊難折服盟邦在朝執政人士之心。此在平時猶需酌量，況在戰時，又何況在需求協助合作之關頭。予一面協譯，一面坦白吐露，此時刊行恐不慎適當之意見。」

較為親美的蔣夫人宋美齡，在勸說蔣放棄翻譯此書過程中起了關鍵作用。宋美齡結束在美國的巡迴演講回到重慶後，對羅斯福的中國問題顧問歐文．拉鐵摩爾（Owen Lattimore）說，她反對在美國發行《中國之命運》的英文版，一旦該書在美國發行，毫無疑問，委員長在書中的排外修辭與蔣夫人演說中的親美和民主表態所形成的巨大反差，會令美國讀者感到震驚。如此，宋美齡在美國所爭取到的朝野對中國的同情將被抵消。

蔣介石不聽別人的意見，卻不能不聽夫人的意見。於是，國民黨的審查機關在外國記者的電文中，刪去一切有關此書的內容，英譯本也一再延遲出版，「如譯成英文須摘由意譯，刪略一切刺激外人之語，蓋是書在供國內青年閱讀，主旨原不在對外也。」一九四六年一月，美國六位國會議員提出要國務院翻譯這本書，卻遭到重慶方面拒絕，理由是該書屬於「絕密」文件。直到一九四七年，完整的英譯本才出版，其結果果然是災難性的，如畢可思所說：「**同盟國開始質疑國民黨領導的中國值不值得拯救，或是到了戰後的世界能否與之共同合作。**」

歷史學者張瑞德指出，蔣介石在《中國之命運》中，完成了「**近代中國的受害者論述**」（**victim discourse，或稱悲情論述**）。但蔣介石茫然不知的是，西方自近代以來強加給中國的條約體系，正是他本人的權力和國民黨政權存在的根基。如果沒有英國人赫德，幫助建立的現代海關的龐大機構和制度，國民政府的財政能靠古代的「皇糧」（農業稅）來支撐嗎？如果沒有德國人和美國人（甚至也包括日本人）幫中國訓練新式軍隊，中國能有現代國防嗎？反對西方的「帝國主義」、反對條約體系、反對西方文明，等於是想把坐在椅子上的自己搬到半空中。果然，當帝國主義放棄中國之後，蔣介石和國民黨根本不是得到蘇俄支持的毛澤東和共產黨的對手。

## 毫不掩飾對知識分子和自由主義的敵視

早在《中國之命運》出版之前，國民黨即予以大肆宣傳。一九四三年三月四日，國民黨中宣部的機關刊物《中央週刊》刊登預告，稱此書是「現時代最偉大的著作」、「中國獨立自由的明燈」、「中國革命建國的指南」。三月十日，此書初版發行後，當局加大宣傳力度。次日，《中央日報》發表社論稱「總裁在這部大著中，已經指示了中國革命建國的南針，已經照耀了中國獨立自由的大道」。三青團書記長張治中稱，「這是主宰現代中國命運的巨人的啟示」，蔣「目光之遠大深刻，實無比倫」，張作戰無能，馬屁成精。陶希聖撰文介紹此書：「把中國五千年立國之道，百年來衰落之由，和五十年來國民革命的奮鬥，六年來抗戰的犧牲，無不指出其詳細確切的意義。」

三月二十七日，國防最高委員會祕書廳通令全國各級黨、政、軍、學機關研讀此書：

關於《中國之命運》一書，全國各級政府機關、各級黨部與各大中學、各戰區、各級政治部及全體官兵等均應切實研討與批評，並將研討結果與批評意見於六月底以前呈報中央，由中央黨部軍事委員會、行政院及教育部分別整理後，送由國防最高委員會祕書廳彙編呈閱。除分電[97]外，希即查照辦理，並轉飭所屬遵照為要。

國防最高委員會乃抗戰時期國民政府黨、政、軍最高決策機關，該通令即國民政府最高指示。從通令內容看，這次研讀活動規模宏大、鄭重。凡全國黨、政、軍、學各機關均需參加；各機關的研討結果和批評意見，均需經中央相關部門整理、國防最高委員會祕書廳彙編，最終由蔣閱覽。任何民主國家都不會如此明目張膽的、強制性的推銷和推廣國家領導人的著述。

《中國之命運》印刷精美，鑑於當時國統區[98]缺乏優質紙張，該書價格實屬低廉——人們猜測，該書的印刷是由政府贊助的。該書出版後兩天，《中央日報》稱供不應求，第二版

97 電報之代稱，電報前面的代碼文字作為電報的題目。
98 中國國民黨統治區，又稱白區，是國共內戰時期中國共產黨方面使用的詞語。

已在印刷中。蔣介石將它指定為軍政官員必讀書，要求黨政軍高官必須寫讀書報告。蔣多次手諭教育部長陳立夫，要求各中心小學至少需預備三冊，各中學校每個年級至少需預購兩冊，各大學應於學期考試時，讓每位學生撰寫論文一篇，由教育部擇各校中前五名，從優予以獎勵，並將其姓名與論文一併呈閱。據一項統計，《中國之命運》第一版即印了二十萬冊，至五月已行銷一百三十萬冊以上，中正書局印刷了一百三十版，至年底時重印已達兩百多次。

然而，這種用行政命令讓全國上下讀一本書的方式，效果如何，可想而知。如果說德國真有很多納粹黨人，將希特勒的《我的奮鬥》當作《聖經》，那麼極少有中國人認真看待這本**中國版的《我的奮鬥》**。行政院次長以上人員如期交卷者，不過三人，大家對此事的態度是敷衍塞責。行政院參事陳克文在國防最高委員會副祕書長甘乃光的家，發現高級官員呈送的讀書報告，「**十有八九是敷衍了事的文章**。其中有厚至數十頁等，亦有簡單至六、七句者。唯糧食部[99]部長徐堪及次長龐松舟、劉航琛三人聯名之一本頗有見解，敢採批評態度。其餘均是紙肉麻的恭維語，或抄錄原句，或複述原書大意，絕無一看之價值。」但蔣介石的評價標準與陳克文不同，蔣不會接納或嘉許真正有獨立見解的批評性意見，偏偏對那些溜鬚拍馬的文字心花怒放。

《中國之命運》一書，令此前對蔣介石報有好感的自由派知識分子深感失望。蔣介石在書中公開宣揚一個黨、一個主義、一個領袖的專制主義，不僅反對共產主義，連自由主義也不能容忍，甚至否定五四的方向。蔣警告因生活陷入困頓而對國民政府的腐敗越來越不滿的知識分子說：「任何黨派、力量，離開三民主義與中國國民黨，決不能有助於抗戰、有利於民族的復興事業。這一點明顯的事實，是應該為全國國民、尤其是知識分子所澈底認識。」

在此之前一年，詩人和文學教授聞一多與長子聞立鶴談時事，對蔣介石領導的抗戰抱有相當的信心，把蔣視為「一生經歷了多次艱難曲折，『西南事變』時冷靜沉著，化險為夷，人格偉大感人，抗戰得此人領導，前途光明，勝利有望」。然而《中國之命運》一出版，聞一多發現，蔣原來是義和團式的、歇斯底里的排外主義者，遂與國民政府離心離德，並急劇左轉。

無獨有偶，西南聯大歷史系教授雷海宗告訴一位學生，**在國民政府眾多敗筆中，最大的敗筆是出版蔣介石的《中國之命運》**。雷海宗聲稱，那本書中的錯誤多如牛毛，連美國漢學家都能看出來。

雷海宗指的美國漢學家正是費正清。費正清毫不留情的批評說，這本掌權者署名出版的書，對著書立說的教授們是一種侮辱：

> 自從蔣介石成為所謂的聖人和英雄後，這裡的學者們反抗的呼聲日益高漲，在我看來這是一種直言不諱的行動。老金（金岳霖）拒絕看《中國之命運》，社會科學家認為這部書廢

99 中華民國國民政府為了調配中日戰爭期間軍糧問題，而設置的專責政府機構。

話連篇，對其表示不屑並感到恥辱。學術界現在和將來都不會輕易放棄他們的特權，現在蔣介石公然侮辱了他們……教授們都心情沮喪，認為中國將要實行警察政治，開明的大學教育將被扼殺，經濟生活和人們的思想都將受到控制。他們認為，沒有力量能阻擋這個進程。

青年學生更是厭惡這本專制之書。一九四四年，復旦大學的一名學生透過美國大使館，轉交給美國副總統華萊士（Henry Agard Wallace）一封信，信中這樣寫：

《中國之命運》是一本邪惡的書。其中充滿謊言和荒誕不經，但是卻被列為全國大學和高中的必讀書。蔣介石的國民黨政府與汪精衛的偽政權實屬一丘之貉，二者唯一的區別是：前者假裝愛國，後者公開投敵。

如果蔣介石讀到這封信，一定會氣瘋過去，他無法理解為什麼絕大多數中國青年人，不能接受他的諄諄教導。而正是他的愚蠢和頑固，加速了知識分子和青年人左轉的過程。

**一個自稱「自由中國」的政府，卻以反對自由主義為己任**。在蔣眼中，「民主」與「憲政」更多的不是保護個人的政治權利，而是透過頒布憲法規定了國家的權力。個人主義和自由主義在中國是毫無生存空間的。蔣拋出這一立場使得他裡外不是人：對外，蔣介石反對民主自由的「西方價值」，讓美國對他失望，戰後很快就撤回對他和國民黨政權的支持；對內，蔣介石反對「五四」以來深入知識分子心靈的「德先生」和「賽先生」的普世價值，也就失去知識分子的心，而失去知識分子的心就等於失去天下的民心。蔣介石為自己挖好了墳墓，葬禮何時舉行，只是時間問題。

## 毛澤東，文鬥、武鬥皆贏蔣介石

蔣介石不顧眾人的反對，毅然決然的出版《中國之命運》，既是針對性的闡述他的建國主張，更是為他在中國戰後的地位做準備——蔣介石憑藉日本入侵導致民族危機所產生的民眾向心力，以「國家至上、民族至上」為口號，激發中國人在外敵入侵下的民族悲情和自尊，以樹立其領袖權威。這一權威顯然是排他，尤其是否定共產黨的道路。

由此，《中國之命運》成為國共長期「文鬥」中的一部分。在國共兩黨全面武裝衝突爆發之前，這種文宣領域的針鋒相對已發生多次，每一次都是共產黨大獲全勝、國民黨節節敗退，這一次也不例外。問題的關鍵在於，**這是一場觀念秩序的競爭，蔣介石手上的武器是儒家文化，宛如僧格林沁親王的蒙古騎兵及其使用的大刀長矛等冷兵器；毛澤東手上的武器是共產主義，宛如英法聯軍使用的橫掃千軍萬馬的馬克沁機槍。武器如此，勝負早在開戰前就決定了。**

《中國之命運》剛出版時，共產黨正在延安忙於整風運動。到了六月中旬，毛澤東藉助整風運動確立的最高權力、統一全黨思想之後，將注意力轉移到《中國之命運》上，親自組織了一場聲勢浩大的評判運動。首先，毛讓升任黨內第二號人物位置的劉少奇，主持召開延安理論幹部會議，決定對《中國之命運》發動批判攻勢。七月二十一日，中共最重要的筆桿子陳伯達在《解放日報》批評《中國之命運》：**「這是一本對中國人民的宣戰書，是為發動內戰的思想準備與輿論準備。」**

正如蔣介石親自修訂完成由陶希聖寫作初稿的《中國之命運》，陳伯達的這篇文章也經過毛澤東的親自修改。七月十九日，毛致函《解放日報》社長秦邦憲和主編陸定一，指示具體細節：「請在今日或明日發表，以約五千字登在社論位置，其餘皆登第四版，一天登完，以兩天或三天廣播之，並請廣播兩次。另印小冊子，亦請在日內印出，印一萬五千份。」跟蔣介石在手諭中不厭其煩的確定《中國之命運》的宣傳細節一樣，毛澤東對這場輿論反擊戰亦高度重視。兩天以後，毛澤東在寫給董必武的一封信中指出，此文的作用是「在中國人民面前從思想上理論上揭露蔣之封建的買辦的中國法西斯體系，並鞏固我黨自己和影響美英各國、各小黨派、各地方乃至文化界各方面」。

陳伯達文章發表之後，持續兩個多月的宣傳戰，中共的報刊以延安的《解放日報》、重慶的《新華日報》和《群眾》週刊為主，莫斯科的《紅

▲ 陶希聖，曾經為蔣中正執筆《中國之命運》一書。

星報》和《戰爭與工人階級》、美國共產黨的機關報《每日工人報》則遙相呼應。兩個月間，僅《解放日報》即刊出多達百萬字的評判文章和資料，除中共領袖外，延安的一些重要學者如范文瀾、呂振羽、艾思奇等，均有專文發表，分別批判《中國之命運》的歷史觀、哲學思想和法西斯主義。

七月三十日，毛指示彭德懷說：

> 望將延安民眾大會通電、解放報社論，及陳伯達、范文瀾評《中國之命運》等文多印廣發，藉此作一次廣大深入的有計畫的階級教育，澈底揭破國民黨的欺騙影響，不要把此事的重要性看低了。國民黨思想在我們黨內是相當嚴重的存在的。

之後，毛又告誡全黨：「蔣介石在他的階級敵人面前是警覺、堅定、明確的，每個共產黨員都要學習這一點，他是階級政治家。」

所謂「國民黨思想」，就是只講民族不講階級，毛要求透過對蔣著的批判展開階級教育，就是既要講民族，又要講階級。蔣著的出版真正引起毛澤東警覺的，正是它以民族模糊階級的論點。歷史學者鄧野分析，蔣著與陳文其中一項主要內容，就是**各自將兩黨的歷史關係，重新做了一次政治清算**。一九四五年四月二十三日，毛澤東在中共七大的開幕詞中提到：「**中國之命運有兩種：一種是有人已經寫了書的；我們這個大會是代表另一種中國之命運，我們**

**也要寫一本書出來。**」

陶希聖與陳伯達的論戰，或者更準確的說，蔣介石與毛澤東的論戰，僅僅一回合就決定了輸贏。當時還是少年的詩人邵燕祥，在一篇文章中回憶：「蔣介石的名著是《中國之命運》，但我在一九四五年秋就從家兄手中讀到陳伯達〈評《中國之命運》〉，那已經把蔣的書駁得體無完膚。其實我當時亦未通體讀透，但年輕人好鬥又好觀戰，觀棋尚且難免有傾向，何況讀論戰文章。於是隨著陳書的筆鋒，體味到一種顛覆權威的快感，自然就站到從在野立場批駁在朝言論這一邊來了。」

對於蔣介石來說，他在發表《中國之命運》時，沒有料到一年多以後，國民黨軍隊會在豫湘桂戰役中，被日本人打得潰不成軍，他的聲譽遭到毀滅性的打擊；他更沒有想到，六年多之後，他的政權被共產黨輕而易舉的取而代之，他的「中國之命運」成了水月鏡花。歷史學者周瑞錫寫道，正如葉慈（William Butler Yeats）的一句名言：「**萬物都已解體，中心難以維繫。**」在很多方面，**國民政府毀滅的種子，在一九四三年就已種下。**

對於毛澤東來說，雖然他的願景擊敗了蔣介石的願景，但他並未將中國人帶入一個美妙無比的烏托邦，相反將中國帶入「人相食」的地獄般的慘景。毛澤東版的「中國之命運」的「那本書」一直沒有寫完，為了完成「那本書」，他不惜掀起一場血雨腥風的「文化大革命」，他也成為歷史上第一位親手摧毀革命成果的革命者。毛因為殺害上億無辜民眾，最終的歷史定位肯定比蔣介石更低。

# 第十一章 挺過八年抗戰，卻挺不過三年國共內戰（一九四九）

歷代亡國之原因，並不在於敵寇外患之強大，而是在於內部之分崩離析。

——蔣介石（一九四八年一月六日日記）

蔣介石的《中國之命運》成了鏡花水月，國民黨政權在抗戰勝利之後的潰敗，比預料還要快。當共產黨軍隊占領南京時，毛澤東賦詩一首：「鍾山風雨起蒼黃，百萬雄師過大江。虎踞龍盤今勝昔，天翻地覆慨而慷。宜將剩勇追窮寇，不可沽名學霸王。天若有情天亦老，人間正道是滄桑。」接下來的幾個月就不再是力量均等的戰爭了，而是國民黨不斷逃竄、共產黨不斷追擊。在毛澤東的眼中，蔣介石已經從「萬歲的蔣委員長」淪為「窮寇」。

蔣介石的專機機長衣復恩永遠不會忘記這一天，一九四九年十二月十日，他駕駛著中美號專機，在成都的鳳凰山機場，載著蔣介石離開中國。衣復恩回憶，這是蔣介石從政生涯中最心酸的一刻，「**他坐在飛機上，一言不發。**」

一九四九年十一月十四日，蔣介石自臺北飛抵重慶，開始在四川的最後一搏。蔣介石後來回憶，此次飛往西南，是**抱著一種知其不可為而為之的心態而去**。然而未及數日，解放軍即兵臨重慶城下。當蔣駐留重慶時，一位日本退役軍官富田直亮曾協助擬定保衛重慶的防禦作戰方案。由於駐守重慶南郊的國軍部隊突然叛變，此方案未能實行，然而富田直亮優秀的軍事素養，卻讓蔣介石留下深刻印象。此事也成為蔣在臺灣聘請日本軍事顧問團為其效命的濫觴。數月之後，由富田直亮所領導的一批前日本軍官悄悄抵臺，此後「白團[100]」在臺灣服務了近二十年之久。

十一月三十日，重慶失守，蔣介石與核心幕僚匆匆撤往成都。成都成為蔣介石和中華民國政府在中國大陸的最後一個落腳處。從重慶撤退時，其狀悲慘之至，陳立夫、谷正綱等伴隨蔣介石左右的大官居然未能登上飛機，匆匆忙忙坐卡車從公路逃到成都，差點當了共軍的俘虜。

蔣介石在成都只停留了十天。經過重慶的慌亂撤離之後，蔣吸取教訓，命令士兵將其居住的中央陸軍學校成都分校，其圍牆上開出一個豁（缺）口，準備在緊急時可以直接從豁口逃離。蔣的專機停在鳳凰山機場，飛行人員不准離開飛機，以便隨時能起飛。

蔣介石每天對著軍事地圖發呆，一天要找胡宗南幾次，兩人關起門密談。會談後，胡宗南面帶難色的離開，對戰事已一籌莫展。十二月五日，蔣介石叫張群出面約集劉文輝、鄧錫侯、胡宗南、王陵基開會，看看四川將領對時局有什麼建議，特別是劉文輝有何妙計。劉文輝說，只有打一個勝仗才有希望讓局勢暫時穩定下來。在座諸將隨聲附和，但誰也提不出打勝仗的錦囊妙計來。

八日，空軍將領王叔銘向蔣介石報告，有三千多噸空軍重要器材無法運往臺灣，應當怎麼辦？蔣介石說，可交與胡宗南。胡當場推託，並表示拿了這些東西，軍隊完全沒有用處。蔣只好決定由空軍把這批器材全部炸毀。當夜，空軍倉庫的巨大爆炸聲響了一晚上，解放軍還未到成都附近，全城已人心惶惶。

十二月九日，張群陪雲南第八軍軍長李彌等人返回昆明。擁兵自重的盧漢已與中共接洽，準備起義，強行將張群等扣留。同時，四川將領劉文輝、鄧錫侯等接到盧漢的電報，也宣布舉兵起義。十日早晨，蔣介石在獲得盧漢建議劉文輝強行扣留蔣的電報後，決定盡速離開成都，返回臺北。

事實上，蔣介石本來打算早日離開成都這是非之地，只因為胡宗南的部隊未能如期集中，才遷延時日。如今局勢緊迫，自然容不得絲毫猶豫。十日下午兩點，劉文輝起義部隊已布滿蔣介石駐地附近。侍從建議蔣從後門離開，蔣嚴詞拒絕：「我從哪個門進來，就要從那個門出去！」在禱告完之後，蔣介石與蔣經國合唱國歌完畢，乘車逃往鳳凰山機場。

蔣介石離開成都，並未告知下屬將領。四川省主席、陸軍上將王陵基並未知悉蔣介石要走，只是因為蔣的侍從官俞濟時，突然派人歸還從王那裡借的絲綿被子，王才知道蔣介石馬上要逃走了。王陵基顧不得整夜沒有休息，連忙趕往軍校，剛到軍校門口，劈面就看到蔣介石等一群人的汽車魚貫而出，直接向大街疾馳而去。

王陵基為見上蔣一面，特令司機抄小路趕往鳳凰山機場。在機場，王陵基看到蔣介石的座機和侍從機停在那裡，連一個警戒兵都沒有。本來機場是由保安團守衛，胡宗南的部下、成都防衛總司令盛文接防後，另派部隊，但盛比蔣逃得更快，所以機場連一個兵都沒有。

王陵基見到特務頭領毛人鳳一個人站在飛機旁，便過去與之打招呼，不料毛人鳳臉色立即變得很難看，表現得特別驚慌，好像生怕王會扣留他們一樣。王陵基見狀，不再多說，靜待蔣介石的到來。

蔣一到機場，看到王陵基並不招呼，而是急急忙忙竄上飛機，先和駕駛員談話，問是否能正常起飛。

待胡宗南來後，蔣介石站在飛機門口四處張望，看到沒有什麼動靜，才裝出鎮定的樣子叫王陵基上飛機，並簡單的對王說了一句話：「你以後與胡宗南密切聯繫。」王回答：「是。」對話便結束。

王陵基明白，到了這種地步，彼此還有什麼話可說。待王下機之後，蔣的座機立即起飛，下午六點三十分飛抵臺北。而在川軍中頗善戰的王陵基繼續與共軍作戰，數日之後兵敗被俘。

後來，蔣介石形容這段在中國最後的日子，宛如「親探虎穴，較之西安事變時尤甚，禍福之間，殆不容發也」。蔣在日記中哀嘆：「所有經余二十餘年所建立之國民革命基業，皆為其十個月內毀壞殆盡，嗚呼？局演變至此，國幾不國！」

## 日本人和共產黨，是截然不同的敵人

八年抗戰，蔣介石依靠大西南的小半壁江山挺了過來。然而，短短三年國共內戰，國民黨政權全面崩潰，曾讓蔣介石安枕無憂的「大後方」不復存在。西南戰役只打了三個月時間，九十萬國民黨軍隊就被解放軍全殲，平均每天殲滅一萬人，每八秒消滅一人，難怪蔣嘆息，「一年悲劇與慘狀實不忍反省亦不敢回顧」、「軍隊為作戰而消滅者十之二，為投機而降服者十之二，為避戰圖逃而滅亡者十之五，其他運來臺灣及各島整訓存留者不過十之一而已。」

國民黨守不住大西南，原因之一是**日本人和共產黨是截然不同的兩種敵人**。

日本侵略者從未計畫要將蔣政權趕盡殺絕。「七七」事變及淞滬戰役，並不在日本軍部的預料之中。日本侵華從滿洲國入關和從上海登陸，意在控制華北和東南沿海、沿江的重要城市，用華北和東南沿海的資源支撐其此後的太平洋作戰。中國並不是日本內閣和軍部的最終戰略目標，而是其實現更遠大戰略目標的臺階。所以，儘管近衛文磨[101]內閣宣稱不以蔣政

101 又譯近衛文麻呂，日本昭和時代前期的政治人物。為第三十四、三十八、三十九任日本內閣總理大臣。

權為對手，但日本從未放棄對重慶政府的「和談」，即便有了汪精衛的傀儡政府，日本仍多次透過德國向蔣拋出誘餌。

若單單從軍事角度來考量，在武漢會戰之後，日軍完全有餘力沿長江而上，一舉擊潰蔣介石政府——從武漢到重慶，並不比從上海到武漢遠多少。而在一九四四年的「大陸交通線戰役」（一號作戰）之後，大獲全勝的日軍占領了河南、湖南、廣西、湖北、廣東等省分的大部分區域，也有能力乘勝追擊，滅掉搖搖欲墜的重慶政權。

但是，日本還必須從政治和經濟上考量戰局的發展——若消滅了蔣介石政權，對日本有什麼好處？在抗戰中後期所謂「相持」階段，日本並未採取「蛇吞象」戰略，甚至連江西、河南等離江浙或平津較近的區域也只是部分占領。日本沒有將整個中國全部併吞為殖民地的意願，這樣做在經濟上和政治上都對日本不利。日本在貧瘠的中國西部得不到更多資源，反倒要投入自己並不充足的資源去維持這些地方。

當時，中國西部地區交通困難，無法支持大兵團會戰。日本歷史學家半藤一利在《昭和史》中指出：

不管日本軍隊有多強，補給始終是個問題。由於只能取得點與線，只要手稍微一鬆，它們之間一下子就被切斷了。中國大陸很深很廣，即使只想到補給，也是個頭痛的問題。總算控制了漢口，即所謂的攻擊的終點或臨界點。換言之，如果再往前攻擊，便陷於不利的狀態……

實際的狀況是，即使在廣闊的中國地圖上插上許多日本國旗，若仔細一看，所占領的都只是主要都市罷了，在都市與都市之間，幾乎都還是敵人的土地。

日本對華作戰始終「留一手」，不是說日本對中國特別仁慈，而是日本還要對抗強大得多的敵人——美國和蘇聯。對比明清易代之際的局勢就一目了然了——八旗勁旅[102]從滿洲入關後，先兵分兩路：一路自山西下河南取潼關；一路繞塞外下陝北，擊潰關中李自成政權，繼而南下江淮、荊襄、四川，消滅南明，顯然的統一戰爭打法。

而國共內戰中的共產黨，比八旗鐵騎更強悍。如果說蔣介石與油枯燈滅的亡國之君崇禎皇帝很像（蔣沒有崇禎皇帝自殺殉國的勇氣），那麼毛澤東就比李自成、張獻忠等流寇「進化」千百倍。毛澤東看到勝利在望，拒絕史達林提出的國共兩黨「劃江而治」的建議，高呼「**宜將剩勇追窮寇，不可沽名學霸王**」、「**堅決、澈底、乾淨、全部殲滅中國境內一切敢於抵抗的國民黨反動派**」，不給蔣介石留下寸土，又豈會像日本人那樣打到武漢就止步不前？

所以，抗戰期間國民黨可以退守西南，休養生息，以謀東山再起，這是走劉備圖川的路，劉備雖未能席捲天下，畢竟建立了一個延續兩代的割據政權；而在國共內戰中，蔣介石面對的卻是「零和」局面，贏者通吃，失敗即澈底失敗，不會再有一點喘息的機會——幸虧日本

102 是清朝特有的集軍事、生產和行政管理於一體的社會組織，旗下之人稱作「旗人」或「八旗子弟」。

人給蔣介石留下一個經營了半個世紀的寶島臺灣，而臺灣與中國之間隔著一道海峽，蔣介石才有了一個「意外的國度」，並成為「**意外的國度**」、「**意外的國父**」[103]（汪浩《意外的國父》）。

## 對內和對外都失去統治合法性

蔣介石無法像八年抗戰那樣守住大西南的第二個原因，是**國民政府對內和對外都失去了統治合法性**。

一九四五年，抗戰勝利時，國民政府躋身世界四強之列，蔣介石的威望臻於其一生之頂峰，但短短兩、三年時間，這些光環就被他本人揮霍一空，從巔峰跌到谷底的速度之快，蔣自己亦始料未及。

在抗戰期間及抗戰剛勝利時，國民政府是中國唯一的合法政府，從法統和道統兩個層面，都得到全國民眾及盟國的認可，即便共產黨也不得不承認這一點，毛澤東到重慶和談，揮帽向蔣介石致敬說「蔣委員長萬歲」。

然而，抗戰勝利後不久，國統區怨聲載道，民眾對國民黨將接收變成「劫收」的腐敗嚴重不滿，國民黨統治的合理性嚴重被否定。一九四八年七月十七日，自由派知識分子儲安平在《觀察》雜誌的「告別辭」中：

我們願意坦白的說一句話，政府雖然怕我們批評，而事實上，我們現在則連批評這個政府的興趣也沒有了……我們替政府想想，一個政府弄到人民連批評它的興趣也沒有了，這個政府也就夠悲哀的了！可憐政府連這一點自知之明也沒有，還在那兒抓頭挖耳，計算如何封民間的報紙刊物，正是可憐復可笑！

一九四八年初，連美國政府也相信中國逐步走向政治瓦解的趨勢不可扭轉。司徒雷登[104]大使發電報回國務院的一連串政情分析報告中，研判國民政府中央權力式微，以及中國共產黨不太可能在短期內席捲全中國。他認為中國將四分五裂，各地區各自為政，形同獨立政治實體，或發展成某種鬆散的邦聯體系，那就是一九二七年之前中華民國的狀態。司徒雷登未能估計到，共產黨迅速完成統一並建立強大的政權——幾乎沒有美國人真正洞悉中共之本質，但他對蔣政權急速衰亡的評估是準確的。

在美國眼中，此時的蔣介石已淪為一個二流軍閥，而非國家的象徵。一九四九年九月，駐日盟軍統帥麥克阿瑟（Douglas MacArthur）對美國國會代表團稱，蔣介石身邊盡是些腐敗官員與腐敗將領，他還點名批評蔣「**雖然聰明，但對用兵一竅不通**」。不久後，麥克阿瑟告

103 孫文是中華民國國父，這裡指蔣是臺灣國父，是學者汪浩的觀點。
104 John Leighton Stuart，中華民國遷往臺灣前最後一任美國駐華大使。

訴親蔣的《紐約時報》發行人，**蔣介石不可能在解放軍的攻擊下撐多久**，他甚至考慮安排蔣到海外流亡，由他來著手經營一個**新的「臺灣政府」**。抗戰期間，國府退守貧瘠的大西南，仍然可以透過滇緬公路和駝峰航線獲得美國源源不斷的物質支持，但此時此刻，美國已宣布放棄對蔣的支持，任其自生自滅。

其次，從經濟上看，抗日戰爭時國民黨逐節撤退，有充分時間轉移重工廠和其他企業；而國共戰爭時期，國民黨兵敗如山倒，沒有時間部署工業轉移計畫。更何況，抗戰剛一結束，國民黨大員們紛紛奔赴富庶的東南地區，將多年來履行愛國責任、付出巨大犧牲的大西南拋在身後。國民政府對西南地區棄之如敝屣。日本投降之後不到一個月，西南地區的工業基礎就瀕臨崩潰，許多工廠是為滿足戰時的需要而建立的，這些工廠的生存幾乎完全依靠戰爭生產委員會的訂單。訂單減少或取消後，這些工廠不得不停止生產。半年之後，昆明九〇%的企業完全停產。

一九四五年底，四川紗廠由於缺少原棉而被迫停產。雖然湖北和陝西的棉花頗為豐收，但由於運輸條件糟糕，以及政府的不作為，使得新棉花無法抵達四川。據估計，在光復地區，有十萬擔敵偽（日本和汪精衛）棉花封存在倉庫裡，因為沒能及時轉移，這些棉花全被凍壞；即使這些棉花以後被運往內地，它們也無法使用了。這種情況在日本統治期間以及汪精衛政權統治期間絕對不會發生，可見蔣政府有多麼無能。

一九四八年的成都，政府發行的鈔票完全作廢，人們購買日常用品，都是將棉紗當錢用，這個棉紗不是紡織廠的棉紗，是家裡小紡車用的棉紗。買米、買麵、買油，都用舊時的銅板。天府之國，人心惶惶。美國學者胡素珊指出，**由於國民黨政府沒有承認西南地區中小企業家的愛國貢獻，並給予他們應有的回報，使得西南地區的人們對這個忘恩負義的政府，充滿憤怒與怨恨**。

軍人也不願繼續為這個政權戰鬥。重慶號的艦員在到英國受訓期間省吃儉用攢下的、盟軍用英鎊支付的補貼，歸國後全被憲兵用槍逼著換成廢紙一樣的金圓券。蔣政權不僅不支付糧餉給官兵，反而搶官兵的薪資，難怪海軍中叛變者最多。據路透社的一篇報導顯示，從重慶潰逃的國民黨軍當中，有三成還穿著夏季制服，大部分都是穿草鞋或者光著腳。那時已是十一月底，在四川陰雨連綿的冬天，穿成這樣意味著什麼，只要在四川生活過的人都知道，更別說要在槍林彈雨中長途跋涉的軍人了。相比之下，解放軍的士兵大都穿著整齊的布鞋或膠底鞋，且有暖和的冬裝。重慶周圍的國民黨嫡系部隊尚且如此，更不用說別的部隊了。

當共產黨占據工業化的滿洲之後，在工業實力方面可以說是碾壓國統區，更何況解放區對於國統區需要的初級工業生產資料，如煤、鐵礦、棉花等，已實行禁運，國統區的經濟生產雪上加霜。在共軍的渡江戰役爆發前，南京國民政府的經濟已然崩潰，整個一九四八至一九四九財年[105]，國民政府的財政收入只有九千萬美元——只相當於美國一個中型公司的規

105 指一個財務年度。跟實際年度時間有出入，因為統計和審議等原因，所以一般的財年是從當年三月左右到隔年三月。

模；而同期，解放區的財政能力是糧本位貨幣兩百億斤以上，折合八億美元以上，幾乎是前者的十倍。雙方財政基礎相差巨大，意味著雙方物質實力不在一個層面上，不存在劃江而治的可能。沒有經濟基礎，蔣介石不可能固守大西南。

## 西南實力派早已對蔣介石離心離德

蔣介石無法守住大西南的第三個原因是，**西南實力派人物早已視蔣介石為仇讎，不願為蔣賣命**。

美國史丹佛大學胡佛研究所研究員、胡佛檔案館東亞館藏部主任林孝庭，從近年新解密的中、美、英史料和二十種私人檔案收藏中，爬梳出「中華民國在臺灣」這一歷史形塑（塑造）過程，出版了《意外的國度：蔣介石、美國、與近代臺灣的形塑》一書。

該書披露了過去鮮為人知的一部分歷史：雲南實力派人物盧漢在投共之前曾謀求美國支持其「雲南獨立」的計畫。

當時，蔣介石召集西南各省軍政領導

▲ 1945 年，盧漢接任雲南省政府主席的原因，是龍雲因遭蔣介石猜忌而下臺。

人開會，雲南省主席盧漢婉拒出席，並回絕蔣介石任命他出任滇黔剿匪總司令。盧漢心中有一個異想天開的盤算：他密派一名身分不詳的滇商友人，前往美國駐昆明領事館，會見代理館務的副領事陸德瑾（LaRue R. Lutkins）。這位滇商以盧漢代表自居，告訴美方，雲南省政府因受到美國會通過之軍事援助方案，以及華府表示願意援助中國境內反共地區性政權之鼓舞，而向美方尋求支持雲南宣布獨立。

盧漢派出的代表告訴美方，如果華府願意協助保持雲南領土的完整，不受國共兩方染指，則該省「最高當局」將願意接受美國所提出的任何條件，包括切斷與中國政府的關係，接受美國外交保護與美軍進駐，同時將遵照美方有關軍事、政治與經濟方面之指令。為了取信於美國政府，這名代表甚至聲稱，雲南天然物資豐富，包括鴉片，因此不需美方的財政援助，即使只是華府口頭上對於雲南獨立運動道義上的支持，昆明當局都將由衷感激。

陸德瑾收到這項祕密信息後，急忙發電報給國務院，請求明確的指示。他對盧漢的困境和雲南獨立傾向表示同情，他也擔心剛發生於瀋陽美國駐當地領事館人員遭中共拘捕的情事，將會在昆明重演，因而向華府示警，若斷然拒絕此項提議，將對雲南政情與美國駐當地領事館人員的安全撤離，帶來不利影響。

一週後，美國國務卿艾奇遜（Dean Gooderham Acheson）在與美參謀首長聯席會議討論之後，駁回盧漢有關雲南獨立的祕密請求。華府認為，在連當地國軍部隊都擋不住解放軍攻勢的情況下，美國對於地理位置遙遠的雲南，更無可能有效的運補軍事與其他相關物資。陸德瑾奉命婉轉告知盧漢代表，在不便干涉中國內政的前提下，美政府將無法給予其任何具體的承諾。

十一月二十八日，眼見重慶即將不保，盧漢的密使向陸德瑾做最後一次請求，強調任何形式的美援都有用，不一定要派兵。盧漢願意先公開宣布雲南獨立，再請求國際協助與保護，他深信此舉將可讓美國不致有「干預中國內政」之嫌。然而華府仍不改初衷，不願介入這團亂麻。盧漢眼見事不可為，決定投向共產黨陣營。

蔣介石在離開成都之前，仍籌劃將胡宗南部隊自四川往西南撤至西康省，欲於西昌建立一個大本營，繼續其反共大業。然而盧漢的突然變節以及雲南倒向共產黨，讓此一構想消失於無形——不過，即便沒有盧漢投共，以人口稀少、經濟落後、自然環境惡劣的西康而言，根本不可能成為反共的基地。

蔣介石在日記裡，懊悔自責對盧漢識人不明，過度天真，並把盧漢的變節歸因於「**邊疆人善變多疑**」——這是典型的中華中心主義和種族主義的思維。蔣坦承學到了一個慘痛的教訓，並勸誡自己，往後處理事務時應謹記一切事務「絕無信義，更無情感可言，只有實力與強權，方為政治與外交之本質也。」當然，蔣介石不會反省他在抗戰勝利之時即用武力推翻龍雲[106]，讓盧漢取而代之，並將滇軍精銳部隊調到東北戰場當炮灰的不義之舉，這才是雲南不願忠於中央政府的原因所在。

## 蔣介石瞎指揮，軍事戰略錯上加錯

雲南如此，其他西南省分也是如此。川軍出川抗日，被蔣介石分而治之，不發給基本糧餉和武器，往往被安排充當必死的斷後任務。抗戰後期，中國三分之一的兵員都來自四川，官兵傷亡巨大。抗戰勝利後，蔣介石命令將川軍就地整編，多少人死在異鄉，四川從上到下、男女老少都恨死老蔣。而湖南實力派人物、國民黨元老程潛與蔣介石歷來不和，關鍵時刻率八萬官兵投共，讓華中防線不戰而潰。桂系的李宗仁、白崇禧雖然善戰，卻從來不受蔣信任，雙方長期積累的矛盾已剪不斷、理還亂，甚至不亞於跟共產黨的對立。此種情形下，蔣介石怎麼可能守得住西南？

蔣介石不能守住大西南的第四個原因，是**具體的軍事戰略一錯再錯**，蔣介石親自介入瞎指揮，讓本來就各自為戰的西南地區的國軍陷入更大混亂之中。就連淮海戰役的敗軍之將劉峙，都對蔣的指揮風格大不以為然：「軍事之機微繫於一念，苟有一念之差為政治無窮之憂。政治牽制軍事固不可，而最高統帥不予前方指揮官以獨斷之權尤為失敗之根源。日喊主動機動而事事干涉掣肘，豈非縛其兩腳而令其賽跑決勝耶，寧有此理。」

敗退臺灣之後，國民黨編撰《國民革命軍戰役史》，其中第五部《戡亂》之第七冊，詳

106 中華民國初期滇軍將領，亦是割據西南地區的軍閥，號稱雲南王。

細探討了對西南地區作戰失敗的原因：

西南地區初期之作戰，乃以四川為重心，但其北翼之陝南與南翼之貴州，任一方面有失，均可使川省側翼暴露，陷全般作戰於危殆。故對陝南、四川及貴州三地區，應做整體之指導，相互策應，密切配合，方能達到確保大陸最後基地之目的。

但西南軍政長官公署，當時不但對全般作戰缺乏明確之指導，尤對貴州方面之作戰，更任由其自行發展，形成川、黔兩省各自為戰，終因第十九兵團之向黔西轉進，致川南門戶洞開，使匪第五兵團得以長驅直入，直撲成都，截斷國軍川與康、滇間之交通線，導致數十萬國軍之覆沒，而我保持西南基地之構想亦隨之破滅。

如當時指導貴州第十九兵團主力，逐次向黔北轉進，利用大婁山脈有利地形，仍可拒止匪第五兵團入川，以爭取我內線作戰所需之時間與空間。至於黔西方面，則以第八十九軍及雲南之第八軍，拒匪於北盤江之線，以確保滇省之安全。

反觀匪軍，貴州地形複雜，天候變化無常，素有「地無三尺平，天無三日晴」之稱，且資源貧乏，匪竟使用四個軍之眾於此幾乎不毛之地，略取貴州，進出川南，直奔樂山、新津，以截斷四川與康、滇之道路；又其第一野戰軍之第十八兵團暫不攻取漢中，僅於秦嶺抑留我胡宗南部，而後再配合第五兵團之進展，南取成都，協力其第三、第五兵團捕殲國軍主力於成都附近的地區。故匪軍陝南、川東及貴州三方面之策應配合，能達成戰略目的與獲致預期戰果。

這份文件是典型的文過飾非，只能批評已經蕩然無存的「西南軍政長官公署」，而不敢傷及蔣介石的龍顏。

該書還檢討：

川黔作戰，從北翼秦嶺至南翼黔東丘陵之弧形地帶中，均可憑有利地形，節約兵力，擇要據守；而四川盆地地形平坦開闊，交通網良好，有利我兵力之分合與機動。故當時理應以所要之一部堅守弧形地帶中之各戰略要點，而控制強大之機動打擊部隊，分區配置，適時行局部之反擊，或誘敵於某一方面冒進，導入我預期殲敵地區，迫其決戰，以逐次擊滅犯匪。當時國軍嚴重違反守勢作戰之原則，從甘肅武都直至貴州榕江，約一千二百公里之上面上，均僅憑地形之利，取消極性之防禦，無反擊企圖，致備多力分，一點被突破，迅即波及全面，雖然後方亦控有若干預備隊，但其僅用於堵擊匪之深入而已。故川黔作戰，國軍數十萬大軍，系在完全陷入被動狀態中，致遭潰滅！

這種消極防守的戰略，無法避免被動挨打的局面。

相反，解放軍先取貴州、陝西，再重南北夾擊四川的戰略，非常奏效。據《中國人民解放軍第五兵團暨貴州軍區戰史》記載：

兵團於十月二十至二十二日，於邵陽召開各軍首長會議，部署入黔作戰。隨即發出《戰字第三號命令》，決定以十七軍附兵團野炮團為中路，沿湘黔公路進擊，負責攻占貴陽；以十六軍為左翼，向天柱、三穗、鎮遠進攻，協同十七軍作戰。以十八軍為兵團二梯隊。右翼有友鄰十軍，負責向銅仁、松桃進攻。爭取在黃平以東殲敵四十九軍，以利我奪取貴陽。

而《解放軍第十八兵團關於南進作戰初步總結》中則記載：

此役軍委及劉鄧的戰役指導方針及賀李的直接指揮，決定我兵團的部署計畫及先慢後快。我們認為是完全正確的。當我二野主力尚未完全切斷敵退路，而胡匪已開始南撤時，我主力仍集結於秦嶺北待機，僅以少數部隊結合偵察工兵人員尾敵前進，查明情況，修復交通以麻痺匪軍而便於二野主力適時自成都以南切斷匪退康滇之道路。當我二野主力已斷敵退路後，我又不顧一切疲勞，兼程趕進，致能突然抓住先期脫離我五天時間之匪二十七師、三十八軍，十七軍，七十六軍等部，使敵於大巴山布置防禦之企圖完全流產，減少了敵之破壞，使我迅速進抵成都週邊，配合二野主力聚殲匪軍於成都盆地。此外，在戰役部署上，多路挺進（兵團分三個方向，每一個方向又分兩路）也是適當的。雖秦嶺、大巴山、摩天嶺山區人煙稀少，道路崎嶇，而我仍以六一軍、六二軍克服一切困難，平行開進，故能迅速展開打亂敵之防禦部署殲敵一部，且解決了進軍中糧食等困難。

解放軍在三大戰役中大獲全勝之後，其裝備、士氣都臻於巔峰狀態，加上前線將領享有高度自由的指揮權，根據時勢迅速對原有作戰計畫做出調整，而且大多數時毛澤東都不會像蔣介石那樣瞎指揮，故而戰無不勝、攻無不克。

## 國軍既不知己也不知彼，共軍情報及統戰則無孔不入

蔣介石無法守住大西南的第五個原因是，**國軍的參謀、情報工作漏洞百出**，宛如盲人騎瞎馬、夜半臨深池；而共軍長於情報和統戰工作，知己知彼、百戰不殆。所以，西南戰役與遼沈、平津、淮海三大戰役一樣，勝負早已注定。

國民政府蝸居重慶多年，卻對西南各省缺乏基本的調查研究，連精密的作戰地圖都沒有。反之，共軍二野情報處副處長魏錦國曾帶著幾個參謀，還找了一批大學生協助，在上海東方經濟圖書館蒐集西南地區的資料。他們在大部隊進軍西南之前，就編印了雲、貴、川、康、藏的政治、經濟、文化、軍事等情況，每地一冊，極為詳盡。情報處之所以能如此迅速的完成這項工作，是因為這個圖書館是日本人建立的，早年日本人已到上述數省進行調查，日軍

投降後，來不及將這些資料帶回本土。

國民黨比共產黨先控制上海，但國民黨接收大員們一個個闖入上海灘的燈紅酒綠之中，無人留意到該圖書館的寶藏。當年，劉邦入咸陽，文臣武將忙著去搶金銀財寶，唯有蕭何[107]帶著一隊士兵直奔丞相府和御史府，蒐集文件、地圖、書籍。劉邦問蕭何，你不趕緊清點宮內的珍奇寶物和武器兵庫，拿這些破爛圖書幹什麼？蕭何說，如果你想要治理天下，就要知悉全國各地的人口、地理、民情、風俗。金銀珠寶易得，也容易失去，這些圖書檔案才是無價之寶。可惜，國民黨內沒有一位像蕭何的人物，國民黨戰後統治上海四年，東方經濟圖書館無人問津，最後被共產黨全盤接收，成為共產黨克敵制勝的寶藏。

更可怕的是，**共產黨早就在國軍的心臟——國防部作戰廳——安排了得力間諜**。國防部作戰廳（三廳）廳長郭汝瑰多次把國軍作戰計畫交給中共地下黨。杜聿明一直不信任郭。徐州會戰時，蔣主持作戰會議，郭報告情況，提出方案。討論時，杜不發言。會後，杜單獨找蔣談作戰意見，並且說郭不可靠。蔣說，年輕人有左傾思想不奇怪，但郭很有才華。後來，郭按照中共地下黨的意圖，向顧祝同提出要到西南當軍長，帶部隊與共軍作戰。經蔣同意後，郭被任命為第二十二兵團司令兼七十二軍軍長，隨即郭率部投共。郭投共後，對國民黨內部震動極大。蔣介石到臺灣後曾追悔莫及的說：「沒想到郭汝瑰是最大的共諜。」

另一名在西南戰役中發揮巨大破壞作用的是劉宗寬。劉原是楊虎城部下的團長，西安事變後，軍統[108]向蔣介石告發劉通共，劉被判有期徒刑。然而，國民黨向來執法不嚴，後來劉被提前釋放，張群居然要劉去當西南長官公署代理參謀長，這不是引狼入室嗎？

蔣介石親臨重慶，主持作戰會議，研究保衛西南的部署時，曾讓劉宗寬分析中共進攻西南路線的報告。劉「有理有據的」分析出解放軍一定會採取三國時代鄧艾過秦嶺、度陰平，由陝入蜀的路線，根據是賀龍正在寶雞一帶集結第十八兵團、第七軍等部，似有由陝入川的態勢。

當時，包括蔣介石、張群在內的高級將領，都確信劉宗寬的「判斷」，並做了由胡宗南等部重點防守川北的部署。實際上，劉鄧大軍協同四野一部，採取大迂迴、大包圍的戰術，佯裝向南進攻，實則從湘西直插雲、貴，堵住國軍逃往國外的退路後，再由賀龍部由陝入川，實施夾擊。一開始，為了讓胡宗南放下戒心，賀龍採取「攻而不破」的佯攻戰術。胡宗南中計，向蔣介石發電報邀功，說他的防守固若金湯，賀龍久攻不破，讓蔣放心。待蔣介石發現劉鄧大軍南下的真正意圖後，為時已晚。蔣介石的九十萬部隊，全部於西南境內被殲滅。

**中共的統戰手段，跟情報系統一樣厲害**。經過中共的統戰，劉文輝、鄧錫侯、潘文華、黃隱、魯崇義等將領紛紛投共。此後，國民黨第七兵團司令裴昌會、川陝鄂邊綏靖公署副主任董宋珩、第十六兵團副司令曾甦元、第十六兵團司令羅廣文、第五兵團司令李文、第十八

107 漢初三傑之一。輔助漢高祖劉邦建立漢政權。

108 國民政府軍事委員會調查統計局，是中華民國國民政府的情報機關之一。

兵團司令李振等陸續宣布起義或投誠。西南戰役幾乎沒有打過硬仗就結束了。失去西南的蔣介石，從此之後只能退守臺灣。

# 第十二章
# 毛澤東至少六次感謝日本侵華

中共方面最終的目的，乃是打倒重慶政府，取而代之掌握全國政權。但是中共目前的實力還非常薄弱，並沒有取代國民黨奪取政權的實力。所以共產黨軍現有的任務乃是讓日本和重慶政府盡量陷入長期的戰爭，並且在這期間積蓄力量。因此，國共兩軍衝突不利於擴大自己的軍隊，在表面上服從重慶政府，私下裡卻為了讓重慶政府不和日本議和，進行阻擾。因為如果日本和重慶政府戰鬥的時間不夠長的話，共產黨軍就沒有足夠的時間來壯大自身。

——日本陸軍北支那方面軍參謀部《關於國共關係》

二〇一五年，中共在北京舉行「紀念中國人民抗日戰爭暨世界反法西斯戰爭勝利七十周年大會」，以及規模空前的閱兵式。習近平把中國定義為二戰中的「**東方主戰場**」，強調中國「為世界反法西斯勝利做出了重要貢獻」，並用誇張的語言宣稱：「這一偉大勝利，澈底粉碎了日本軍國主義殖民奴役中國的圖謀，洗刷了近代以來中國抗擊外來侵略屢戰屢敗的民族恥辱。」習近平在演說中還提到「日本侵略者」在戰爭中的殘忍行為。

中國在閱兵式上首次展示了東風反艦彈道導彈，報導稱該導彈能一次性摧毀航空母艦。針對中國在閱兵式上炫耀武力，日本內閣官房長官菅義偉表示，希望中國不要總是抓住那段悲慘的歷史不放，而是以面向未來的態度和國際社會一道解決共同關注的問題。中國官媒《新華社》則反駁，對中國炫耀武力、挑起仇恨的指責是毫無道理的。

習近平以反日宣傳來凝聚民族主義情緒並鞏固其統治合法性。但是，他的做法違背了「太祖」毛澤東對日本感激涕零的態度，這是不是另一種數典忘祖呢？

在中共官方出版物中，詳細記載了毛澤東至少七次公開感謝日本侵華的言論。

・第一次：一九五六年，前日軍中將、中日友好舊軍人協會創辦人遠藤三郎訪華，將一把日本軍刀親手交給毛澤東，表示日本軍人從此永遠不再和中國打仗，並為往日的戰爭行為道歉。遠藤三郎早年當過關東軍副參謀長和第三飛行團團長，戰後受托爾斯泰和甘地思想的影響，參加日本

▲ 毛澤東為中華人民共和國歷史上第一代最高領導人。

反戰運動，在日本被稱為「赤色將軍」。毛澤東對他說：「你們也是我們的先生，我們要感謝你們。真是你們打了這一仗，教育了中國人民，把一盤散沙的中國人民打得團結起來了，所以，我們應該感謝你們。」

毛送給遠藤一幅齊白石的原作，上面有毛的親筆題詞「承遠藤三郎先生惠贈珍物，無以為答，謹以齊白石畫一幅為贈」。遠藤回國後寫了一本書，叫做《舊軍人所見之中共：新中國的經濟、政治、文化、思想的實際狀況》，替共產黨塗脂抹粉（王俊彥《大外交家周恩來》，北京：經濟日報出版社，一九八八年版）。

• 第二次：一九五六年十二月十七日，毛澤東和陳雲等人，接見前來北京參加中日貿易協商交流會的日本輸出入組合理事長、資本家南鄉三郎等人。在會議最後，南鄉三郎鄭重的為日本曾經的侵略罪行道歉：「日本過去曾侵略了中國，這實在是對不住了。**如果將來日本能變成中國的一個省就好了**。」但毛告訴南鄉三郎：「問題不是這麼看的，以前日本侵略者占領了大半個中國，如果沒有這份民族危機感，受壓迫已久的中國人民未必會醒悟，未必會團結，那麼我們到現在可能還在山上，不能到北京來看京劇。」（毛澤東《毛澤東外交文選》，北京：中共中央文獻出版社、世界知識出版社，一九九五年版）。

• 第三次：一九六〇年六月二十一日，毛澤東接見日本文學代表團與左派文學家野間宏等人時說：「我同很多日本朋友講過這段事情，其中一部分人說日本侵略中國不好，我說侵略當然不好，但不能單看這壞的一面，另一面日本幫了我們中國的大忙。假如日本不占領大半個中國，中國人民不會覺醒起來。在這一點上，我們要感謝日本皇軍。」（毛澤東《毛澤東外交文選》，北京：中共中央文獻出版社、世界知識出版社，一九九五年版）。

• 第四次：一九六一年一月二十四日，毛澤東與日本社會黨國會議員黑田壽男會談。毛澤東談及一九五六年接見南鄉三郎時的往事：「日本的南鄉三郎見我時，一見面就說：『日本侵略了中國，對不起你們。』我對他說：我們不這樣看，是日本軍閥占領了大半個中國，因此教育了中國人民，不然我們到現在也還在山上，不能到北京來看京戲……所以日本軍閥、壟斷資本幹了件好事，如果要感謝的話，我寧願感謝日本軍閥。」（毛澤東《毛澤東文集・第八卷》，北京：人民出版社，一九九九年版）。

• 第五次：一九六四年七月九日，毛澤東與參加第二次亞洲經濟討論會的亞洲、非洲、大洋洲訪華代表談話，再談及與南鄉三郎的談話：「有一位日本資本家叫南鄉三郎，和我談過一次話，他說：『很對不起你們，日本侵略了你們。』我說：『不，如果沒有日本帝國主義發動大規模侵略，霸占了大半個中國，全中國人民就不可能團結起來反對帝國主義，中國共產黨也就不可能勝利。』事實上，日本帝國主義當了我們的好教員。第一，它削弱了蔣介石；第二，我們發展了共產黨領導的根據地和軍隊。在抗戰前，我們的軍隊曾達到過三十萬，由於我們自己犯了錯誤，減少到兩萬多。在八年抗戰中間，我們軍隊發展到了一百二十萬人。你看，日本不是幫了我們的大忙？這個忙不是日本共產黨幫的，是日本軍國主義幫的。因為日本共產黨沒有侵略我們，而是日本壟斷資本和它的軍國主義政府侵略我們。」（毛澤東《毛澤東外交文選》，北京：中共中央文獻出版社、世界知識出版社，一九九五年版）。

• 第六次：一九六四年七月十日，毛澤東接見再度訪華的日本社會黨人士佐佐木更三、黑田壽男、細迫兼光等，其談話提到感謝日本侵華：「我們從沒有軍隊，發展到三十萬人的軍隊，結果我自己犯錯，這不能怪蔣介石，把南方根據地通通失去，只好進行二萬五千里長征。在座的，有我，還有廖承志同志。剩下的軍隊有多少呢？從三十萬減至二萬五千人。我們為什麼要感謝日本皇軍？就是日本皇軍來了，我們和日本皇軍打，才又和蔣介石合作。二萬五千軍隊，打了八年，我們又發展到一百二十萬軍隊，有一億人口的根據地。你們說要不要感謝啊？」（文革期間出版的《毛澤東思想萬歲》）。

• 第七次：一九七〇年十二月十八日，毛澤東與《紅星照耀中國》的作者、美國左派記者史諾談話：「那些日本人實在好，中國革命沒有日本人幫忙是不行的。這個話我跟一個日本人講過，此人是個資本家，叫做南鄉三郎。他總是說：『對不起，侵略你們了。』我說：『不，你們幫了大忙了，日本的軍國主義和日本天皇。你們占領大半個中國，中國人民全都起來跟你們鬥爭，我們搞了一百萬軍隊，占領了一億人口的地方，這不都是你們幫的忙嗎？』」（姜義華編《毛澤東卷》第六篇，香港：商務印書館，一九九四年版）。

以上七次是中共出版物上白紙黑字的記載，而一九七二年九月二十七日晚，毛澤東與日本首相田中角榮會面時，據說毛再次感謝日本侵華。這是兩國元首會談，如此表達就是鄭重其事的官方立場。中共迄今並未披露談話內容。

毛的私人醫生李志綏在回憶錄中透露，當田中角榮就「日本侵華給中國人們添了很大麻煩」的說法進行解釋（日語含有道歉的意思，周恩來認為用詞太輕）時，毛主動說：「如果沒有日本侵華，也就沒有共產黨的勝利，更不會有今天的會談。」毛更一言九鼎的宣布：**「我們如何感謝你們？我們不要你們戰爭賠償！」**

毛澤東對於感謝日本侵華的一番言論，說的是心裡話。這些談話的主要內容大同小異，核心在於：**若非日本侵華，中共逃竄到陝北的殘兵敗將，必然在國民黨軍隊的圍追堵截下澈底滅亡，中共後來就不可能奪取天下。所以，日本是中共真正的恩人。**

## 共產黨的抗日潛規則：抗日者是壞人

中共官方史書口口聲聲說自己是抗戰的領導者和主力軍，但在從「九一八」開始的「十五年抗戰」中，中共能數出它參加過哪些重大戰役？

國民黨軍隊參與淞滬會戰、南京保衛戰、徐州會戰、太原會戰、武漢會戰、長沙會戰以及遠征軍入緬等，這些都是調動數十萬大軍的大會戰。在這些大會戰中，國民黨官兵付出了慘重的犧牲。

而中共拿得上檯面的，只有「平型關大捷」和「百團大戰」。所謂「平型關大捷」，是國民黨軍隊主導的太原會戰的一部分，八路軍只有林彪部不足一個師的軍隊參加作戰。一開始，中共宣稱戰果是「殲滅日軍精銳部隊一萬餘人」。後來，大概覺得牛皮吹得太大，悄悄縮減為三千餘人，繼而再縮減為一千餘人。參照日軍軍部的作戰資料，日軍此次損失的僅僅是「輜重部隊兩百餘人」。

就在與「平型關大捷」相差不足一個月的忻口保衛戰中，國民黨軍隊投入十三萬人，以死傷十萬人以及軍長郝夢齡、師長劉家祺等戰死的沉重代價，擊退了日軍的進攻。然而，在今天中國的中學和大學的歷史教科書中，對微不足道的「平型關大捷」設置專節論述，對戰果輝煌的忻口戰役卻一筆帶過甚至隻字不提。一切史料的取捨，都以是否有利於中共的宣傳效果為標準，對歷史的評論也都以中共的是非為準則。

「百團大戰」是中共發起的唯一一起大規模對日戰鬥。但毛並不支持百團大戰，歷史學者謝幼田（國民黨元老謝持之孫），在《中共壯大之謎》一書中論述：「百團大戰是由中共八路軍指揮員，而非中共中央，自己制定戰鬥計畫，完全由八路軍自己進行的一場對日本侵略軍的戰鬥。」這一場對日戰鬥，在中共黨內一直受到批判，對其是非功過長期沒有做出正式結論。

一九五九年七月三十一日，毛澤東在廬山會議上，批判在大躍進政策上持有異議的國防部長彭德懷，翻出當時任八路軍副司令員的彭德懷指揮「百團大戰」的往事，將其作為彭「反毛」的罪狀之一。

廬山會議後期，原解放軍總參謀長黃克誠也被打成「彭德懷反黨集團」成員，他回憶毛澤東如此痛批彭德懷：「打百團大戰，為何也不先報告請示一下？人們說你是偽君子，你歷來就有野心。」

「百團大戰」參與者之一的聶榮臻元帥在其回憶錄中寫到：「毛澤東同志批評說，（百團大戰）暴露了我們的力量，引起了日本侵略軍對我們力量的重新估計，使敵人集中力量來搞我們。」

文革期間，清華大學紅衛兵組織「井岡山兵團」出版的《打倒大陰謀家、大野心家、大軍閥彭德懷》一書指出：

彭德懷公然提出要「保衛大後方」、「保衛重慶」、「保衛西安」，實際上是要保衛坐鎮於重慶的蔣介石。彭德懷急於保蔣，拒不執行毛主席提出的，在戰略相持階段，我軍「基本的是游擊戰，但不放棄有利條件下的運動戰」的方針，背著毛主席，和朱德、楊尚昆、彭真、鄧小平等商量，大搞冒險主義、拼命主義，先後調動了一百五十個團，共四十萬兵力，全線出擊，打攻堅戰、消耗戰。彭賊保蔣賣力，得到了蔣介石的歡心。

當時，清華紅衛兵乃是「奉旨造反」，他們說的話不是空穴來風，而是得到毛澤東及中央文革小組的授意。

早在批判彭德懷的廬山會議上，毛澤東就說過：「**一些同志認為日本占地越少越好，後來才統一認識：讓日本多占地，才愛國。否則變成愛蔣介石的國了。國內有國，蔣、日、我，三國志。**」毛還說：「當時是共產黨、國民黨和日本人三國鼎立，我們就是要讓國民黨和日本人鬥個你死我活，我們從中發展壯大。」這種一般來說是「只能做、不能說」的厚黑學[109]、權謀術，毛居然在大會上公開宣揚。

明明是自己保存實力、火中取栗，慣於黑白顛倒的毛澤東卻在中共七大報告中，汙蔑蔣介石在抗戰期間躲在峨眉山上、等到抗戰勝利後才從山上下來「摘桃子」。其實，蔣介石自從一九三六年到峨眉山並發表演說之後，抗戰期間從來沒有到過峨眉山。如此信口雌黃，正是毛澤東這個「痞子運動」發起者的「英雄本色」。

彭德懷一直到含冤而死，都沒有承認百團大戰是一個錯誤。在被囚禁和折磨的最後日子裡，彭德懷依然利用「交待問題」的機會，三次寫出百團大戰的真相。他站在民族主義的立場上，堅信百團大戰的正確和抗日無罪。然而，彭的觀點在中共黨內如同空谷回音，彭的下場也讓中共各級官僚噤若寒蟬。

紅衛兵頭目辱罵彭德懷「百團大戰暴露我軍力量，把日寇引到根據地來」。紅衛兵們一陣拳打腳踢，一連七次，把年近七十的彭德懷，拽起來，打倒，再拽起，再打倒。一個紅衛

109 李宗吾以嘲諷手法提出的戲謔性學說。從某個角度而言，反映了人性黑暗自私的一面，也反映了人們的處世之道。

兵飛起一腳，向躺在地上的彭德懷的右胸踢去，彭德懷當場昏迷過去，肋骨被打斷兩根、前額被打破、肺部被打成內傷，呼吸困難，痰吐不出來，吃不下飯。最後，彭德懷慘死獄中。

彭德懷的悲慘遭遇說明：在中共黨內存在著一個「潛規則」——**誰抗日誰就是壞人，誰不抗日誰就是好人；中共的利益高於民族的利益，毛澤東的利益又高於其他所有人的利益。**

## 見敵就避，遇友則攻

《中共壯大之謎》一書以專章「潘漢年的悲劇」，揭露了中共與日本軍部勾結的事實。抗戰期間，中共曾安排特務頭領潘漢年等人，到上海和南京與汪精衛政權及日本人接觸，商量停戰事宜。潘漢年的聯絡人之一袁殊，時任汪精衛政權中央委員、中宣部副部長、憲政實施委員會委員等要職，一九四九年之後，搖身一變成為共產黨政權的情報總署副署長、中央軍委聯絡部副處長。潘漢年透過袁殊與日本駐華最高特務機構「**梅花堂**」聯繫，並領取活動經費，第一次就獲得一萬元。「梅花堂」的首任「機關長」、汪精衛政權最高軍事顧問**影佐禎昭**，非常重視潘漢年的作用，專門在上海「六三花園」（張學良喜歡的餐廳）請潘吃飯。此後，雙方多次交換情報。

由人民出版社公開出版的《潘漢年的情報生涯》一書，原意是為潘「平反昭雪」，卻不小心透露了共產黨勾結日本侵略軍的許多細節。當時，潘漢年會見日本華中派遣軍謀略課長都甲大佐，雙方相談甚歡：

都甲說，清鄉的目的是為了強化治安。日本方面目前最關心的是津浦線南段的運輸安全。只要新四軍不破壞這一段的鐵路交通，日方則希望和新四軍有一個緩衛地帶。潘漢年說，新四軍的發展很快，目前正在穩步鞏固和擴大農村根據地，也無意立即占領鐵路交通線和其他交通據點。日軍要給新四軍一定生存條件，否則游擊隊就會隨時破壞鐵路交通。

這些細節說明，當時國民政府最高軍事委員會對新四軍的譴責是真實的：「**見敵則避，遇友則攻，得寸進尺，更無止境；既存兼併之心，遂忘寇患之亟。**」共產黨在江南唯一的武裝力量新四軍是因為一味抗命、危害友軍，才被國軍圍殲。**新四軍的覆滅，乃是咎由自取，而非「國民黨頑固派掀起的又一次反共高潮」，也不是周恩來所宣稱的「皖南事變」是「千古奇冤」**。

日本學者遠藤譽在抗戰期間出生於滿洲國，她有感於中日兩國史學界都迴避抗戰期間中共與日本隱祕往來的歷史，遂遍搜日本外務省外交史料和內部檔案，進而從當時日本外務省駐華高級外交官岩井英一的後人手中，得到一直祕而不宣的岩井回憶錄《回想的上海》——這本回憶錄揭露，潘漢年不僅為了削弱蔣介石重慶國民政府的軍力，把透過國共合作得到的國軍情報賣給日方，而且還向岩井提出中共與日方「停戰」的具體方案。岩井介紹潘漢年給

「梅」機關的影佐少將，影佐進而安排潘漢年直接與汪精衛會面。岩井在書中感嘆：

在上海和張學良密會，到敵方占領的南京和陳果夫見面，並且來到正處於戰爭狀態的日本掌控區域中，通過「興亞建國運動」的袁殊和陳孚木接近我，又以華北停戰談判的名義和當地日軍的重鎮影佐見面，甚至和新政府最高領導人汪精衛見面……從潘漢年沉靜的外表上，無論如何也無法想像他是哪裡來的勇氣，如此三頭六臂的活躍，實在是令人佩服。

後來，潘漢年在香港從事情報活動，再次透過袁殊向岩井提出要求：每半個月向岩井公館提供一次情報，日方每個月付給中共兩千港幣作為情報費用。另外，在香港辦刊物還需要一萬港幣。兩千港幣在當時不是一個小數目，相當於香港華人警官五年的工資。岩井對潘漢年可謂有求必應，要多少給多少。

岩井不是一名普通外交官，他受命在中國組織一個親日的新黨「興亞建國運動」，影佐親口告知，這個新黨的成員，是「**共產黨員也沒關係**」，可見，日本和共產黨雙方已經達成某種默契。岩井公館的很多成員，都是共產黨特工，包括一度鳩佔鵲巢的中共統戰頭目**廖承志**（國民黨元老廖仲愷之子）。遠藤譽列出一張驚人的名單：

- 翁永清：中共間諜，「興亞建國運動」機關報紙《新中國報》總經理，掌握跟財務相關權限。

・劉慕清：中共間諜。《新中國報》總編輯，筆名魯風。在一九五〇年代初的「三反五反」運動中被捕並死於獄中。

・惲逸群：中共間諜。「興亞建國運動」新聞編輯。在中共建政後的「三反五反」、文革等運動中飽受摧殘，文革剛結束即死去。

・劉人壽：中共間諜。在岩井公館設置無線電，與延安直接聯繫。

・陳孚木：中共間諜。曾任蔣介石政府交通部次長。後加入新四軍，曾代表中共與日軍高級將領川本太郎密談。

這些人都是在潘漢年和廖承志的指揮下行動。

中共奪取政權之後，並沒有重獎潘漢年等功勳卓著的地下工作者。相反，在毛澤東親自批准下，突然將時任上海市副市長的潘漢年逮捕下獄。後來，在一系列政治清洗中，又將潘漢年的上級——中共華東局書記饒漱石，以及下級——女作家和特工關露等人，一一清洗。即使專案組查不出潘有任何「叛黨」罪行，毛澤東依然在一九六三年的「七千人大會」上汙蔑潘犯有「投降國民黨」的「**可殺之罪**」。可見，毛澤東對自己的賣國行徑感到心虛，試圖拋出潘轉移視線。潘被判處十五年徒刑，一九七二年又改判為無期徒刑，在湖南勞改農場被折磨致死。

# 閻錫山如何被中共玩弄於股掌之上？

**中共的意識型態，既不是共產主義，也不是民族主義，而是實用主義。**中共在抗戰中屢屢與日本合作，這是毛澤東擅長的「挖牆腳、摻沙子」的手段（毛後來整肅劉少奇和鄧小平集團、林彪集團，都使用此種方法），削弱重慶政府包括各地的國民黨實力派人物。

謝幼田在《中共壯大之謎》一書中用豐富的史料，描述了共產黨如何欺騙閻錫山、奪取對山西的控制權。當閻的力量強盛時，中共主動與之聯絡，表示願意共同抗日，幫助閻建立抗日組織「**犧盟**」[110]和**新軍**。而對閻錫山來說，山西大中城市多半被日寇占領，其主力（舊軍）在對日作戰中消耗大半，遂對中共幫助建立新軍寄予厚望。

誰知，山西廣大農村和小城市很快就被中共占領。除晉東北完全由八路軍控制外，晉西北、晉西南、晉東南三個地區，閻只能夠利用新軍勉強維持名義上的統治。新軍和「犧盟」，雖然被稱為閻錫山系統的新派，但實際上，新派領導權在共產黨手中，而新派領袖是共產黨人**薄一波**

▲ 閻錫山曾任北洋軍閥「晉系」領袖。

（薄熙來的父親）。

劉少奇總結共產黨抗戰初期在山西的成功經驗時，高度評價山西新派，他指出：「我們在山西的抗日根據地，最初是在和新派密切合作的形勢下建立起來的。」

此時，閻錫山才恍然大悟，被他一手扶植起來的山西抗日組織和軍隊，早已被中共操縱，局面已無法挽回。

看到閻錫山掌控山西的實力被嚴重削弱，中共立即策反「犧盟」和新軍，並直接出兵驅逐閻的地方政權，組建自己的權力機構。更卑劣的是，毛澤東命令中共的勢力範圍與日軍占領區保持心照不宣的「和平狀態」，使日軍將重點兵力用在打擊閻錫山和國民黨中央軍上，對中共僅是防範而已。

在河北、山東等地，中共也使用同一套把戲。在華北，被中共軍隊消滅的、傾向於國民黨的游擊部隊，比對日作戰中的損失還要多。

中共元老、山西人薄一波晚年在回憶錄《七十年奮鬥與思考》中寫道：

隨著形勢的發展，犧盟會逐步掌握了縣政權。在閻錫山的舊軍隊、舊政權潰敗時，許多縣的犧盟會同志根據黨的指示，留在當地，堅持抗日鬥爭，有些人就接過了縣長的職務。山

---

110　犧牲救國同盟會。國共合作抗日的背景下，中國共產黨和山西省統治者閻錫山合作發起的山西省抗日救亡組織。

西全省有七個行政區，其中五個行政區是由共產黨員和進步人士擔任領導的。這些行政區的縣長也都是由我們推薦，經閻錫山直接任命的，因而這些縣的政權完全由我們掌握。在其他行政區也有一些縣政權掌握在共產黨員手中。全省一百零五個縣，有七十個縣長是共產黨員。

可見，共產黨已經控制了山西三分之二的區域。短短數年間，閻錫山經營三十年的山西，就被中共奪走。朱德對薄一波說：「你們（新軍與犧盟）在政治上、軍事上都是在共產黨的領導之下，**只不過戴著閻錫山這頂帽子而已。**」

對於共產黨的作為，閻錫山如何應對？薄一波寫道：「臨汾失守後，閻錫山退到吉縣。他想到自己經營了大半輩子的山西，大部分地區已淪入敵手，舊軍潰不成軍；新軍是壯大了，但『它不是我們的』。**他意識到自己設計的、借共產黨之力『復興』山西的辦法不靈了。**」

善意的國共合作，換來的是失去一切，任何人面對這樣的局面，都會做出反應。閻錫山一開始並不打算以武力解決，到了一九三九年的三、四月，在陝西宜川秋林鎮召開山西軍政民高級幹部會議，仍邀請薄一波參加。閻錫山要求中共黨員退出國民政府領導的軍隊，這是抗戰一開始中共就向國民政府保證過的。但閻的要求遭到中共的抵制和拒絕。在秋林會議以後，朱德和北方局[111]指示山西的共產黨人：

一、提高警惕，時刻準備反擊頑固派的進攻；二、掌握部隊，不可靠的舊軍官堅決撤掉，代之以共產黨員；三、確掌抗日政權，各縣「犧盟會」武裝都要靠近抗日縣政府，抗日縣政府都要掌握一支武裝。

中共的對外宣傳和內部文件完全是「**兩張皮**」。在一九三九年十二月六日給晉察冀邊區的指示中，毛命令共產黨軍隊給山西舊派有力的還擊，「**但不要反對閻**」，就像在華北、華中範圍內廣泛襲擊國軍，但一直高喊「擁護蔣委員長」一樣。然而，一九四〇年一月十一日，毛澤東在給彭德懷的祕密電報中，則毫不掩飾的稱**閻錫山為「大資產階級中最反動」者，「十分惡毒」**。

等到時機一成熟，新軍中由中共掌控的武裝力量，公開投向八路軍，此即「新軍叛變」事件。《閻錫山年譜》中記載：「先生屬下之決死第二縱隊政治部主任韓鈞發動叛變，一般稱為新軍叛變，或晉西事變。決死隊共四個縱隊，第一縱隊政治委員為薄一波，第三縱隊政治委員為戎伍勝，駐晉東南上黨地區。第二縱隊政治委員為張文昂，由政治主任韓鈞掌握政委之權，駐晉西汾陽一帶。第四縱隊政治委員為雷任民，駐晉西北興縣斜嵐一帶。因此次事變發動在晉西，故亦稱晉西事變。又因為這四個縱隊，是抗戰中新成立的軍隊稱為新軍。「以韓鈞率先叛變，薄一波、戎伍勝、雷任民等陸續叛變，故亦稱新軍叛變。此次事變

111 前身為中共中央北方局，一九二七年九月奉八七會議的指示，改組為北方局。

正在抗戰初期，對當時第二戰區有相當影響。」、「韓鈞叛變後，因在晉西被我正規軍包圍，一開始即向晉西北逃竄，在逃竄途中，官兵逃亡及被我正規軍追剿逃回及流散者人數頗多，第三縱隊大部分由趙世鈴等整團帶回，唯在晉東南薄一波部，因日軍鐵路隔絕，逃回者較少。」就軍事上而言，這次共產黨策劃的「新軍叛變」未能全部成功，但閻錫山的統治基礎遭到大大削弱，山西乃至整個華北地區，中共的力量得以加強。

何應欽在《日軍侵華八年抗戰史》中，以負責指揮全域的角度對此次叛變簡要有記述：

二十八年冬，我軍發動冬季攻勢之際，在北戰場方面，原期一舉殲消晉南三角地帶內之敵軍，然十八集團軍竟於此時勾引晉省新軍薄一波、韓鈞、戎勝伍等叛變，這十餘團之眾，賀龍部且公開援助叛軍加以收編，致北戰場上之主要攻勢計畫，完全被其破壞。

由此可見，抗戰期間，中共成事不足、敗事有餘。但正因為中共苦心經營，使得抗戰結束後，閻錫山再也無法恢復對山西的控制，中共很快由華北滲透東北。

**日本侵華，原本標榜的「反赤」，沒料到卻成為中國全國赤化的最大助力，這是日本軍部悔之莫及的結局。**

# 第 2 部

# 國共鬥爭，
# 是蘇聯導演的傀儡戲

# 第十三章 搞革命，國民黨果真不如共產黨（一九二〇～一九三〇）

向忠發為全黨的總書記，其地位之高，是無以復加的了，而他竟至強姦下級女同志，侵占下級同志的老婆（廖任先的老婆周招英，為上海怡和紗廠女工，出事地點在上海愛文路戈登路口朱老闆家裡）；同時更拿黨的經費去討姨太太（與向忠發同時被捕，是浙江寧波女子，是人家姨太太出身），供給他個人不正當的揮霍，這都是你們中央的領袖們：如周恩來、李立三、項英等所深知知道的。

——顧順章（中共中央政治局委員、特科負責人）

國共競爭是全方位的競爭——除了戰場上的軍事搏擊之外，還有在工人運動和農民運動領域的競爭。搞工農運動，國民黨遠不如共產黨。

## 化石般的倖存者，中共最長壽領導人之一羅章龍

羅章龍是最長壽的中共早期領導人之一，一直活到一九九五年，享年一百歲，幾乎可以稱之為「化石般的倖存者」——中共創建者中，很少有人能安然度過國共血腥廝殺的歲月，以及中共內部更殘酷的、綿延不絕的內鬥。羅章龍偏偏因為在一九三〇年代初的中共黨內路線鬥爭中失敗、被開除出黨，成為政治上毫無威脅的「提前出局者」，而意外避開各種陷阱和殺機，真是塞翁失馬、焉知非福。羅章龍更因為早年在長沙讀書期間與毛澤東有過一段密切的交往，所謂「管鮑之交，後無來者」，中共建政後，儘管身負「歷史汙點」，仍被毛下令網開一面。

一九一五年五月中旬，羅章龍赴長沙司馬里第一中學訪友時，於該校會客室門外牆端，偶見署名「二十八劃生」的〈徵友啟事〉一則，仔細讀完，頗為感動。返校後，遂著書回應，署名「縱宇一郎」。過了三日，以「二十八劃生」為名的毛澤東（毛全名繁體字的筆劃）收到羅章龍的信時，主動約羅於週日到

▲ 羅章龍於 1933 年 4 月，在上海被捕，出獄後在各地任教。

定王臺湖南省立圖書館見面晤談，大意是：我要結交的是能刻苦耐勞、意志堅定，有志於愛國工作的青年。多年後，毛接受美國記者愛德加・史諾訪問，回憶當時的情景：「二十八劃生徵友啟事發出後，我從這個廣告得到的回答一共有三個半人。一個回答來自羅章龍，他後來參加了共產黨。兩個回答來自後來變成極端反動的青年。『半』個回答來自一個沒有明白表示意見的青年，名叫李立三。」

此後，每遇週末，毛澤東和羅章龍便相約晤談。他們交談的範圍甚廣，從國內外政治到經濟、從宇宙到人生等，無不涉及。隨著交友範圍逐漸擴大，他們又共同發起組織新民學會。一九一八年八月，羅章龍考入北京大學，在五四運動「火燒趙家樓」的行動中身先士卒。作為北大正式學生，他的「位階」顯然比在北大圖書館打工的毛澤東高。一九二〇年，羅章龍參與組織北京大學馬克思學說研究會。次年，中共創立，羅是中共最早的黨員之一。隨即，羅出任中共北京大學支部書記、中共北京區委委員（一九二五年改為北方區委，李大釗仍為書記）。

在中共二大上，羅章龍當選中央委員並任大會主席團執行主席之一。在中共三大上，羅出任中央祕書，地位僅次於總書記陳獨秀。

羅章龍是一九二〇年代工人運動中最活躍的領袖之一，他領導了隴海鐵路工人大罷工、「二七」大罷工、秋收起義等，還擔任過中共中央工委書記、全國總工會委員長等要職。中共早期嚴格遵照馬克思主義理論，工作重點是在沿海中心城市開展工人運動；工人運動失敗之後，才被迫轉向內陸農村，以「農村包圍城市」，農民運動取代了工人運動。在此過程中，中共也由「工人黨」蛻變為「農民黨」，早期從事工運的風雲人物隨之淡出核心領導層，**「農民王」毛澤東脫穎而出**。

一九三〇年代初，羅章龍帶頭反對從李立三到王明的中共領導層的極左路線。一九三一年一月一日，羅主持制定《全總黨團決議案》，要求「立即停止中央政治局的職權，由國際代表領導組織臨時中央機關，速即召集緊急會議」。他認為瞿秋白、周恩來、李立三「均是不堪教育的」，而向忠發、項英、關向應、鄧中夏、賀昌、羅登賢等「亦須離開領導機關，施以嚴重的處罰」。在中共六屆四中全會上，羅章龍成了反對米夫、王明的本土派領袖，得到不少人的支持，特別是工會系統幹部的支持。但是，羅章龍仍然鬥不過王明——因為王明得到米夫的支持，而米夫作為共產國際派駐中國的代表，具有不容置疑的權威性——中共所有的資源都來自於蘇共，而共產國際是蘇俄操縱的國際組織。

在中共六屆四中全會上，以王明勝利而告終。羅章龍等不願服輸，強烈要求召開緊急會議，以否定六屆四中全會，進而組織「中共中央非常委員會」與之抗衡。

一九三一年一月二十一日，中共中央發出第二〇四號通知〈關於與黨內右派小組織鬥爭問題〉，稱羅章龍、何孟雄、王克全為「黨內右傾機會主義分子」。一月二十五日，中共中央又發出〈為肅清李立三主義、反對右派羅章龍告全體黨員和青年團員書〉，認為「羅章龍、王克全兩同志已經走上了反共產國際反黨的道路，不肯服從共產國際與中央的決定」。緊接著，一月二十七日，中共中央政治局通過《關於開除羅章龍中央委員及黨籍的決議案》，譴責羅章龍「在一月十七日公開號召與領導全總黨團反對四中全會，反對（共產）國際代表，實際上就是反（共產）國際」。

羅章龍「在假的反立三路線旗幟之下，利用全總（全國總工會）黨團機關作為第二黨組織與活動的大本營」。羅章龍等被冠以進行「反革命的活動」的罪名，「一刻也不能停在黨內與無產階級隊伍中了」。就這樣，羅章龍被開除出了中共。

雖然當時毛澤東也受到王明派系排斥，但毛並不贊同羅的「分裂」做法。多年後，毛論及這段歷史時說：「羅章龍是湖南人，我跟此人相當熟悉。他在上海另立中央，不曉得為什麼，不管那時中央怎麼不行，有話可以講嘛！你也在中央嘛！**你搞兩個中央，不是多了一個嘛？**」此時，毛已一統天下，當然不能贊同「分裂」的做法。

在「文革」中，羅章龍不可避免的遭到批判。不過，毛澤東下令給予保護，他未受太多皮肉之苦。但是，羅的四大本回憶錄手稿被抄走散失，下落不明，多年辛勞毀於一旦。所幸他的記憶力驚人，「文革」後重新開始寫作，終於寫出《椿園載記》。但是，由於涉及中共早期黨內諸多祕辛，直到二十一世紀初，其回憶錄才被其後人輾轉送到美國出版。

## 革命就是讓「下流人」一步登天

羅章龍回憶錄的重要價值在於，它揭示了中共初期黨史中，許多被刻意遮蔽和扭曲的真相，尤其是工人運動之本質。

如果說中共發動的**農民運動本質是「痞子運動」**，毛澤東在《湖南農民運動調查報告》中，「痞子運動就是好」的宣告早已眾所皆知；那麼，中共所策動的**工人運動則是「流氓運動」**的事實，則長期不為人所知。中共未能利用工人運動成功奪權，不是因為當時中國產業工人的力量微薄，而是因為中共無意以工運改善工人的基本生活條件和權利，僅僅將工人當作可利用的棋子，以致失去工人的信任和支持，也失去在城市的立足點。

無論在城市還是鄉村，無論在工人中還是在農民中，中共都選擇品質最惡劣、破壞性最強的「**流氓無產者**」，作為打江山的支柱力量。以此建立起來的政權，必然是充滿痞子氣質、沒有道德底線的「**流氓政權**」。

從中共早期領導人的背景可看出，**真正產業工人出身者寥寥無幾**。他們大都屬於兩類人，一類是出身農村富裕家庭、試圖進入城市卻始終鬱鬱不得志的邊緣知識分子，毛澤東、劉少奇是其代表；另一類是出身農村貧困家庭、如同「拿著菜刀造反」的陳勝、吳廣的人物，中共十大元帥中的朱德、彭德懷、賀龍等人均是如此。因此，中共對城市是陌生的、敵視的，注定無法融入工人之中，並造成以工人運動席捲全國的勢頭。

即便最深入參與工人運動的羅章龍，也從未當過一天工人。在此情形下，中共一度想從工人運動的積極分子中選拔領導人，這樣才能符合馬列主義原教旨主義對「共產黨」的定義。然而，這些所謂的「工人領袖」卻給中共帶來難以挽救的損害。羅章龍對向忠發、李立三、顧順章等「工人領袖」的揭露和批評，讓人怵目驚心。

向忠發是中共黨史上的第三任總書記，也是第一位和唯一一位「工人出身」的總書記。實際上，向忠發並不是「代表先進生產力」的產業工人，而是碼頭搬運工中的流氓頭領。他出任中共總書記，是在莫斯科克里姆林宮召開的中共六大上的決定。當時羅章龍坐在主席臺上，恰好被安排在史達林的右邊。史達林演講之後，共產國際駐中國代表米夫立即宣布推選向忠發為總書記，全場愕然。米夫說這是史達林的意思，大家只好勉強同意。可見，中共高層連總書記的人選都不能決定，史達林蠻橫到事先不必徵求中共高層意見，就獨自做出最終決定的地步。**中共是蘇共的傀儡黨，是蘇聯顛覆中國合法政府、將中國變成其東方殖民地的工具。**

向忠發一步登天、黃袍加身之後，真是小人得志便猖狂，四處宣揚：「**我當這總書記也不簡單，是前世修積得來的，你們給我跑龍套，總算瞧得起我，我決不會虧待你們。**」他在上海工人中發表演說宣稱：「天上有玉皇，地下有閻王，山上有山神，海裡有龍王，萬事萬物沒個管行嗎？**中國天下分為兩面，地面上的劃為蔣老總管，這地面下就歸我管，我老子是硬梆梆、響噹噹的正確。**」向忠發的另一句名言是：「**打到武漢吃粽子，打到南京吃月餅！**」

這與紅軍進攻陝北時的口號「**打下陝北榆林城，一人一個女學生**」異曲同工，中共就是一個劫匪集團。

向忠發將日常事務交給左丞右相處理，自己夢想第一發財，其次享樂。他將莫斯科撥給的大筆活動經費據為己有，與李立三、顧順章等人聯合開了一間車行，任命岳母、姨娘等管理財務。車行生意興隆，賺來的錢做什麼投資呢？有人建議：「倒不如去開堂子（妓院）。」李立三是到國外見過世面的，立即贊同：「這有什麼不可，你不知道巴黎的鏡宮高級妓院，還有不少社會體面人物參加組織呢。」

羅章龍與向忠發有許多直接的工作接觸。有一次，中央開會時，向居然攜小妾前來，受到羅的抵制，由此兩人結下梁子。向為人酗酒好色，又酷好嫖賭。因調戲女祕書黃木蘭受挫，便無精打采，不願辦公，甚至外出鬧事，雞犬不寧。上海黨組織害怕向出事，召開會議商討對策。向的一名屬下居然提出：「我看當代政治偉人停妻再娶本屬正常，老向年事已高，太太尚無生育，他屢思側室，道理上更說得過去，為大局著想，組織上不如為他娶一個小老婆。」別人立即附議：「此計大妙，比生活祕書更名正言順了。」納妾那天，向忠發在靜安寺住宅中大辦宴席，賓朋滿座，擺設牌桌，通宵達旦。其妾名周秀娟，原來是妓女，患有性病，不數月後，向忠發也被染上性病，經過多次治療，才得以根治。

羅章龍在回憶錄中也記載了李立三的斑斑劣跡。李立三是中共老資格的工運領袖，一度執掌黨內最高權力，因為執行激進的「立三路線」很快被趕下臺，之後滯留蘇聯十多年。中共建政之後，他攜俄國太太回國，出任勞動部長、政治局委員等要職。但毛從來不喜歡李，很快對其發起批判，讓其靠邊站。文革爆發之後，李立三因受劉少奇牽連而遭到殘酷迫害，服毒自殺。文革之後，李獲得平反，在中共黨史中仍是「犯過錯誤的好同志」。

在羅章龍筆下，李立三「**是一個不學無術、裝腔作勢的滑頭流氓，這種流氓上海灘頭多如蚯蚓**」。李靠追隨向忠發起家，對下流生活津津樂道，更不知革命為何物，平時最喜歡閱讀《肉蒲團》、《品花寶鑑》和春宮畫，是一個突出的「**色情狂」分子**。在「獵美」行動中，李立三、李騙拐孀婦的兒媳婦，即楊開慧之兄楊開智的妻子，後來又將這名女子轉讓給別人。李立三、向忠發等人還組織了一所祕密俱樂部，甚至發起「**搶老婆運動**」，還沒有奪取政權，便利用已有資源強占民女、無惡不作。最具諷刺意義的是，李立三在外面招蜂惹蝶，自己的妻子卻遭毛澤東強暴。中共高層的爛事，說不完。

羅章龍寫道，中共六大之後，李立三實際主持中央工作，懷著做主席的心情，在愚園路寓所大擺宴席，慶功祝捷。當酒酣耳熱的時候，李得意忘形，即席發表狂言：

> 革命不是別的，就是奪權與奪產。所謂「權」就是指軍權、政權與黨權，也就是生殺予奪的大權；所謂「產」，就是你的就是我的。

這一席話，道出中共革命在崇高理念下的卑劣本質。一旦私有產權被破壞，文明社會就走向瓦解。

據中國國民黨中央組織委員會調查科特務組，其一份名為「中國共產黨最近之內幕及其崩潰趨勢」的文件（原件現存法務部調查局局史館）記載，國民黨特務在報告中稱：

李立三是一個圖富貴榮華的黨官主義者，他口裡的語調說得異常好聽，甚麼無產階級化、革命犧牲、奮鬥，而暗地卻是吃大餐、著華服、宿娼、賭博等甚麼都來。在寧漢合作的時候，他在漢口立不住足，跑到九江來，在九江命他的走卒布了一個輝煌燦爛的機關，整整花去四千多塊大洋，而他住不上三四天又逃之夭夭。又在一九二八年鬧江蘇省委的時候，偽省委大罵偽中央某同志一夜在津船上用了幾百塊錢，這就是指李立三說。由此可知。所謂無產階級革命的領袖，是怎麼一個怪東西了？

敵人和同僚對於李立三的描述，合在一起就是真實的李立三，中共的黨史中不會有這樣細節。

## 向國民黨告密，利用自己人殺自己人

如果僅僅是向、李集團的腐化墮落，還不足以讓羅章龍對革命事業完全幻滅和絕望。王明、博古集團在黨內鬥爭中採取「自己人殺自己人」，甚至借刀殺人的血腥手段，讓頗具知識分子氣質的羅章龍忍無可忍，遂與中共掌權者決裂。

王明等蘇聯培養出的「布爾什維克」空降到上海，並在共產國際代表米夫的支持下奪權成功之後，他所領導的臨時中央，對不同意見者實行無情打擊，一律視為敵人，採取特務手段消滅之。殘酷鬥爭的方式又分為隱藏與公開兩種。前者是不出頭露面，由特務人員暗中策劃，從事政治陷害、栽贓汙衊等，其中最有效的方式主要是借刀殺人，如向國民黨當局告密，借此消除異己。羅章龍寫道：「**所稱特務手段，包括查抄、祕密逮捕、暗殺、向敵告密、獄中派人指證等方式，使得全黨人人自危。**」

一九三一年一月十七日夜，一批共產黨異議分子以「中共中央非常委員會」為名，在上海東方旅社召開緊急會議，由何孟雄主持會議，探討如何反對王明為首的中央。參加會議的還有中共江蘇省委和工會的代表。柔石等五位「左聯」[112]青年作家[113]受邀參加會議。這幾位作家分別是「中共中央非常委員會」所屬的「中國革命文藝聯盟」成員、馮鏗是「非常委員會」候補委員。這說明五位作家是以「非常委員會」組織成員的身分參加會議。羅章龍本來要到會發表言論，但臨時有別的工作，未能出席。

112 中國左翼作家聯盟，簡稱左聯。是在中國共產黨領導下的左翼作家的不公開地下組織。
113 胡也頻、柔石、馮鏗、殷夫、李偉森（筆名李求實，未正式加入左聯）。

會議正在進行時，租界工部局派出警察包圍會場，將與會者全部逮捕。當晚和第二天又在別的地方抓捕了李求實、惲雨棠（中共南京市委書記）、湯士倫（紅十四軍駐上海辦事處負責人）等人。兩天之內，先後有三十二名共產黨人被捕。蔣介石連夜派陳立夫到上海處置此事。

十天之後的二月七日，何孟雄、林育南（中華全國總工會執行委員會常委兼祕書長、全國蘇維埃中央準備委員會祕書長，林彪的堂兄）、殷夫、柔石、李偉森、胡也頻、馮鏗等二十四人，在上海龍華警備司令部被祕密處決（後人稱「龍華二十四烈士」）。

五位青年作家是魯迅器重的後輩，魯迅為此寫下〈為了忘卻的紀念〉一文。但魯迅不知道的更黑暗的祕密是，該事件是中共殘酷內鬥的結果。

有資料表明，當天國民黨上海市黨部、租界工部局分別接到匿名電話，隨後進行大搜捕。警察包圍旅社後直奔目標房間，情報掌握得極為精準，沒人告密很難講得通。潛伏在工部局的中共特科內線曾截獲這一情報，並立即通報了上級，但不知何故參會人員並未收到任何警示。羅章龍認為：「對此一般有兩種說法：一種說法是顧順章打電話向工部局告密；另一種說法是一個從莫斯科東方大學回國的學生與龍華慘案有關。此人叫唐虞，他與王明很要好。」

實際上，該告密行動是向忠發、顧順章、王明、博古等人一手策劃的，他們將會議的時間、地點、與會人員的名字、身分、職務、住址、面貌特徵等彙集成一張名單，提供給上海龍華警備司令部。具體執行者是在蘇聯受過克格勃情報工作訓練的、後來主管中共特務工作的康生。美國學者約翰．拜倫（John Byron）所著之《康生傳》，引述一九三一年轉投國民黨的中共黨員王雲程和吳濱洣的證詞，稱康生為了巴結王明而告密。在這些人被捕前，國民黨早就掌握了他們的詳細檔案，甚至一些本人都難以想起的細節，而中組部祕書長的康生正是唯一掌握這些資料的人：

> 共產黨在派別鬥爭中，採取暗殺告密手段，如何孟雄二十餘人，都死在趙容（康生的化名）等所領導的赤色恐怖之中。

還有一種說法出自二十四烈士之一的、時任中共南京市委書記惲雨棠的後人惲仁祥，在其〈對陳雲的質疑（一九三一年上海東方旅社案的一些疑點）〉一文中，提出對當時在上海從事情報工作的中共元老陳雲（鄧小平時代中共黨內第二號人物）的懷疑。理由包括，惲雨棠是陳雲的入黨介紹人，陳雲對惲雨棠的態度卻有些蹊蹺。一九八〇年代，惲雨棠的家鄉在編寫地方誌時，曾專門派人到北京請陳雲介紹惲雨棠的事蹟，被拒之門外。「**某省一位老同志通過熟悉我的同志告訴我，解放後，他曾建議陳雲查一下是誰出賣了二十四烈士，陳雲表示拒絕**。另外，有人告訴我，鄧小平篡權後搞黨員登記，約有兩年時間不讓陳雲登記，不知為何？」此外，惲雨棠從南京返回上海一進家門就被逮捕，掌握其住址的只有何孟雄和陳雲，而何孟雄本人在此案中被捕並被殺。國民黨原本要把惲雨棠等人押赴南京處置，後因中共特科的營救計畫曝光，而決定在上海祕密處置，陳雲當時為特科負責人。

羅章龍僥倖逃過一劫。但在兩年多之後的一九三三年四月十日，他在上海大連灣路天后宮總商會圖書館被捕。羅章龍被捕後，誰來營救他呢？當然不是共產黨同僚。其父早病故，弟章風（曾在中共中央軍委工作）已死，家財已被國民黨抄空，此時唯有他的同鄉、同學李梅羹（德國洋行職員）積極奔走，一再訪托北大老校長蔡元培、國民黨第二號人物汪精衛兩人出面保釋。蔡元培早年很賞識羅的才華，曾支持其成立馬克思主義研究會；而第一次國共合作時，汪精衛曾與羅章龍在國民黨上海執行部共事過一段時間。蔡、汪認為，羅章龍已被共產黨開除出黨，羅對國民政府不再具有威脅。由於蔡、汪作保等原因，羅章龍坐牢近一年後被釋放，又一次與死亡擦肩而過。

## 奇蹟般的躲過中共建政後的血雨腥風

出獄之後，羅章龍萬念俱灰。他發現，越發殘暴的革命不是自己早年的理想。**他既不願成為無辜的犧牲者，也不願成為冷酷無情的凶手，遂決定脫離革命，明哲保身，後半生以學術為志業**。他沒有去延安，他知道延安毛澤東的中央比昔日王明、博古的中央更加殘暴。潤之（毛澤東號潤之）早已不是昔日那個「恰同學少年，風華正茂」的潤之了。

一九三四年八月，羅章龍到河南大學任教，從事經濟學研究，開始其漫長的教學生涯。

抗戰爆發後，從一九三八年八月至一九四八年七月，羅章龍在西北聯合大學（後改為西北大學）任經濟系教授。一九四四年九月，商務印書館印行了羅章龍的《中國國民經濟史》上下冊，羅章龍以大量的經濟史料，對史學界長期爭論的中國古代歷史分期、中國有沒有奴隸社會，以及鴉片戰爭後近代中國社會性質等問題做了精闢闡述。此後，羅章龍轉到湖南大學任教，繼續從事經濟史的教學和研究。

事實證明，羅章龍的選擇是正確的。他及早離開權力鬥爭第一線，且謹言慎行、沉默是金，由此躲開一九四九年中共建政之後一次比一次殘酷的內鬥。毛澤東對左膀右臂亦不惜「壯士斷腕」，高崗、饒漱石、彭德懷、劉少奇、賀龍、張聞天、李維漢、林彪……一個個與之一起打天下的「親密戰友」都死於非命，一度被定位為「叛徒」的羅章龍卻奇蹟般的倖存下來——關鍵原因在於，毛澤東認為羅章龍早已不具備任何威脅，只是一個老老實實的書生。

文革後期的一九七五年五月，羅章龍寫了一份請求安置工作的信給毛澤東，信的內容是：

中共中央毛主席：

久違教誨，時切遐思……由於個人年邁體弱，客居生活，氣候起居有所未宜，一九六四年曾上書鈞座，請求安置工作及居住事宜。同年九月奉手諭交湖北省委辦理。但因中途人事更迭，此事荏苒經時迄未獲解決，每一念及，時覺縈懷。茲特重申前請：

一、請求重新安置，就本人力所能及的工作，俾竭餘生之力，為建設社會主義事業勉盡綿薄，於心乃安。

二、或仍返回湖南大學原校工作。

三、請求在您為適當的時間，來京晉見，躬候起居，兼抒懷愫。

以上所陳是否有當，靜候睿裁！

書不宣意，仁聞明教，庶有遵循，是所至禱！

此致

最崇高的敬禮！

羅璈階 親筆敬上

一九七五年五月十五日

羅的信寫得謙卑而恭順，簡直如張愛玲所說，低到塵埃中去了。羅璈階是羅章龍少年時代用過的名字，除了毛澤東等少數「髮小」（從小一起長大的好友）之外，鮮為人知。羅章龍用這個名字，大概是希望喚起毛的懷舊之情，從而給其工作和生活上以稍許關照，甚至接見他，敘敘舊。

但是，毛澤東沒有回信。或許，那時毛的身體已非常不好，黨內鬥爭日漸激化，毛日理萬機，無暇讀這樣無關緊要的信；或許，這封信並未送達毛的手上，消失在龐大的官僚體系的某個環節。因此，羅章龍希望重新安排工作的要求沒有得到滿足。

一九七八年春，毛過世兩年之後，羅章龍奉調進京，擔任中國革命博物館顧問、全國政協委員，總算得以安享晚年。

而在中共治下，數十年來，不再有任何形式的工人運動。二〇〇〇年北大有少數幾名左派和毛派青年學生，組織馬克思主義學會，支持深圳的工人維權，立即被安全部門人間蒸發、酷刑拷打、逼迫退學。北大早已不是蔡元培和羅章龍時代的北大，中國也早也不是一九二〇、一九三〇年代的中國。

# 第十四章 美其名為「長征」，實為綁匪集團（一九三四）

坦白講，我們扣留他們兩人的主要原因，是從軍事角度來考慮的。西征以來，轉戰五十多天，暑天行軍，傷、病兵日益增多，苦於無藥醫治。我們知道幾位傳教士有條件弄到藥品和經費，於是，提出釋放他們的條件是給紅軍提供一定數量的藥品或經費。

——蕭克（解放軍上將）

工農運動不是國共鬥爭的主戰場，軍事上的圍剿與反圍剿才是決定勝負的關鍵因素。在國共第一階段的鬥爭中，蔣介石經過前後五次圍剿，終於攻陷共產黨在江西瑞金的中央蘇區，迫使殘存的紅軍走上長征之路。長征路上發生了很多事情，共產黨自挑選可以讓民眾知道的部分寫入歷史教科書，而更多的真相卻被層層掩蓋起來。

網路作者徐祿飛、余香豔在中國網站《今日頭條》上發表了一篇題為〈師達能（John

Stam）夫婦〉[114]被綁架與方志敏〉的網文，點擊率很高，傳播也很廣泛。該文稱：一九三四年十二月，被國民黨軍隊追擊的紅軍方志敏部（注意，是「方志敏部」）綁架了美國傳教士師達能夫婦，要求他們付贖金兩萬元，被其拒絕後，紅軍處死了師達能夫婦。

這篇文章被方志敏的長孫、中國井岡山幹部學院兼職教授方華清看到，遂就「《今日頭條》檢索到大量詆毀英烈文章」向江西上饒市公安局報案。方華清對媒體說：「江西省宣傳部門及警方的態度都非常明朗、重視，我也很欣慰。希望以此為契機，相關部門能在全國進行一次清網行動，大力淨化網路。」他又說：「《英雄烈士保護法》已經出臺（開始實行）將近一年半了，《今日頭條》這麼大的平臺竟然如此沒有社會責任，給詆毀黨史的文章提供平臺。前幾天我一發聲，《今日頭條》第二天就把文章刪除，難道刪文就結束了？給革命英烈名譽業已造成過的損害誰來負責？我希望能讓《今日頭條》停業整頓。」

隨即，《今日頭條》遭到中宣部點名批評，勒令整改；而兩位作者被警方拘留，後經法院調解，兩人向代表英烈直系親屬的方華清鞠躬道歉。

此類因言獲罪、歷史問題用法律處理之事件，近年來已多次發生。學者洪振快撰文質疑「狼牙山五壯士」[115]神話，被判賠款並登報道歉；學者吳思在為毛澤東時代農民副總理陳永貴撰寫的傳記中，披露陳永貴曾與日偽[116]合作，也被陳永貴後人告上法庭，法院判決禁止吳思的著作繼續發行。質疑中共宣傳機構塑造英雄人物邱少雲、雷鋒的作者，也都受到司法機構的迫害。

在全國人民代表大會上，最高人民法院院長周強代表最高法做報告，其中特別提到：堅持在制定司法解釋、審判執行案件中全面貫徹社會主義核心價值觀。認真落實《英雄烈士保護法》，陝西、江西法院依法審理葉挺、方志敏烈士名譽權案，旗幟鮮明[117]保護英烈名譽榮譽。而最高人民檢察院檢察長張軍代表最高檢做報告，其中也提到：用法律手段捍衛英烈尊嚴。

對此，「新文字獄」受害者學者洪振快撰文反駁：

「核心價值觀」只是二〇一二年中共十八大才提出的一套說法，並未經過全國人大立法認可，其自然應當在憲法和法律之下。作為法院，審理案件只能以現行法律為準，而不能以中共的意識型態為準。

周強作為最高大法官，不是遵守和弘揚憲法，卻要以「核心價值觀」主導案件審判，將「核心價值觀」凌駕於憲法和法律之上，這是嚴重的瀆職行為，也嚴重違背了其宣誓效忠憲法時的莊嚴承諾。

114 在中國傳教的美國傳教士。中國內戰期間，被中國工農紅軍紅十軍團第十九師扣押，隨即被公開處決。
115 是中國大陸的一篇語文課文而廣泛為人所知，其中細節存在爭議。
116 指中國抗日戰爭時期，由中華民國侵華日軍占領區人民組成的協助日軍進行軍事活動的偽軍。
117 中共術語，意思是態度堅定和明確。

在法庭上，洪振快闡述了他對「英雄」的定義，這個定義跟官方顯然南轅北轍：

自近代以來，那麼多「人民英雄」付出鮮血的代價，至今我們卻連學術自由、言論自由、思想自由的權利都沒有，這是對「人民英雄」的最大嘲諷！我們這些平民百姓，在當權者眼中，如螻蟻般卑微，甚至連學術自由、言論自由、思想自由的權利都不配擁有，但我們也有自己的高貴，那就是：我等雖是螻蟻，但也要有尊嚴的活著；擁有學術自由、言論自由、思想自由是我們的基本尊嚴，我們將為擁有這尊嚴而不懈抗爭。

確實，此「英雄」非彼「英雄」也。例如，在中共的歷史敘事中，方志敏是一個大英雄。對於這個響噹噹的名字，一九四九年之後出生的幾代中國人都不陌生。方志敏在國民黨獄中所寫的〈清貧〉、〈可愛的中國〉等文章曾被選入中小學課本，讓包括年少無知的我在內的懵懂少年曾為之熱血沸騰。毛澤東稱讚方志敏是「**以身殉志，不亦偉乎**」的「人民英雄」。葉劍英把方志敏喻為文天祥之後又一位民族英雄。一九五三年四月，毛澤東在登莫干山時，對身邊的人說：「方志敏同志是有勇氣、有志氣而且是很有才華的共產黨員，他死得偉大，我很懷念他。」

一九九九年八月二十日，中國人民解放軍總政治部、中共中央黨史研究室在人民大會堂舉行「紀念方志敏同志誕辰一百周年座談會」，胡錦濤發表演講時稱讚：「方志敏同志一生對革命事業的耿耿忠心；在他身上體現的崇高品格和浩然正氣，是我們黨的寶貴精神財富。」

既然方志敏是中共的「神主牌」之一，中共除了用司法阻止人們追求歷史真相，還驅使御用文人為之塗脂抹粉。二〇一五年十一月九日《北京日報》刊登江漢大學政法學院教授劉明鋼的文章，對方志敏涉嫌殺害外國傳教士一事「澄清」——「關於對方志敏的審訊，當時的報紙僅有兩次報導。一次是一九三五年二月五日，《申報》有短訊報導：『軍法處三日午提訊一次，由錢副處長訊問，方匪倔強猶昔，大有至死不悟之概』，另一次是二月九日，《申報》又以〈贛綏署三處會審方匪〉報導：『八日午後三時，綏署軍法、參謀兩處及行營政訓處，在軍法處會審方匪志敏。』**兩次報導都沒有提及師達能夫婦的綁架案。**」

然而，這一「澄清」並不足以讓方志敏脫身。方志敏是中共和紅軍的高層領導，「師達能夫婦的綁架、殺害案」不過是他和他的部屬製造的千百宗暴力事件之一。在審判像方志敏這樣的中共高層人物時，國民政府的法庭自然**聚焦於他們用軍事手段建立割據政權的叛國罪**，豈能將千百宗類似於「師達能案」的罪行一一道來？

## 方志敏不是民族英雄，而是殺人如麻的屠夫

一九三四年十月，蔣介石對中共在江西的蘇維埃割據政權發起第五次圍剿，採用德國軍事顧問的戰術果然奏效。紅軍屢戰屢敗，無力在中央蘇區立足，打著「北上抗日」的幌子倉促敗退。由方志敏領導改名為「中國工農紅軍北上抗日先遣隊」的紅十軍團負責牽制國軍、

為主力部隊撤退爭取時間和空間的任務。這支「抗日先遣隊」，並未奔向有日本人的北方，而是徑直朝東，往沒有皇軍影子的安徽、福建、浙江方向逃竄。

在早已被中共宣傳部「和諧」得服服貼貼的「百度」網站上，有一段介紹方志敏的文字：「一九三四年十一月上旬，中革軍委發來命令，紅七軍團與紅十軍合編為紅十軍團，方志敏任軍政委員會主席，劉疇西任軍團長。十二月，紅十軍團第十九師在師長尋淮洲、政委聶洪鈞等人率領下，從白沙挺進旌德縣城。攻占縣政府，打開監獄釋放『政治犯』及無辜群眾六十八名。挺進廟首，召開群眾大會，宣傳抗日救國，處決師達能等人犯。」

▲ 方志敏 1935 年在懷玉山之戰中被俘，後被國民政府槍決。

處決師達能夫婦等人的，是紅軍第十九師尋淮洲部。當時方志敏部在一百公里之外，兩軍尚未會師，此案並非方志敏直接操辦。但從紅軍的建制來看，尋淮洲部隸屬於方志敏任軍政委員會主席的紅十軍團。因此，即便綁架、處死師達能不是方志敏親自下令，但尋淮洲是方志敏的部下，說這一慘案的始作俑者是「方志敏部」並不為錯。

據《旌德縣誌・兵事紀略》記載：一九三四年十二月六日，紅十九師在師長尋淮洲的帶領下，占領安徽旌德縣城。在此傳教的美國人師達能夫婦以禮相待，把一切財物都給了紅軍。但紅軍還是把夫婦倆和年僅兩個月大的女嬰海倫（Helen Priscilla Stam）一起帶走，並阻止僕人隨行。已糧草不繼的紅十九師以為大好生意來了，要求師達能夫婦傳信上海教會總部，用兩萬大洋巨款贖人。

這群自以為有信仰的綁匪[118]遇到更有信仰的牧師。師達能在寫給上海教會總部的信中，不提贖金，只淡淡的寫道：「無論是生，是死，總叫基督在我身體上，現今也照常顯大。」

次日，紅十九師押解著被捕獲人員及劫掠物資前往廟首鎮。在得知師達能夫婦無意向教會索取贖金後，尋淮洲惱羞成怒，在廟首鎮舉行群眾大會，將師達能夫婦斬首示眾。遇害時，師達能牧師二十七歲、史文明師母二十八歲。當時，紅軍打算將兩個月大的女嬰海倫也殺害，幸有當地基督徒挺身而出，願意替嬰孩而死，演出了一幕現代版的《趙氏孤兒》，這才救下無辜嬰兒一命。

上帝的懲罰來得很快。在殺害師達能夫婦後不到五天，尋淮洲在太平縣譚家橋伏擊戰中被國民黨軍隊擊斃，所部潰不成軍。方志敏則率紅十軍餘部向閩浙贛邊界逃遁，進至江西懷玉山地區時被國軍包圍，經七晝夜鏖戰，這支從未與日軍打過照面的「北上抗日先遣隊」，除少部突圍外（其中有軍團參謀長、中共悍將粟裕），主力基本覆滅。

118 此指紅軍，而紅軍信仰共產主義。

此役，紅十軍軍團長劉疇西、紅十九師繼任師長王如痴均兵敗被俘，紅軍北上抗日先遣隊總指揮、紅十軍團軍政委員會主席方志敏在玉山縣隴首村金竹村的一個柴草堆中被抓獲。當時，一位住在江西上高的傳教士在寄給上海的信中描述：「對屠殺師達能牧師夫婦事件須負全責的共黨領袖方志敏，已遭政府逮捕，與他同時被捕的有兩位首領，一姓王，一姓劉，三人在上高街頭遊行示眾，**成千上萬居民圍觀，使整個城市興奮起來。」可見，紅軍的燒殺劫掠引起人神公憤，方志敏不是「人民英雄」，而是人人痛恨的匪首。方志敏從未參與抗日戰爭，何能享有「民族英雄」之美譽**？

方志敏固然沒有親自下令殺害師達能夫婦，但從他對基督教一以貫之的仇恨來看，如果他早日與紅十九師會師，不會對師達能夫婦稍有仁慈之心。方志敏年輕時考入江西省立甲種工業學校預科班，後被開除，又進入教會創辦的九江南偉烈學校求學一年。他在學校參加共產黨主導的「非基督教學生同盟」，對基督教口誅筆伐。方在被俘後所寫的〈我從事革命鬥爭的略述〉一文中，專門有「我不相信基督教」的一節，他寫道：

所謂上帝的傳道者——神父教士們，實際上完全是帝國主義派來深入中國各地的偵探和鷹犬……他們到處造大洋房，開辦學校醫院，實行許多假仁假義，小恩小惠的事情，都是各國資本家捐助來的巨款，這也就可見他的用意和作用了……像我這樣相信科學相信真理的青年，哪會相信他們毫無根據的鬼話呢？

與西方傳教士服務中國民眾的善行相比，毛澤東和方志敏等共產黨人早年就是梁山綁匪，殺人越貨，無惡不作。一九二七年國共合作破裂後，毛澤東上了井岡山，方志敏則率領紅十軍活躍於贛東北地區，走上傳統的落草為寇的道路，只是他們有了共產主義意識型態這種更可怕的思想武器。

一九三〇年七月，面對困局，中共贛東北特委書記唐在剛建議方志敏奇襲守衛空虛、有「錢櫃」之稱的瓷都景德鎮。方志敏所部偽裝成國軍，兩天之內輕取只有一個營守衛的景德鎮。這次行動斬獲頗豐，除了留下贛東北蘇區自用的錢財珠寶外，僅解往中央蘇區的就有赤金兩箱、白銀四十八箱。此外，方志敏還綁架多名在景德鎮經商的外國商人，將他們押往「中華蘇維埃共和國贛東北省省會」葛源。在得到外國商人的家人的巨額「贈款」後，這些外國商人獲得釋放。這是方志敏初嘗當綁匪的甜頭。另一方面，對自己的同胞，方志敏就沒有這麼客氣了，景德鎮富甲一方、也是著名瓷器美術大師**鄧碧珊**的家產被哄搶一空，鄧本人也被方志敏無情的砍了腦袋。紅軍喊出的口號是「**上等人一掃光，中等人不要慌，下等人來相幫**」。

一九三一年十一月，中共在蘇聯的全力襄助下，在窮鄉僻壤的江西瑞金建立「**中華蘇維埃共和國**」。這個「共和國」實際控制區域為贛南、閩西兩塊叛亂根據地，全盛時期有二十一座縣城、五萬平方公里面積、兩百五十萬人口。方志敏「當選」為蘇維埃政府「贛東北省」主席兼財政部長——**這個財政部長主要的籌款方式是綁票**。方志敏對淪為人質的地主、商人、國民黨地方官員、外國傳教士索取巨額贖金，其手段比傳統綁匪更為毒辣——傳統綁匪「盜亦有道」，拿到贖金，一般會如約釋放人質；方志敏及中共割據政權則「盜亦無道」，拿到贖金之後，經常無故「撕票」。方志敏連親叔叔都親手殺害，又怎麼會在乎其他人的生命呢？

據二〇一一年二月九日廣東《南方都市報》之「紅色記憶」欄目披露，方志敏的孫子、時任南昌紀委副書記的方華清（也就是那個狀告網路文章作者、捍衛其爺爺「名譽」的兼職教授），親口講述了方志敏「下令處死地主五叔」的「豐功偉業」。

記者提問：「方志敏被評為一百位為新中國成立做出突出貢獻的英雄模範人物，關於方志敏的事蹟，你都是從哪裡得知的？」

方華清在回答這個問題時，主動講述了方志敏的一件往事：

一九二五年夏天，爺爺方志敏回到家鄉江西弋陽湖塘村，祕密成立了農民協會，帶領貧苦農民與地主展開了鬥爭。爺爺的五叔、地主方雨田跳了出來，帶頭對抗農民運動，他投靠民團鎮壓農民。爺爺帶領全村的貧雇農，手拿鐵叉、鋤頭，包圍了他的大院，抓住方雨田。爺爺的祖母、父親都來求情，面對親情與民眾利益的矛盾，爺爺毅然選擇了站在農民兄弟一邊，他堅決下令把五叔處死了。

方志敏連自己的親叔叔都用私刑處決，就是一名鐵石心腸的、殺人不眨眼的屠夫。

## 傳教士成邦慶的回憶錄，戳穿了長征的謊言

方志敏未能走完長征路，而長征路上紅軍的綁票行為更變本加厲。

毛澤東說，「長征是歷史紀錄上的第一次，長征是宣言書，長征是宣傳隊，長征是播種機」，再加上美國記者史諾的《紅星照耀中國》一書，本來是潰敗逃竄，卻變成史詩般的「長征」，變成中華人民共和國的**建國神話**。在中共的歷史著作中，長征途中的暴力、絕望和迷惘都消失得無影無蹤。然而，被紅軍俘虜的西方傳教士在回憶錄中戳穿了這部虛妄的史詩——來自瑞士的薄復禮（Rudolf Alfred Bosshardt）和來自紐西蘭的成邦慶（Arnolis Hayman），都淪為紅軍手上的人質、都在回憶錄中為後人提供了紅軍流竄過程的生動畫面。

薄復禮的回憶錄出版較早，影響較大，活得也比成邦慶更久，一九七〇年代後期，在文革中倖存下來的蕭克將軍，多次邀請這位「老朋友」訪問中國；而成邦慶的回憶錄在其去世後才出版，他沒活到文革結束，未能再度訪問中國，不過，這也保證了這本書更加原汁原味、完全忠於歷史事實。

薄、成兩位傳教士都是被蕭克的紅六軍團擄掠的，之後一直隨同整個兵團急行軍。他們帶給紅軍的不僅是贖金，更是戰略上的幫助——**直到俘虜了外國傳教士，紅軍才學會使用地圖確定逃竄方向**：薄復禮會講法語，被叫去幫助蕭克翻譯一張法文的中國地圖，該地圖是紅軍從舊州的一位羅馬天主教神父手中得到的。

兩位西方傳教士的待遇大部分時候都優於中國俘虜，但身處兩軍作戰的連天炮火中，仍是九死一生。成邦慶記載，紅六軍團在向黔東北進軍時，在不同縣的邊界「跳躍行軍」。在行軍路上中，「子彈不止一次在我們身邊響起，有時我們被山頂上的軍隊攻擊。」

有一次，薄、成策劃了從軟禁的牢房逃跑，結果還是被抓到。惱羞成怒的紅軍對兩人進行了一次像模像樣的「公審」，法庭「根據法律和民眾的要求」，以「帝國主義間諜」的罪名判處兩人死刑，但「考慮到他們沒有理解蘇維埃法律」，對兩人從輕判決，分別為一年六個月及一年的監禁，罰金則為三十萬及四十五萬不等。

跟上海教會總部交涉幾次，紅軍仍未拿到贖金。有一次，在「吳法官」的命令下，士兵毆打了這兩名人質。成邦慶寫道，士兵先綁住薄復禮的手腕，用帶節的竹棍打薄氏赤裸的背，還往其背上噴水，以便打得更痛，總共打了五十下。薄表現出頑強的毅力，就像一面石牆，沒有叫喊一聲。對此，「吳法官」非常生氣，親自搧薄氏的耳光，並命令其左右兩邊的下屬都來打薄氏耳光。

接著，輪到成邦慶受刑：隨著棍子下落，「吳法官」命令要打得狠些，成邦慶從薄復禮的遭遇中汲取教訓，他痛苦的大叫起來，蜷縮在地上。於是，打手開始打成邦慶的肩膀。「吳法官」叫囂：「你無法忍受，去，告訴你們英王的鷹犬，**他們在香港是怎樣打中國人的。**」這個說法很有意思：「吳法官」並沒有去過香港，他怎麼知道英國警察在打香港人（八十多年之後，在香港酷刑折磨乃至虐殺香港人的，偏偏是聽命於北京當局如臂使指的香港警察和北京派到香港的公安武警）？而且，即便有英國警察打香港人的情形，作為紐西蘭籍牧師的成邦慶又該當何罪？中國人和共產黨的邏輯總是讓人啼笑皆非。

成邦慶書中出現次數最多的紅軍高級官員，就是這名「吳法官」——紅六兵團保衛局局長吳德峰。吳德峰出生於官僚地主家庭，受過良好的教育，能說英文、精通樂器、擅長體育、醫學知識廣博。北伐期間，吳出任武漢國民政府武漢市公安局長，及國民黨湖北省黨部第二、三、四屆執行委員兼軍事部長、工人部長、商民部長等要職。武漢國民政府「分共」（寧漢分裂）之後，吳遁入農村，先後擔任中共鄂南特委書記、贛西南特委書記、贛北特委書記、河南省委軍委書記等職。一九二九年，吳又任上海中共中央交通局局長，在極短時間內，疏通從上海到中央蘇區的交通線，隨後又打通上海中央與湘鄂西、贛北和鄂豫皖等蘇區的交通線，向蘇區輸送幹部、傳遞文件和情報、採購和運送軍用物質。中共建政後，吳德峰擔任過武漢市市長及最高人民法院副院長——成邦慶稱之為「吳法官」倒也名副其實。

吳德峰是心狠手辣的祕密警察頭領，深受周恩來器重。因抓人、殺人太多，也四處樹敵，多次淪為黨內鬥爭的犧牲品。到延安後，有一次，毛澤東直截了當的問吳：「**德峰同志，怎麼回事？聽人講，下面反應你就是一貫喜歡抓人、殺人，你為什麼就是一貫喜歡抓人、殺人？**」話雖如此，毛也離不開這樣的打手。

吳德峰這個「中共的蓋世太保」，怎麼會對薄、成這樣的西方傳教士有憐憫之心？

薄、成兩人的回憶錄都對這支紅軍的統帥蕭克做出正面評價。薄氏的回憶錄中，有蕭克親自做紅燒肉給他吃的細節。在紅軍將領中，蕭克人品尚算正直。在毛澤東與張國燾爭權時期，蕭克站在張國燾一邊，站錯了隊，就翻不了身。儘管戰功顯赫，蕭克在軍內備受壓制，其被授予的軍銜並不符合其軍功。一九八九年，「六四」鎮壓前夕，蕭克作為軍中開明派元老，曾與前國防部長張愛萍等「七上將」聯名上書中央，反對鄧小平動用軍隊屠殺學生和市民。一九九〇年代，蕭克支持創辦傾向自由派的《炎黃春秋》雜誌，並親自撰寫和發表多篇觸及歷史上敏感問題的文章。

與對蕭克的好感對照鮮明，成邦慶對賀龍的描述則極為不堪：

「如果不馬上送來錢，我們就……。」賀龍攤開手，做出砍頭的姿勢。

「在……有個外國人，」他提及湖北某城鎮的名字。「他沒有這麼長的鬍鬚。」，他一邊說一邊用手比劃著。

「錢沒有送來，所以我們砍了他的頭。」他補充。

也許他下意識的認為我們希望用鬍鬚引起他的同情，尤其是我的白鬍鬚。過了一會，我禱告之後，鼓起勇氣說：「我們屬於非資產階級，用書面語言來講，是無產階級。」

賀龍上下打量著我們，看到我們衣衫襤褸，他露出嘲諷的笑容，說：「你們現在真是無產階級。」

在我們被捕期間，這是賀龍將軍唯一一次親自和我們說話。

賀龍為土匪出身，這番對話不脫土匪本色。文革期間，賀龍被毛澤東整肅，慘死於軟禁之中，這也是屠夫的必然結局。

成邦慶也寫道，在流竄的紅軍隊伍中，**鴉片是一種重要的「硬通貨」**：「紅軍看守有時會從他們奪取的鴉片中拿一些給俘虜，有時候把鴉片當錢用，有些士兵自己都抽鴉片。」

成邦慶發現，紅軍常常與地方土匪，如「**神兵**」合作。所謂「神兵」，就是像白蓮教、義和團以及紅槍會那樣，帶有宗教迷信色彩的地方農民武裝。有一次，在湖北某地，紅軍搭建高臺，成邦慶和其他俘虜被帶上去示眾。他看到，臺上站著當地「神兵」首領，這些人貌似土匪。他們在他們的偶像前坐了幾小時後，就認為可刀槍不入。他們的領導人坐在俘虜旁邊，腰上別著一把匕首，手裡拿著一個長煙斗。「**紅軍歡迎並利用他們實現自己的目標，但紅軍離開這個地區時就把他們擺脫了。**」

成邦慶指出，若干紅軍士兵並不是出於共產主義信仰而加入紅軍，「**許多人被問及為什麼參加紅軍時，他們回答：因為我吃不飽。**」從反面來看，正是國民黨在農村治理上的失敗，讓紅軍擁有源源不斷的兵源和支持者。

## 「殺，殺，讓整個世界灑滿鮮血」的紅歌，居然改編自聖歌

在紅軍眼中，成邦慶等西方傳教士與中國的地主、商人、國民黨軍官等不同類型的俘虜，

都是可「生財有道」的人質。

薄、成的回憶錄沒有披露是誰支付贖金：他們所在的宣教機構中華內地會，從未替被中共或土匪俘虜的傳教士支付贖金。不過，差會和傳教士個人為漫長的談判做出了巨大奉獻——這包括路費、給信使家人的費用、給人質的牛奶、其他食物及衣服、電報費、郵資費等諸如此類的支出，金額高達數千美元。當時，呈交紅軍的錢及買給紅軍的藥品，「**均出自一位中國先生的資助**」。半個世紀之後，當事人透露，出錢的不是教會，也不是蔣介石，而是**貴州省主席王家烈**。王為地方實力派人物。王出錢，大概是受到西方列強和中央政府雙重壓力，竭力讓該事件和平解決。

**成邦慶被扣押四百一十三天之後獲釋**，此後他繼續在中國宣教，一九三七年成為上海中華內地會總部的商業經理。一九四二至一九四五年間，他和家人被駐上海的日軍拘留，關於那段經歷他沒有留下多少記載。一九四五年，成邦慶返回澳洲，並在那裡擔任牧師直至去世。

其他俘虜就沒有成、薄那麼幸運了。成、薄二人目睹了紅軍與國民黨軍隊的激烈戰鬥、蕭克為江西蘇區的紅軍尋找安全路線，以及與湘鄂川黔的賀龍部隊會師的過程。紅軍所到之處，血流成河。他們無法忍受目睹每天執行的死刑，卻又不能視而不見，死人氣味每天圍繞在周圍。讓成邦慶惱怒的是，**紅軍中流行的一首歌是「殺，殺，殺，讓整個世界灑滿鮮血」，其旋律竟然與一首很有名的基督教聖歌〈耶穌喜愛一切小孩子〉完全一樣**。

成邦慶這本不到十萬字的回憶錄中，寫到紅軍殘酷殺戮的地方比比皆是：

我聽到鄰屋有些人被拷打，發出尖叫和呻吟聲……一群舊州士紳被繩子捆著，被驅趕行進，我從他們面前經過。在那些日子裡，紅軍扣留俘虜的時間從未多於三天，三天之內，要麼由信使交付贖金，要麼立刻處決他們……當我們第二天一大早離開龍溪時，被斬首的該區區長屍體躺在街道中央，與此同時，紅軍張貼布告，並在人群中散發傳單，上面記錄著區長的罪行。許多被控告為階級敵人的人被草率處決了：拂曉不久，三個可能被控告為間諜的人被押到數米外的一塊田地，一個青年男子把他們斬首了。他用他們的外衣擦拭著劍，我們嚇得瑟瑟發抖。攻占永順縣城後，紅軍拷打俘虜逼問他們錢藏在哪裡，或者強迫他們許諾交更多的贖金。我們聽到婦女和孩子發出撕心裂肺的尖叫聲。折磨方式之一是把他們的手指或手扭曲成各種型態。

俘虜在監牢死去後，死人的手和腳被捆綁在一根杆子上，兩個俘虜和一個衛兵負責把屍體抬出去。因為紅軍相信人從猿猴進化而來，他們埋葬俘虜就像埋葬死狗一樣——以上帝之形像而創造的人體沒有價值。

有時，我們看到極端殘忍的行為也忍不住大聲驚嘆。看到被俘的白髮蒼蒼的老人，我們會對自己說：「如果他們是我們的父母，那麼，可憐的婦女俘虜就是我們的妻子，被俘的孩子就是我們的後代？」有些俘虜變成了瘋子。那些經常被捆綁著的俘虜無法清理他們的衣服，以至過一段時間後，他們身上虱子成堆。

有一位年輕人被捕，整晚都被迫為士兵編織草鞋，紅軍許諾第二天早晨可以釋放他。他一邊編草鞋，一邊哭泣，說他的寡母需要他照顧。第二天我們出發後，紅軍把他帶到我們視野之外的路上殺了。

這樣一個綁匪集團，對殺人的嗜好，不亞於歷史上的黃巢、朱元璋、李自成、張獻忠和洪秀全。**紅軍「長征」的路上，沒有見到一個日軍，倒是屠殺了數以萬計中國平民。**

# 第十五章 蘇俄的火炮，轟垮蔣的坦克（一九四五～一九四八）

十萬名科舉進士奠定了中國古代各朝的基礎，二十萬噸蘇援炮彈奠定了中共四九年政權的基礎。

——徐澤榮（歷史學者）

中共在戰場上打敗了國民黨，也在宣傳戰中打敗了國民黨。如果一九四〇年代中期，大部分中國知識分子對共產黨都有徐復觀和殷海光的洞見，並且著書立說，將共產黨的邪惡本質告訴廣大民眾，共產黨未必能那麼輕易的席捲天下。

共產黨深知，壟斷歷史，就能掌控未來。所以，任何探求歷史真相的學者，都被共產黨視為潛在的威脅和企圖顛覆國家政權的罪犯。

歷史學者徐澤榮，一九五一年出生於中共高幹家庭，父親是軍級幹部，文革期間被迫害致死，母親是中山大學黨委副書記，在廣東文教界頗有地位。一九八四年，徐澤榮移居香港，曾在新華社香港分社（即現今的中央政府駐港聯絡辦公室）工作，算是中共派駐香港的官二代。後來，徐澤榮轉入學術界，到英國留學，於一九九九年獲牛津大學政治學博士學位。

然而，徐澤榮的歷史研究不小心觸碰了某些敏感領域，以致鋃鐺入獄，就連他顯赫的家庭背景都救不了他。二〇〇〇年七月，徐澤榮突然在廣州家中被捕。一開始，當局僅指控他在深圳「非法經營」出版書刊業務（十多年之後，若干在香港從事新聞出版工作的人士都在中國被捕，並被控以類似的罪名），並未提及後來成為主要罪狀的「向境外非法提供情報罪」。當局搜索徐澤榮的住宅之後，發現他於一九九二年曾向韓國「國家安全戰略研究所」所長洪晟泰，提供中共一九五〇年代出版的內部資料《抗美援朝戰爭的經驗總結》和《韓戰敵軍資料匯集》，並獲得報酬，認定此為「**唯一鋼鞭材料**」。二〇〇一年十二月，徐澤榮被深圳市中級法院判處「非法向境外提供情報和非法經營書籍和報刊發行」罪名成立，獲刑十三年。二〇一一年六月二十三日，經三次減刑後刑滿出獄。徐澤榮的母親在兒子被捕入獄後因悲傷過度去世，這又是一起革命者被革命吞噬的案例。

## 為什麼中共要將歷史學家當間諜？

據香港《開放》雜誌總編輯金鐘（冉茂華）對美國之音表示，徐澤榮實際上是因為報導中共文革時期支持馬來亞共產黨的陳年舊事而觸怒當局。金鐘說：「更重要的，恐怕是他在

《亞洲週刊》上寫文章，報導馬來亞共產黨曾經在湖南益陽某山頭上設立祕密電臺。這件事情過去沒有人知道，更沒有人報導。」

這篇題為〈**馬共祕密電臺湖南曝光**〉的文章，發表在二〇〇〇年六月最後一期的香港《亞洲週刊》。這篇報導披露，中國政府在一九六七年，幫助馬來亞共產黨在湖南益陽赫山區岳家橋四方山設立「馬來亞革命之聲廣播電臺」。電臺於一九八一年撤銷。徐澤榮抵達現場，看到了人去樓空的廢棄場所，包括數處房屋、一處坑道和一座鐵塔。對於曾經以「輸出革命」為榮的共產黨來說，那段歷史卻成了不能提及、不能研究的禁忌。徐澤榮為此付出了坐牢十一年的慘重代價。

讓人訝異的是，徐澤榮刑滿出獄、離開中國一年多之後，居然重獲中山大學聘任，以客座教授及研究員身分在中山大學任教。刑滿釋放人員再度當上教授，可謂空前絕後。

徐澤榮解釋，獲得中山大學復職是「上級指示中山大學」的，這是因為他在中國收回香港的軍用土地談判中付出過重大貢獻：一九九二年，徐澤榮在牛津大學就戰略研究課程撰寫學期論文〈二戰前夕駐港英軍備戰方案分析〉，蒐集資料過程中，從大學法學院圖書館得到多份十四世紀起的「英國海外駐軍法案」，又在港府房屋委員會得到三十多張駐港英軍兵營地圖描圖。完成論文後，他把相關原始材料送給中國國際戰略學會。

中國國際戰略學會是具有國安背景的智庫，得到這些資料後如獲至寶。其負責人回覆徐澤榮說，這是雪中送炭，解放軍據此方能組建駐港部隊。由於中方已掌握英軍在港軍事用地產權、數量、位置和劃界，英軍當談判「釘子戶」也無意義，故此中英聯合聯絡小組的軍事談判小組商討過程順利，不像聯絡小組的政治談判小組般爭拗不斷。戰略學會會長柴成文後來為此當面讚揚徐澤榮，而英國外交部亦派他的博士論文答辯外校考官葉胡達（Michael Yahuda）教授來了解情況。不過，英國是民主國家，不會因為徐澤榮使用過此類資料乃至將資料送給中國，而將徐冠以間諜的罪名。

徐澤榮稱，由於知道他這一貢獻的人不多，戰略學會華南分會會長在他被捕時又不在其位，故他被中共當局無辜判以重刑。後來，該分會會長復出，為徐出獄後復職奔走，使他在這一個「人治國家」破例得以復職。徐澤榮引用中共創黨黨魁陳獨秀的話形容自己的經歷，「出了研究室進監獄，出了監獄進研究室」，而這種「窘境，古今中外世所罕見，丟人現眼」。另外，徐澤榮也就其案件審訊不合理的地方，向最高人民檢察院提出異議，並向中聯部部長王家瑞提出和解要約——但是，這些要求全都如同石沉大海，中共怎麼可能向個人認錯並和解呢？按照中共的思維方式，即便是反右或文革那樣造成數百萬人家破人亡的錯誤的政治運動，也只是母親委屈了兒女、兒女只能忍辱負重，兒女豈能讓母親道歉？

實際上，徐澤榮並不是一名持反共立場的學者，甚至也算不上是自由派知識分子，他是現實主義者和民族主義者。他身為香港人，在香港問題上卻站在中共政權一邊，在中英談判中顯然為祖國服務。徐澤榮被關押了整整十一年，而他的父母都是中共暴政的犧牲品，他卻仍然沒有澈底覺悟，居然為得到一個教職而對中共感激涕零，讓人哀嘆「**奴在心者**」的悲劇。

徐澤榮的故事，讓人想起法國作家拉波哀西（Étienne de La Boétie）在《自願為奴》中的論述。拉波哀西指出，暴政在一開始是最困難的，在自願為奴之前，必定為兩種力量所驅使：武力或（自我）欺騙。一開始，人民因為征戰而提供了僭主統治他們的權力，在飽經戰火和危難之後，人民自我欺騙，認為若不繼續提供這樣的同意，則無法繼續換取生存。於是，後人未曾體驗並無法理解前人，是在不得不的情況下才被迫放棄自由，換言之，第二代的人們，生於枷鎖之下，且在奴役中成長，奴役狀態成了他的自然狀態。作為官二代的徐澤榮正是將奴役當作自然狀態，即便成年後在香港和英國生活多年，並獲得頂尖學府牛津大學的政治學博士學位，也無法從此種狀態中掙脫出來。

## 靠「小米加步槍」打敗國民黨？

徐澤榮的著述並不具有顛覆中共統治的功效，只是鉤沉出某些被遺忘、被扭曲的歷史事實而已——然而，即便是這種看上去對中共當下的統治「無害」的歷史研究，中共也不能容忍。因為，對於任何一個獨裁專制的政權而論，**歷史不是逝去的、無足輕重的往事，歷史是與現實息息相關的政治**。中共與歐威爾的小說《一九八四》中的「老大哥」一樣，堅信這樣一個真理：**誰掌握了過去的闡釋權，誰就掌握了未來的願景圖**。這就是中共一定要將徐澤榮送入監獄的原因所在。

徐澤榮的很多歷史論文，如〈中共是靠小米加步槍打敗了國民黨？——共軍內戰使用蘇援炮彈研究〉，在中共看來一定是不合時宜的違禁之作。

中共是怎樣打敗國民黨的？中共的說法是「小米加步槍」。小米加步槍是中共在國共內戰時期的重要宣傳術語。所謂「小米」，是指中共軍隊的食物；所謂「步槍」，是共軍當時的主要武器裝備。中共在內戰期間以「小米加步槍」戰勝國民黨的說法，透過中共的強力宣傳而深植人心。

這個說法最早出自一九四六年八月六日，毛澤東與美國左派記者安娜．路易絲．斯特朗（Anna Louise Strong）的談話：「**拿中國的情形來說，我們所依靠的不過是小米加步槍，但是歷史最後將證明，這小米加步槍比蔣介石的飛機加坦克還要強些。**」毛的說法從此一言九鼎，但它並非歷史事實。

然而，徐澤榮並不認同這一歷史敘事。他在肯定國共內戰中共占據「正義一方」的大前提之下，撰寫了〈中共是靠小米加步槍打敗了國民黨？——共軍內戰使用蘇援炮彈研究〉這篇歷史論文。他從中共早期軍工業先驅劉鼎的傳記中，順藤摸瓜考證出不少扎實的史料，顛覆了解放軍靠小米加步槍打敗國民黨的宣傳神話。

徐澤榮指出，解放軍在內戰中期就已在武器上領先於國民黨軍隊，中共的武器大部分來自蘇俄，包括蘇俄從日本關東軍那裡繳獲的日式武器、蘇俄自己生產的武器，以及美國二戰中援助蘇俄的剩餘武器。徐澤榮指出：

淮海戰役六十五天用去炮彈十三萬五千八百三十噸，完全有這可能，蘇軍柏林戰役首日炮襲空襲最厲，一天用去九萬八千噸炮彈和炸彈。淮海戰役消耗自產炮彈與蘇援炮彈之比為一．二%與九八．八%。假設淮海戰役共方每門火炮每天發射炮彈二百發，總共發射（六十五天中的）五十天，那麼，不難推算出來：淮海戰場共軍擁有三種火炮（主要為美製原先租予蘇軍火炮以及日製蘇軍繳獲火炮。中共軍隊自行繳獲火炮此時僅以百計）一千三百五十八門。據此估計，三大戰役消耗蘇援炮彈應在二十萬噸以上。出於可以想像的原因（聯想「排除蘇共干擾獨立自主革命」、「農村包圍城市開展武裝鬥爭」、「小米加步槍打敗了飛機加大炮」），這些蘇援炮彈的來源、品種、規格、數量過去沒被納入正冊，納入正冊的只是二萬自產炮彈的有關資料，後人慘被誤導，真慘！

徐澤榮又指出，「中共靠蘇援火炮才轟垮蔣家王朝」才是歷史真相：

蘇援餉械對於中共成功奪取全國政權所起的「左右結局作用」，權重應為九成以上——中共二十八年革命得以成功，乃是外因為主，內因為輔！史達林才是解放軍的運輸大隊長，他派往西柏坡的蘇共代表原來就是蘇聯鐵道部部長。運送十一萬五千八百三十噸炮彈可要八千節車皮（車廂），何況還有其他種類彈藥。什麼時候輪到蔣介石！

國民黨一方的記載亦印證了徐澤榮的論斷。一九四五年任國民政府軍政部長兼後勤總司令的陳誠在回憶錄中寫道，蘇軍在東北繳獲日軍飛機九百二十五架、坦克三百六十九輛、裝甲車三十五輛、野炮兩千六百六十二門、機槍一萬三千八百二十五挺、步槍三十萬支、擲彈筒一萬一千零五十二具。「以上各種武器裝備，俄軍可能保留了一小部分，其餘即全數供給了共軍。」

當蘇聯將各種軍火源源不斷的轉交給中共之際，美國卻停止了對國民黨政權的支持。美國認為，蔣介石政權是扶不起來的阿斗，不願向這個無底洞繼續投資。一九四六年八月十八日，美國杜魯門政府發布了軍火禁運的行政命令，國民政府雪上加霜，直到一九四七年五月的十個月中，國軍未能從美英等國獲得軍火物資，前線已無法維持作戰。

當時，國府駐美大使顧維鈞回憶：「八月二十七日，王守兢前來匯報他為中國軍隊爭取某些物資出口許可證的情況。他說，戰時特為中國製造的一億三千萬發七·九二毫米子彈，國務院拒絕發給出口許可證。拒絕發證主要以中國當前的局勢為依據。這無疑是對華禁運作戰物資的一種行動，因為禁運的手段，一般來說就是拒發出口許可證。**禁運給我們造成的問題特別嚴重，因為我國的軍事裝備絕大部分來源於美國，這就必須使用美製彈藥。**」

國民政府特勤總管黃仁霖也在回憶錄中說：「**由於美國禁運軍火，我們立即發現我們由美國顧問用新式裝備所訓練出來的新兵，因為他們的軍火消耗無法補充，無怪乎有若干師軍隊，就因為沒有軍火可資抵抗，而不得不向敵投降。**」

一九四七年三月二十一日，美國駐華大使司徒雷登向國務院報告：「國民黨軍隊彈藥供應已達到危急程度。有相當可靠的消息表明，按照當前軍火消費水平，美式裝備和訓練的部隊只有三個月的彈藥了。」

一九四七年五月二十六日，美國解除對華軍火禁運，但禁運的影響並沒有因此而消除，國軍潰敗之勢已無法挽回。一九四八年，美國《援華法案》中的四億三千六百萬美元，是蔣介石敗退臺灣之前獲得的最後一筆大額援助，但已於事無補。甚至出現一件讓人啼笑皆非的事件，國民政府多年祕而不宣，因為如果美方知道了，會再度終止援助。據黃仁霖回憶：

一九四八年底，蔣介石命令我把一船五百五十噸的軍火，運往北平，那是五省剿共總部的所在地，由傅作義指揮的。我告訴傅作義說，雖然這五百五十噸輕武器軍火，數目不大，但是這批軍火是一．二五億美元「援華法案」中的第一批，蔣先生要我向你保證，隨後的軍火將繼續不斷的運來。事實上證明，幾天之後，一九四九年元月三十一日，他打開北平城門同中共議和了。我必須提出這一個報告是很悲慘的，因為這項援華物資的第一批，事實上卻落入了共軍的手中了。對於這項祕密，我始終是守口如瓶，從來不曾洩漏過。那並不是我怕受到懲罰，因為我是奉命行事的。而且我把軍火交付他的時候，他還在守城。我只是害怕，一旦這個消息洩漏出去之後，中共便會向外宣布，他們正從美國國會最近批准的「援華計畫」中，新收到了一批軍援物資裝備……。

可見，國民黨政權已眾叛親離、分崩離析。即便美國繼續給國民黨政權金錢和武器，也是抱薪救火，無濟於事。

## 蘇聯解密檔案：蘇聯援助武器，是中共反敗為勝的關鍵

國共內戰初始，國軍跟共軍總兵力對比大體上是五比一，陸軍野戰部隊數量超過中共兩倍以上，各種重裝備遠超過共軍，在自動化武器、機動性上占有絕對優勢。國民黨已有三十九個軍（師）換用美械裝備，重裝備火力與機動性大大提高。

因此，蔣介石信心百倍的說：「比較敵我的實力，無論就哪一方面而言，我們都占有絕對的優勢。軍隊的裝備、作戰的技術和經驗，匪軍不如我們；尤其是空軍、戰車以及後方交通運輸工具，如火車、輪船、汽車等，更完全是我們國軍所獨有；一切軍需補給，如糧秣彈藥等，我們也比匪軍豐富十倍；重要的交通據點、大都市和工礦的資源，也完全控制在我們的手中。」[119]一九四六年五月，四平戰役國民黨得手後，蔣更不把共軍放在眼裡，他對其內部人員說，「中共除一部分外，本屬烏合之眾，經此次打擊，勢必瓦解無疑」，「共果不就範，一年期可削平之」。

那麼，**為何國民黨在內戰開始的頭八個月，便損失大約七十一萬兵力，最後又在短短三年內，精銳盡失，敗退臺灣？**

學者青石在〈東北決戰幕後〉一文中提到：「**中共軍隊從東北獲得了大量較先進的武器裝備，無疑是一個重要因素**。同樣是在毛澤東的領導之下，同樣是這些將領在指揮：十年前，鏖戰甘肅黃河兩岸是何等艱辛慘烈，兩萬紅軍健兒竟會全軍覆滅於與土匪無異的『馬家軍[120]』騎兵手下；十年後，他們宛如蛟龍出海，由東北而華北而華東而華南而西南而西北，橫掃全副美式裝備的百萬國民黨軍，銳不可當。武器裝備之重要作用，於此一目瞭然。」相比之下，歷史學家黃仁宇在《黃河青山》一書中，揭示了國軍精銳部隊武器彈藥匱乏的窘境：「一九四六年東北國軍的軍力可說達到巔峰，然而王牌軍新一軍砲兵營的一〇五毫米榴彈炮，全營只有五百發炮彈，而整個東北國軍也不超過一千發，幾分鐘就射完了。」

所謂「從東北獲得了大量先進的武器裝備」，其實就是從蘇聯那裡獲得的。當年在東北參與接收的國民黨要員田時雨，在其回憶錄中寫道：

東北的日、偽軍既幾全部被俘，俄軍所獲武器無數。從松北進出的難胞所見：如許多戰車、武器，俄軍除已隨時補給共軍外，絡繹不絕的多以運向佳木斯途中，那裡是集中之所——佳木斯之為共軍的後方，兵源的重鎮，造成日後松北襲進的大規模攻勢，卒使戰局急轉而下。

119 軍中人、馬所吃的糧食與草料，也作「糧草」。
120 民國時期實際控制中國甘肅、寧夏、青海等地的馬姓地方軍閥真正的歷史答案，不在中共的宣傳資料和歷史教科書中，而是在俄羅斯解密的前蘇聯檔案中。

蘇聯解密檔案記載：第一，蘇聯向中共提供了日本關東軍的、可武裝至少一百萬軍人的武器裝備：步槍七十萬支、機關槍一萬四千挺、炮四千門、坦克六百輛、飛機八百六十架、汽車兩千五百輛、彈藥庫六百七十九座；在一九四七年以前又提供步槍三十萬支。

第二，按照史達林的布置，駐朝鮮蘇軍把日軍在朝鮮的武器全部移交中共，日本統治朝鮮半個世紀，儲備了數量驚人的武器。

第三，從一九四六年開始，蘇聯把美國在二戰期間，通過租借法案支持蘇聯的一百三十億美元武器中多達四十億美元的重型武器，全部支援中共，直到一九四八年，蘇聯依然在向中共提供大量蘇聯和捷克生產的武器。

第四，一九四七年初，蘇聯把十萬主要是朝鮮人的、經過蘇聯軍事訓練並全副武裝的軍隊，全部交給林彪的部隊（韓戰中，這十萬朝鮮籍官兵又被送回北韓，成為北韓最具戰鬥力的部隊）。

第五，在林彪的部隊中有數千名蘇聯軍事顧問。

由此可見，蘇聯援助是中共軍事力量壯大的關鍵因素。這個結論記載在一九七六年蘇聯出版的《蘇聯軍事百科全書》，其軍事歷史卷「中國人民解放戰爭」條目中。該書評論，「蔣的失敗不是運氣問題，毛的成功也不是簡單的民心所能解釋，更非小米加步槍！」、「國民黨經過八年抗戰，各精銳兵力已被日寇大部消滅打光，剩下的雜牌軍居多，精銳越打越少，解放軍越打越多，解放戰爭初期解放軍實力已遠在國軍之上。」

關於蘇聯援助中共的武器、人員和物資的情況，蘇聯存在各種不同說法。蘇軍元帥華西列夫斯基在回憶錄中說，給中共的武器是「三千七百門火炮、迫擊炮和擲彈筒、六百輛坦克、八百六十一架飛機、約一千兩百挺機槍」。一九七一年，據莫斯科華語廣播一檔談話欄目的說法，是「步槍約為七十萬支、機槍約為一萬兩千至一萬四千挺、各種炮約四千門、坦克約六百輛、八百餘架飛機」。《赫魯雪夫回憶錄》披露：「戰敗的日本兵放下武器，我們將他們的武器轉交給了中共。我們避免暴露直接將日軍武器轉交給共軍，辦法是將武器集中存放在某地，讓中共去取。」

這些史料澄清了中共長期宣傳的謊言：中共使用的美式武器是從國民黨軍隊繳獲而來。其實，在國共內戰初期和中期，中共使用的大量美式武器是輾轉從蘇聯獲得的。美國從未想到援助蘇聯會養虎為患。這些美式武器，甚至在韓戰中被北韓和中國軍隊用來對付美軍及聯合國軍。這是美國總統羅斯福的左派思想和婦人之仁所結出的惡果。

歷史學者楊奎松在《毛澤東與莫斯科的恩恩怨怨》一書當中，以蘇聯檔案為依據，得出結論：

蘇聯紅軍不僅在暗中協助中共在東北建立根據地，而且為進入東北的及在華北的中共軍隊，先後提供了足夠裝備幾十萬人的武器彈藥，從而使這支過去因為裝備落後、彈藥缺乏，主要靠游擊戰取勝的部隊，迅速成長起來，從而極大縮短了中共中央原先預計的澈底戰勝國民黨的時間表。

## 從中共文獻看解放軍的武器來源

臺灣歷史學者陳永發在《中國共產革命七十年》一書中，用中共的史料重現了東北共軍建立砲兵司令部的過程。

內戰剛剛爆發時，中共不僅沒有幾門火砲，而且不懂得砲兵戰術，只會以單砲兵抵近直瞄射擊。直至一九四六年十月，東北共軍成立砲兵司令部後，才逐漸學會集中火力和步砲協同戰術，把砲兵火力集中在一起，連續向前推進射擊。

到遼瀋戰役前夕，東北共軍擁有的重裝備可能已超過國軍，而且有能力支援步兵攻占由國軍「十幾個多兵種合成防守的大城市」。此時，七〇%以上國軍的傷亡，就是中共火炮造成的。這些火炮，絕大部分是來自蘇聯。

此後，解放軍在濟南戰役使用五百餘門火炮，錦州戰役使用六百餘門火炮，天津戰役使用一千兩百三十門火炮。一九四八年十月五日，徐向前兵團發起太原戰役欲攻克閻錫山控制的山西省會太原，這場戰役持續半年，閻軍憑藉險要地形、堅固工事和強大火力，頑強反抗，共軍久攻不下。次年四月，共軍太原前線一共集結三個砲兵師，擁有各類火炮一千三百三十三門。四月二十四日晨五時，向閻軍城內主陣地猛烈轟擊，四天後太原終告陷落。

▲ 林彪曾指揮並發起震驚中外的遼瀋會戰。

國共內戰時期，中共的東北部隊戰力最強，除了其統帥林彪是中共最強悍的戰將，以及東北士兵的身體和文化素質相對較高之外，更是其武器裝備在數量和品質上，都是中共各部隊中非常突出的。這支部隊特指一九四五年九月抗戰勝利以後進入東北的中共領導下的部隊，一九四五年十月稱「東北人民自治軍」，一九四六年一月改稱「東北民主聯軍」，一九四八年一月改稱「東北人民解放軍」，其野戰部隊則稱「東北野戰軍」。

歷史學者郭永學考證，從東北部隊的史料及各級將領的回憶錄看來，抗戰剛結束時到國共內戰初期，關於蘇援武器的記載相當多。如，一九四五年下半年，蘇軍多次向中共轉交武器。九月，曾克林部從瀋陽蘇家屯軍火庫裡運出兩萬支步槍、一千挺機槍、一百五十六門迫擊炮、山炮和野炮。

曾克林在回憶錄中承認，向蘇軍投降的日本空軍飛機及人員，全都由蘇聯轉交給中共，由中共使用：「當時在瀋陽附近的遼陽奉集堡機場，駐紮著日本航空軍第二航空軍團第四訓練飛行大隊，裝備有重型轟炸機、九九高級教練機。大隊長是林彌一郎……其飛行大隊有各式飛機四十六架、飛行員十七人、機械師二十四人、機械員七十二人、各類地面保證人員一百八十多人及各種器件和配件。」這些日本空軍的資源，成為中共組建其空軍的基礎。蔣介石在向日本侵華軍隊總司令岡村寧次求助的同時，中共也爭先恐後的將日軍的資源拿來為其所用。

又如，《中國共產黨長春歷史》及《長春市志·軍事志》等書記載，共軍周保中部從長春日軍軍火庫中運出一萬一千支步槍，這是此前占領長春的蘇軍故意留下的。

又如，中共將領周家美在〈關於我軍進兵東北接管遼西的回憶〉一文中記載，駐錦州的蘇軍從日偽武器倉庫中，取出各種火炮五十餘門、機槍四百八十餘挺、步槍一萬餘支、手槍兩百餘支，交給周家美部。

又如，劉轉連在〈三五九旅北上記〉一文中記載，十一月，三五九旅利用在遼陽為蘇軍看守倉庫的機會，一夜之間利用庫裡的武器把全旅重新裝備起來。如果不是蘇軍同意和默許，這種事情怎麼可能發生？

又如，陳雷在〈一切從頭開始〉一文中記載，黑龍江綏化縣龍南縱隊成立時，蘇軍衛戍司令部移交了兩車皮武器彈藥，有步槍約五千支，輕機槍一百五十餘挺，迫擊炮二十餘門。

學者李長林在〈關東軍武器流向略考〉一文中，引用一九四五年十一月二十九日〈陳雲、高崗致中央電〉指出，陳雲等人向中央報告：蘇軍提供的武器已有「槍十萬，炮三百」。《回憶蕭華》一書亦記載，到了年底，遼東軍區從駐朝蘇軍手中得到多達十幾列車的槍枝、彈藥。

一九四六年三月十六日的〈東北局轉報周保中處消息致中央電〉顯示，蘇軍從朝鮮轉交中共部隊各種槍三萬餘支。

一九四六年四月二十日的〈高崗關於與蘇軍交涉情況致東北局並中央電〉顯示，蘇軍代表告知中方，蘇軍於二十五日撤離哈爾濱，為中共部隊留下「十萬步槍、一萬輕重機槍、一千門炮」。

後來，蘇聯認為在滿洲繳獲的日本軍用物資屬於其戰利品，不能無償撥給中共，要用易貨交換的方式處理。一九四七年年六至七月，被譽為「解放軍砲兵之父」的朱瑞，專程赴平壤與駐朝蘇軍談判換取武器事宜。朱瑞是共軍中唯一的砲兵專家，也是蘇聯教育出來的專業人才。一九二六年二月，朱就讀莫斯科中山大學，與鄧小平、蔣經國等為同學。一九二七年年秋，轉入莫斯科克拉辛砲兵學校學習。在國共內戰中，朱瑞任東北軍區兼東北野戰軍砲兵司令員。當時，朱瑞與駐朝蘇軍達成協議，採用武器換農產品的方式，蘇方經圖們向中共運送數十列車的關東軍武器彈藥和器材，包括幾百門火炮。

據《何長工回憶錄》記載，同年十月，中共將領何長工與蘇軍談判成功，用廢鋼鐵換取存放在滿州里的關東軍武器，這批武器「有各種槍炮，還有坦克」。

另外，東北共軍的不少武器來自朝鮮的日本遺留作戰物資。一九四六至一九四七年，應東北部隊軍政領導人陳雲、蕭勁光、李富春、周保中、劉亞樓等請求，朝鮮曾分四批向東北民主聯軍，提供兩千節車皮的日軍遺留作戰物資。這些物資中含有大量武器。朝鮮對於這些武器數量的記載是「十萬槍枝武器」。一九四七年六月，又從朝鮮發運數十列車武器彈藥，其中有山炮、野炮和高射炮等。這段淵源成為日後毛澤東出兵參與韓戰的原因之一。

沒有蘇聯提供的大量武器，中共不可能在內戰中打敗國民黨。換言之，沒有史達林就沒有毛澤東。在史達林生前，毛澤東一般不敢違抗其意志，對其俯首帖耳、畢恭畢敬；史達林過世之後，毛澤東才野心膨脹，要跟赫魯雪夫爭奪共產主義陣營頭把交椅。於是，中蘇關係走向破裂。

# 第十六章 那一天，時間，開始了，國慶日取代了雙十節（一九四九）

中國共產黨的當代敘事，說「中國人民選擇了中國共產黨」。是全稱判斷。宏觀的說，這涉及四萬萬（億）——六萬萬（毛詩「六億神州盡舜堯」）——八萬萬（毛語錄「八億人口，不鬥行嗎？」），以至十三億人的意志。我們這裡多年來沒有可靠的「民（意）調（查）」提供有力的資料。而微觀的看，我和我周圍許多同輩人，確鑿無疑的選擇了共產黨，並且認為別無選擇。

——邵燕祥

一九四九年十月一日，中共在北京天安門廣場舉行開國大典。十六歲的少年邵燕祥是中央人民廣播電臺的一名員工，他隨同機關隊伍，在天安門西側中山公園門前的金水橋邊列隊，場上一有動靜，眾人馬上就做出此前訓練好的統一動作。將近七十年之後，已成為詩人的邵燕祥在回憶錄中寫道：「我早已認定自己是一個世界的送葬者，一個新時代的歌頌者；現在是一個為舊世界送葬，同時迎接新時代的標誌性的日子，行禮如儀，同賀隨喜。」

邵燕祥指出，十月一日這一天，以「彼可取而代」的案例成為歷史的節日。這是中國現代史上的一個分水嶺：中華人民共和國取代了中華民國，十月一日「國慶日」取代了從小牢記的十月十日「雙十節」，共產黨取代了國民黨，毛澤東取代了蔣介石，北京取代了南京，「起來，不願做奴隸的人們」取代了「三民主義，吾黨所宗」，五星紅旗取代了青天白日滿地紅。

## 那一天，時間，開始了

共產黨取代國民黨，在當時確實是民心所向。我曾跟一位從事海外民主運動的前輩在社交媒體上為此爭論：他堅持，共產黨從來不得人心，是靠赤裸裸的武力奪取天下，中共跟中國應當分開來看；我則反駁，一九四九年的政權更迭，除了戰場上的輸贏之外，共產黨也贏得了民心，你很難將共產黨與中國人民明確區分，你不能自欺欺人的說，共產黨是壞的，中國人民是好的，共產黨員、共產黨員的家人以及支持者，占中國人中的大多數——如果你輕率使用「共產黨是綁匪，中國人民是人質」這個說法，你一定忘記人質都患上斯德哥爾摩症候群[121]的事實。

邵燕祥的回憶錄《一九四九：北平故人》再次印證了我的結論。從那一年一月開始，這個敏感聰慧的少年人就發現，「只要上街遛一圈，民心民氣怎麼樣，就全了然了」。抗日名將傅作義不戰而降，固然是因為北平被共產黨軍隊重重包圍，更是因為古城中找不到幾個願意拚死一戰的官兵，就連傅作義的女兒和祕書，都是共產黨的地下黨員，將作戰計畫全都送到共產黨那邊，這仗如何能夠打下去？

邵燕祥的父親是一名國軍醫官，沒有明顯的政治立場，知道兒子是左傾青年。邵燕祥有意將毛澤東的文章放在父親的桌上，父親有可能看過，卻假裝若無其事。邵燕祥有一次直接告訴父親說，共產黨入城之後必然要接收醫院，最好提前知道醫院的各種信息。父親對此不置可否，次日卻默許兒子取走一份有關醫院負責人職務的名單，交給地下組織。這就是北平乃至全國的人心所向，即便共產黨是透過「瞞和騙」的手段，但它真的得到了「天下歸心」。

就在邵燕祥在金水橋旁翹首以盼毛澤東演講之際，詩人胡風寫了那首「歌德派」的長詩〈時間開始了〉。其中，第一篇章〈歡樂頌〉是直接歌頌毛澤東：

> 毛澤東，列寧、史達林的這個偉大的學生，他微微俯著身軀好像正要邁開大步的神話裡的巨人。毛澤東！毛澤東！中國大地上最無畏的戰士，中國人民最親愛的兒子，你微微俯著身軀，你堅定的望著前方，隨著你抬起的手勢，大自然的交響湧出了最強音，全人類

121 又稱為人質情結、人質症候群，是一種心理學現象。被害者對於加害者產生情感、同情加害者、認同加害者的某些觀點和想法，甚至反過來幫助加害者的一種情結。

的希望發出了最強光，你鎮定的邁開了第一步，你沉著的聲音像一聲驚雷……。

今天，這樣的詩句已然不堪入目。但在那時，追隨胡風的詩人魯煤（王夫如）說：「這首詩寫得非常豐厚，沒有哪一個，包括解放區的人，塑造毛澤東的形象是那麼成功的。」然而，胡風絕對沒有意料到，正是他歌頌的對象毛澤東，幾年之後掀起一場牽連數千人的整肅「胡風反革命集團」運動。胡風蒙冤下獄，將近三十年間，受盡折磨，精神失常。

同樣是一九四九年十月一日，二十六歲的燕京大學畢業生李慎之站在天安門的觀禮臺上，度過了人生中極端興奮的七個小時。在這七個小時中，李慎之平生第一次親眼目睹如此威武雄壯的閱兵式、如此五彩繽紛的禮花、如此熱情歡呼的人群……這一切都令他無比激動、無比感慨。「躬逢盛典，豈可無詩」，他不斷回憶自己一步步走向共產黨的心路歷程，竭力想把自己的感受用詩的語言表達出來。「但是，想來想去竟是『萬感填胸艱一字』，只能自己在腦子裡不斷重複『今天的感情絕不是用文字所能表達的』一句話。」

讓才華橫溢的青年李慎之意想不到的是，他以為無法用文字表達的感情，竟被一個人表達出來。這個人就是胡風。開國盛典之後大約一個多月，《人民日報》連續幾期以整版篇幅發表胡風的長詩。五十年後，李慎之雖然已記不清詩的內容，「卻清楚記得它的題目：〈時間開始了〉，甚至記得這五個字的毛筆字的模樣」。「時間開始了」，胡風的這一句神來之筆讓李慎之不無羨慕。胡風這個文學化的比喻，道出了那個時代大多數人的心聲，用歷史學者王學泰的話來說就是：「一九四九年不是一般的改朝換代，它不僅是政治變革的開端，隨之而來還有社會的變遷。」

胡風劫後重生的晚年只是苟活而已。他已經沒有能力否定共產黨、否定自己的一生、否定那已經「開始」而無法更替的「時間」。晚年的李慎之卻痛定思痛，剔骨還父。一九九九年，七十六歲的李慎之在〈風雨蒼黃五十年〉一文中，用這篇悼詞般的文字，否定了江澤民主持的中共建政五十年閱兵。二十年之後，李慎之已經去世，仍然有人如考古般的找出這篇文章貼在社交媒體上，以此諷喻習近平主持的、規模更大的中共建政七十年閱兵。共產黨的壽命比所有人的想像都更長。

## 「你真是喝了共產黨的迷魂湯了」

邵燕祥認為，自己因為年幼沒有機會奔赴延安，但也算是投奔共產黨的早熟少年。跟胡風一樣，他也沒有想到，在「時間開始了」八年之後，自己卻成了一名被革命拋棄的「右派」。母親對他淡淡說了一句：「你真是喝了共產黨的迷魂湯了。」母親委婉的責備，邵燕祥心裡卻不以為然：

我加入的是一個有嚴密組織、有鋼鐵紀律的政團，不是隨便什麼烏合之眾；這個黨有目標明確的路線、政策和策略，我們都不是唐．吉訶德；而且我和我的一代人大都已經成年，不可能是輕易跟著花衣吹笛人走的孩子——再說，誰是「花衣吹笛人」？

那時，邵燕祥渾然不知，偉大領袖毛澤東就是那個「花衣吹笛人」，直到後來經歷了文革、林彪事件以及一九八九年的天安門屠殺，他才算一步步的覺醒過來。如果邵燕祥母親的「迷魂湯」的說法成立，共產黨給年輕人喝的究竟是什麼樣的迷魂湯？

幾代中國人都是喝著共產黨配製的迷魂湯長大的，包括今天在西方國家破壞香港人的連儂牆、暴力毆打流亡藏人、流亡維吾爾人的衣著光鮮且英文流利的中國留學生。這些主動捍衛北京政權顏面的中國留學生出現在澳洲，用普通話辱罵一群香港支持者的母親。在加拿大，開著法拉利和奧斯頓馬丁跑車「展示實力」的中國學生嘲笑香港人窮，還附上一句不堪入耳的髒話。在倫敦，一名年輕中國男子拿著一塊牌子，教訓香港同情者在其「主人」面前「跪下」。對此，上海小說家錢佳楠在《紐約時報》上撰寫了一篇題為〈中國的愛國主義如何塑造了一代人〉的文章，如此分析：

經過多年教育培養，每個中國人都有了一堆集體敵人：西方國家和日本。任何明智的成年人都不會愚蠢到接受這種完全非黑即白的觀點。但是，當涉及民族主義情緒時，敵對心態仍然可以壓倒我們。

七十年前，邵燕祥閱讀的書籍主導了其世界觀和政治立場，他服用的「迷魂湯」功效強大。與那些比他年輕七十歲的中國留學生們相比，邵燕祥是心甘情願的喝下「迷魂湯」，中國留學生則是從幼稚園起，就不由自主的被灌輸「迷魂湯」。邵燕祥回憶，日本投降後，他所就讀的匯文中學，西齋門廳每天中午飯後，總有一個報販攤開滿地的書刊，包括中共辦的《群眾》、民盟辦的《民主》，還有其他應該定性為「革命的和進步的」報刊。最有趣的是中共在北平辦的《解放三日刊》出版不久，國民黨特務機關就盜用其報頭毛澤東題字，仿照其開張版式，發行一種《解放區》，有文有圖，揭露解放區土地改革中虐殺人命的事件等。但國民黨的宣傳在像邵燕祥一樣的左傾學生中已經無市場。

最初，邵燕祥痴迷於毛澤東和共產黨的「文采」，而不是其「武功」。他讀毛澤東的〈沁園春．雪〉，極其欣賞。這樣的詞，蔣介石寫得出來嗎（其實，這首詞是毛的祕書胡喬木所作）？不久，他又從國文老師仇煥香處借到油印的毛澤東的《論聯合政府》。由此，他接受了中國共產黨的民主革命綱領。那時，他還不能算是一個知識分子，充其量叫做知識青年，但他靠攏或信賴共產黨的前後，跟國統區的許多成年知識分子的心路歷程大致類似。在國民黨統治下，經濟凋敝，畢業即失業情況尤甚，於是在讀書人裡和在市民中一樣，流行著「此處不留爺，自有留爺處；到處不留爺，爺去投八路」的民謠。這是民間自發的，共產黨地下組織或同情分子頂多參與傳播。

邵燕祥嚮往毛澤東在《論聯合政府》中的許諾，對諸多細節不暇細想，也不具備認真思考的知識結構。但與執政的國民黨端給民眾的爛攤子相比，實現和平、然後成立民主的聯合政府，按部就班的進行被日本侵略者打亂的國家建設，無疑就是輝煌的理想，如過去詩文裡抽象寫的「光明」境界。

於是，邵燕祥義無反顧的加入共產黨外圍組織，在解放軍攻城之前，他和同學們分配到的一項任務是：深入每一條大街小巷，逐項記錄軍事設施、公共場所、軍警崗哨，以及醫院、學校、商店和大戶人家等，縱然不是挨家挨戶，也是除了普通民宅都要記上一筆。

有趣的是，上級讓邵燕祥帶一本袖珍《聖經》作為掩護，如果遭到軍警盤問，就說正要上教堂去。國民黨至少還尊重宗教信仰自由，不會阻攔民眾上教堂。對於邵燕祥來說，《聖經》這個道具倒是物盡其用，他小學、中學念的都是教會學校，他對《聖經》頗為熟悉，如果有人詢問《聖經》經文，他大致能對答如流。

然而，這個細節讓人深思：教會學校培養出來的學生，為何未能具備對共產主義這顆「裹了蜜糖的毒丸」的免疫力？照理說，《聖經》是至高的、絕對的真理，《聖經》真理可以照出共產主義、無神論、唯物論的邪惡與黑暗。然而，少年邵燕祥熟讀《聖經》，卻有口無心，所以才會拋棄真理，轉而將謬誤當作真理來信奉。用評論人蘇小和的話來說，一個人最大的問題並不是工具理性不足，而是在最基本的問題上完全無知。

比如討論上帝命題，就會引出對個人崇拜的批評。常識是，相信上帝存在的人，不大可能出現個人崇拜，他憑直覺就能知道，自己所在的這個世界，任何人都不可能是上帝，一個真正有信仰的人不會崇拜任何人，不會相信任何人的所謂絕對正確。正是在這個意義上，基督信仰傳統秩序一直都是所有獨裁者的天敵，任何獨裁者都試圖消滅基督信仰，然而任何獨裁者都必然是基督信仰的手下敗將。這是一種基於信仰習慣的直覺判斷力。這種直覺是一個人的信仰生活方式帶來的。思想的灌輸與知識的教育，永遠無法教給一個人這種直覺判斷的能力。

## 不是學生運動，而是運動學生

十六歲的邵燕祥考上了私立中法大學，這是一所國民黨元老張靜江、李石曾創辦、蔡元培任第一任校長的大學。教授很多都是學界名流，還有不少外籍教師。

邵燕祥感受最深的一堂課，是單士元先生在故宮中上的中國通史課。單先生在故宮兼職，有一次帶著全班一小隊學生在冬季乾冷的季節裡，從神武門「闖入」紅牆金頂藍天一望的紫禁城，如入無人之境，除了這群師生，再也不見一個遊客的影子。自然氣候天寒是其一，二是政治氣候緊張，再淡定的老北京也沒了逛故宮的閒心。單先生卻邊走邊講，直觀教學，又旁徵博引，重現某些歷史鏡頭。這是邵燕祥一生空前又絕後的一次際遇。

不過，在大多數時間，邵燕祥和同學們已無心向學，更熱衷於參加學生運動——與其說是自發的學生運動，不如說是共產黨在背後「運動學生」。

當然，一般而言，學生運動一開始往往是自發的，是理想主義的，是青春熱情的宣洩。美國學者胡素珊在《中國的內戰：一九四五～一九四九年的政治鬥爭》一書中指出：「學生階層的高度政治性植根於中國學生的近期經驗，除此之外，還源於學者不僅精於學，而且專於仕的傳統角色。學生很明顯相信他們能動員起民意。」邵燕祥認為，在大城市，尤其在學校裡，不像在農村面臨土地、財產等具體的經濟利益；當時的年輕學生，主要是從自己所持的是非、善惡這些道義標準決定去取。師友之間的互相影響也會起作用，甚至是決定性的作用。他交往的盡是傳統所說的好學生，品學兼優的為多，他們當然看不起帶流氓氣息的、飛揚跋扈的學生，也就是國民黨的職業學生、三青團分子等。

他在一九四七年反飢餓反內戰運動前後，認同「軍隊國家化」的同時，認同「黨團退出學校」一說，就源於這樣的感性基礎。特別是一九四六年入夏先後發生的暗殺李公樸、聞一多兩血案（國民黨地方官員討好蔣介石所為，並非蔣直接下令），使他澈底厭棄國民黨。

自一九四六年以來，國民黨對北平的控制漸失，中共地下黨日益活躍，學生示威遊行頻發，你去我來，成為街頭一景；「反飢餓」、「反迫害」、「反內戰」、「反『美扶日』」，這些「反」字當頭的口號響徹雲霄。到了一九四八年，學生的示威遊行中大唱解放區歌曲已成為常態。北平的實際統治者傅作義對此睜一隻眼閉一隻眼。傅作義本身就是一名三心二意的國民黨黨員，與其說服膺三民主義的意識型態，不如說是迫於政治現實暫時與蔣介石結盟。這種情況下，受蔣介石直接指揮的國民黨黨部及特務組織，在北平反倒成了弱勢群體。

邵燕祥在書中記載了他與親國民黨的學生之間的一場論戰：一天，有一個平時穿皮夾克獨來獨往的大個子，突然在課後提議，「剿總」（剿匪總司令部）開設了一個軍訓班，希望大家踴躍報名。

邵燕祥立即反駁，學生的職責是讀書，不是參加軍訓，保護城市自有軍隊，養兵千日用兵一時。全班默然，對方悄然收場。邵燕祥嘲諷，若此人是國民黨「敵特」，「他也是『孤臣孽子』式的可憐蟲，因為從南京到北京的大官顯宦，該走的已經走了，能走的也都走了，剩下在這裡招兵買馬的，已經是注定殉葬的貨了」。

國共雙方氣勢的盛衰形成鮮明對比。比邵燕祥小九歲的王學泰，在《小學記事》中寫道：

那時大學生、中學生常常上街遊行，反飢餓、反迫害，走著的時候，多唱〈團結就是力量〉，這首歌很有鼓舞力量，我看見過同學們互相挽着手臂遊行高歌此曲；他們坐下來休息的時候，常唱〈山那邊喲好地方〉，而且唱首句時往往面向西方作瞭望狀。那時北平空氣潔淨，隱隱西山就呈現在遙遠的天邊，那裡就屬於晉察冀邊區。

當時我不明白這些歌是什麼意思、更不懂這是一個大時代即將到來的嚆矢[122]，但對其否定現實世界的感情傾向還是有所領會的。我們這些小學生也往往會跟著他們唱，成為了這個

122 比喻事物的開始。

大時代的啦啦隊。

然而，王學泰和邵燕祥都不知道，他們唱的頌歌，很快將轉變成哀歌。歷史學者呂芳上在《從學生運動到運動學生》一書中，梳理了五四之後學生運動蛻變的軌跡。一開始，是富理想色彩的學生「以極無責任之人，辦極有責任之事」，以單純的心從事學運，學運卻遭遇到很大挫折。然後，新興且具有動員性的政黨，逐步與學生接近，終於使學生運動變成「運動學生」。先是國民黨利用學生運動打擊北京政府，然後是共產黨以學生運動顛覆國民黨政府，真是「螳螂捕蟬，黃雀在後」。以邵燕祥就讀的中法大學而論，明明是國民黨元老創辦的大學，卻已淪為共產黨控制的「單位」。「不上千人的學校，黨員和盟員成百，黨組織一有安排，如臂使指。」

然而，學生逐漸淪為政黨組織的犧牲品。等到共產黨勝利以後，對學生運動嚴防死守，更為了維護自己的統治地位，給追求民主自由的學生扣上種種不堪的帽子，甚至派遣野戰軍對學生大開殺戒。呂芳上以「與魔鬼合作、喪失靈魂的浮士德」來形容左派學生的悲劇，大概一直到一九八九年槍聲響起，邵燕祥才明白這個比喻的真實含義。

在那個學生運動風起雲湧的時代，邵燕祥也聽到過不同的聲音。他曾拜訪前輩作家沈從文，他對沈從文說：「您寫湖南的鄉下無人能比，趙樹理寫北方的農村，也是。」這個對照真是「不圖老子與韓非同傳」。今天，沈從文的文字仍然魅力無窮，趙樹理的書早已無人問津。

但那時沈先生只是靜靜的聽，後來總結似的說了一句：「那邊」的作家都是「群」的。邵燕祥後來一直回味這句話，他的理解是：「沈從文的意思應該是說，解放區的作家都是推崇『群（集）體主義』的，他們的寫作，也是以表達他們歸屬的『群』的集體意志為能事，其思想、感情以至寫作風格、方法，都以集體為依歸，以致作家身上、作品裡面，屬於個人的、個性的，獨特的發現和表現，也因而減弱、縮小以至泯滅了。」如果沒有自由思想、獨立風格，文學也就死亡了。直到晚年，邵燕祥才從「群」中掙脫出來，開始個性化的、有價值的寫作。

## 「扭秧歌」，是鑑別人們是否革命的試金石

新時代不僅換了執政者，而且新的掌權者還要營造全新的社會氛圍，例如「扭秧歌」。秧歌是陝北一種祭神、娛神的歌舞，特別是逢年過節，男男女女成群結隊，走村串鄉，在鑼鼓伴奏下，扭來扭去，相互挑逗，當地又稱之為「騷情秧歌」。毛澤東的延安文藝座談會講話之後，一些文人對它加以改造，遂成為政治動員的工具，扭不扭秧歌成為作何政治歸屬的標誌。秧歌不僅在延安扭，而且還扭到了國統區的重慶。「周公館」宴請的曲終奏雅，往往就是扭秧歌。

據郭沫若回憶，「那晚上大家是盡了興，又『痛哭』，又『狂歡』，而且還跳了秧歌舞。秧歌舞之到重慶，就是隨著恩來飛來的。」郭沫若還賦詩以紀念當夜歡聚，「秉炬人歸從北地，

投簪我欲溺儒冠。光明今夕天官府，扭罷秧歌醉拍欄」（《延安文藝運動紀盛》）。

但秧歌畢竟來源於農村，城市知識分子，特別是學歷較高、在「洋學堂」浸染比較深的，就比較難以接受。熱愛交響樂和芭蕾舞的人，不太可能同時熱愛秧歌和腰鼓。例如，曾任黃埔軍校政治部編纂股長的學者、民主人士宋雲彬，作為統戰對象被共產黨從香港接到北平參與建立中央人民政府。三月十八日一到就被安排住進了六國飯店，直到十月一日，這七個月中，宋閒住北平，享受著優厚的待遇。雖然不能說「三日一小宴，五日一大宴」，但住賓館，當局的宴請，以及朋友之間詩酒酬酢，可以說是無日無之。可是，宋雲彬對風行北平的秧歌和沒完沒了的大會小會都頗不適應。五月十五日，作〈自嘲〉一首：

結習未忘可奈何，白乾四兩佐燒鵝。
長袍短褂誇京派，小米高粱吃大鍋。
避席畏聞談學習，出門怕見扭秧歌。
中產階級壞脾氣，藥救良方恐不多。

宋雲彬不懂得，中國人非常重視歸屬（文革當中稱之為「站隊」），用老百姓的話說就是「是不是我這一頭的」，他不如郭沫若早在四、五年前就懂得「扭秧歌」的實質了。扭秧歌事小，屬於「哪頭」事大。所以，宋雲彬後來逃脫不了被打成右派的厄運。一九五七年，反右剛開始時，宋雲彬的好友許志行在北京接見毛澤東，關切的問了句：「我有個朋友叫宋雲彬，怎麼給弄成右派了？」毛澤東隨即就回道：「書生之見。」言外之意是，若是跟著共產黨走，就不能有「書生之見」；若堅持「書生之見」，就是罪不可赦的右派。

一九四九年那一年，作為一名具有自覺政治追求的少年學生，邵燕祥很快就接受了「扭秧歌」。《一九四九年：北平故人》一書為「扭秧歌」專設一節，題目就叫「唱革命歌曲之外，一定還要學會扭秧歌」。其中寫道：「跑步不成問題，唱歌不成問題，扭秧歌，對我們這些年輕人不成問題，對學員中雖有社會經歷卻無起舞經歷的中年人就成了問題。」邵燕祥體認到「扭秧歌」是中共的文化政治符號，扭不扭秧歌，實際上是對新社會的態度問題。

張愛玲就無法接受秧歌，以及共產黨千人一面的幹部服，要她扭秧歌和穿幹部服，還不如殺了她——她跟共產黨的分歧，首先是審美上的，然後才是觀念秩序上的，她如此熱愛自由，故而相信「全部自由一交給別人，勢必久假而不歸」。

張愛玲極少寫農村生活，卻寫了一本控訴共產黨土改運動的《秧歌》。胡適非常喜歡張愛玲的《秧歌》，認為秧歌以「飢餓」為主題，不但極為細緻的描寫出普通農民面對飢餓時的絕望，還透過分析造成飢餓的原因，突出表現農民需求和政府管控之間的矛盾，人性與制度的衝突，比那些奉國民黨之命而寫的「反共文學」高明得多。而張愛玲自己說：「《秧歌》裡面的人物雖然都是虛構的，事情卻都是有根據的。」

文學有時比歷史更真實。張愛玲在文字上的反諷給人印象深刻，比如《秧歌》中一段農夫殺豬的情節：

金有嫂挑了兩桶滾水來，倒在一隻大木桶裡。他們讓那豬坐了進去，把牠的頭極力捺到水裡去。那顆頭再度出現的時候，毛髮蓬鬆，像個洗澡的小孩子。譚老大拿出一隻挖耳（棒）來，替牠挖耳朵，這想必是牠平生第一次的經驗。然後他用一個兩頭向裡捲的大剃刀，在牠身上刮著，一大團一大團的刮下毛來。毛剃光了，他把一隻小籤子戳到豬蹄裡面去剔指甲，一剔就是一個。那雪白的腿腕，紅紅的攢聚的腳心，很像從前的女人的小腳。

當他們幫豬剃完頭，「去了毛的豬臉在人前出現，竟是笑嘻嘻的」。豬頭被割下來陳設在桌面上，牠「恬靜的躺在那裡」。他們給那豬嘴裡塞著牠自己的蜷曲的小尾巴，「就像一個快樂的小貓咬著自己的尾巴一樣」。豬的命運隱喻著敦厚的農民被極權體制綁架和剝奪的悲劇，跟歐威爾《動物農莊》中的故事同樣驚心動魄。

最後，張愛玲描寫了蘇北農村學習扭北方秧歌的情節。經過血洗和鬥爭的農民，強顏歡笑扭秧歌，「但是在那龐大的天空下，那鑼聲就像是用布蒙著似的，聲音發不出來，聽上去異常微弱」。

可惜，那個時代的青年人，如邵燕祥、王學泰等，都沒有讀到張愛玲的這本《秧歌》；即使讀到了，他們不會聯想到，自己就是小說中那頭被宰殺的豬。那些把心交給共產黨的中國人，誰又不是被宰殺的豬？

共產黨奪取天下之後，立即開始大規模屠戮曾經服務於舊政權的人員，以及被當作敵對階級的地主、富農和商人、資本家，在殘忍殺死作為敵人的父親、丈夫和兒子的同時，也無情的侵奪敵人的母親、妻子和女兒。

# 第十七章 從辛亥元老到抗日名將，全殺！（一九五〇）

一般看來，華東、中南、西南三大區似乎均須超過千分之一的比例，才能解決問題。但是，超過太多似乎不妥。柳州專區要殺千分之五，顯然是錯誤的。貴州省委要求殺千分之三，我也感覺多了。我有這樣一種想法，即可以超過千分之一，但不要超過的太多，不要規定一般以千分之二為標準。而（應）將許多犯人列為無期徒刑，離開本縣，由國家分批集中，從事築路、修河、墾荒、造屋等生產事業。例如西南區準備再殺的六萬人，殺掉三萬左右以平民憤，而將其餘的三萬人左右分批集中生產。

——毛澤東

一九五〇年十月八日，中國正式宣布派遣軍隊進入朝鮮半島，開始所謂「抗美援朝」戰爭。毛澤東認為，「鎮反運動」的機會到了，此前的運動過於「右」、過於心慈手軟，現在要利用戰爭的危機情境，大肆殺戮「反革命」——至於誰是「反革命」，完全由共產黨說了算。毛澤東對公安部長羅瑞卿說：「**你們不要浪費了這個時機，鎮壓反革命恐怕只有這一次，**

以後就不會有了。千載難逢，你們要好好運用這個資本。」

## 韓戰是共產黨大屠殺的千載難逢的時機

毛澤東的副手劉少奇在高幹會議上公開說：「抗美援朝很有好處，使我們的很多事情都好辦（如搞土改、訂愛國公約、搞生產競賽、鎮反等）。因為抗美援朝的鑼鼓響起來，響得很厲害，土改的鑼鼓、鎮反的鑼鼓就不大聽見了，就好搞了。如果沒有抗美援朝的鑼鼓響得那麼厲害，那麼土改（和鎮反）的鑼鼓就不得了了。這裡打死一個地主，那裡也打了一個，到處鬧……很多事情不好辦。」忠實執行毛澤東殺人計畫的劉少奇和羅瑞卿，今日剁他人頭，明日自己的頭又被毛剃掉（劉少奇慘死獄中且屍體用假名火化，羅瑞卿跳樓摔斷腿後被裝入籮筐帶到體育館接受萬人批鬥），凶手的結局往往都很悲慘。

一九五一年一月十七日，毛澤東接到中南局轉來的駐湘西二十七軍的鎮反報告。該報告說，在湘西二十一個縣，僅駐軍部隊已處決匪首、惡霸、特務四千六百餘人，並準備由地方政府再殺一批。毛澤東批示道，「這個處置是很必要的」，並強調「特別是那些土匪猖獗、惡霸甚多、特務集中的地方，**要大殺幾批**」，要求「各地務必抓緊照此辦理」。

二十一日，毛澤東在給上海市委的電報中說：「在上海這樣的大城市，在今年一年內，**恐怕需要處決一、二千人，才能解決問題**。南京方面，請華東局指導該市市委好好布置偵捕審訊，爭取在春季處決一、二百個最重要的反動分子。」

次日，毛澤東又電告華南分局、廣東省委負責人說：「你們已殺了三千七百多，這很好，再殺三、四千人。」、「今年可以殺八、九千人為目標。」毛指示，**殺人要穩**、**要準**、**要狠**，既不能手軟，更不能膽怯。他認為只有這樣才能穩定社會秩序，使志願軍作戰時無後顧之憂。毛認為，面對臺灣海峽對岸國民黨的軍事威脅，鎮壓反革命比興建國防工事還重要。毛果然是一代梟雄，**他清楚知道蔣政權根本無力反攻大陸，而對內殺戮才是鞏固統治的最佳方法**。

這段時間，毛澤東差不多每天都發出殺人指示，他比歷史上任何一個開國皇帝更熱衷於殺人，更讓董卓、黃巢、李自成、張獻忠、洪秀全等流寇望塵莫及。毛澤東這個「土包子」早年在北京求學受挫，對城市充滿刻骨仇恨，特別對大城市發出殺人的具體指示：「各大城市除東北外，鎮壓反革命的工作，一般來說，還未認真的嚴厲大規模實行。從現在起應當開始這樣做，不能再遲了。這些城市主要是北京、天津、青島、上海、南京、廣州、漢口、重慶及各省省城，這是反革命組織的巢穴，必須有計畫的布置偵察和逮捕。在幾個月內，大殺幾批罪大有據的反革命分子。」

三月三十日，毛又指示：「很多地方，畏首畏尾，不敢大張旗鼓殺反革命。這種情況必須立即改變。」於是，各地紛紛舉行聲勢浩大的公審大會，當場宣判，然後押赴刑場處死，有些人就地處死。報紙和廣播予以大力報導。

毛澤東還指示**下放批准殺人的權限**。中共西北局報告，「執行鎮反計畫，一定求穩，批准殺人一律在省上」。毛批示，「其判死刑者則經專署批准執行」即可。實際上，殺人審批權進一步下放，縣一級機關即可殺人，甚至在鄉村召集的群眾大會上，激動的群眾一擁而上將「反革命分子」活活打死，不僅不受追究，反而得到鼓勵。

有些地方官員對不經過司法程序殺人心有顧忌，為了打破這一心理防線，當年二月二十日的《人民日報》上，發表了一篇文章，由「民主人士」出身的司法部長史良撰寫，題為〈**堅決正確鎮壓一切反革命活動**〉，為屠殺張目。史良原本是律師，受過完整、系統的現代法律訓練。此時此刻，表面上執掌司法大權的史良，卻宣稱國難當頭之際，政府可採取權宜之計，以血腥鎮壓穩定社會秩序。史良以此作為給中共的「投名狀」，殊不知中共不會信任首鼠兩端的「民主人士」和「第三勢力」。等到他們的利用價值被榨乾，五年後的反右運動中，他們很快招致滅頂之災。

殺人是否有必要？被殺的人是否真的危及中共的政權安全？曾任安徽省公安廳常務副廳長的尹曙生在回憶文章中指出，很多被殺的人根本是罪不至死。比如，安徽省桐城縣擬將十六名反革命處死，報告給安慶地委（地區黨委）審批，地委審查全部否決，退回來。縣公安局看到地委回文，以為同意，竟沒有拆開看批文內容，將十六人拉到刑場槍決。這十六人中有五個是保長、四個是三青團區分部委員、三個是憲兵、兩個是一貫道壇主、六個是地主。十六個人沒有一個人有血債。事後追查，有十一個人連逮捕條件都不夠，必須立即釋放，卻已全成槍下亡魂。阜陽專區在槍斃幾個「惡霸地主」時，把同他們睡過覺的幾個「破鞋」也槍斃了，其罪行是「不爭氣，給勞動人民丟了臉」。

在毛澤東的極力推動下，全國各大中城市從三月開始，陸續實施有計畫的、極具震懾性的大逮捕和處決行動。此舉在各個城市都造成強烈的震撼效果。據較早開始這一行動的太原市委報告，他們在三月十三日開始實施大逮捕，緊接著「學習京津的經驗，於四月五日召開市、區各界人民代表的擴大聯席會議，專門討論鎮壓反革命和控訴反革命罪行，當場宣布處死一批反革命」，並於五、六兩日分批分區執行。

公審大會採取會場和會外相結合的方式，並竭力煽動旁觀群眾的情緒：

全市五千多架收音機全部開放，重要街道及群眾集中場所均安置了喇叭，據不完全統計，群眾在十萬人以上。很多商店居民把收音機擺在街頭，三百一群，五百一夥，聚精會神收聽大會上的報告和控訴。十四個大中學校的統計即有七千多人收聽。當反革命罪犯被押進會場時，被迫害的工人、市民、農民等各界民眾代表當面指著反革命歷數其罪行，會場情緒憤慨，罪犯面如土色。全市人民幾乎完全出動，道路為之堵塞，通衢要道一直延伸至五、六里以外的刑場，人山人海，爭睹反革命的下場。當罪犯在刑場倒下時，數千觀眾狂熱鼓掌跳躍，高呼口號。個別罪犯家屬哭泣，也惹得周圍群眾嘲笑。大會會場以及報社、廣播電臺，均收到大量的群眾控訴信件和電話，僅廣播電臺從當日上午八時到下午六時，即收到各界群眾控訴信及各處收聽廣播的反映五百多件，接到控訴並要求槍斃這些罪犯的電話五十多次。有的要求把這些傢伙千刀萬剮。上馬街群眾把「五閻王」刺五百刺刀。

此後中共的歷次政治運動，都沿用鎮反運動中公審公判和公開處決的模式，一直到鄧小平時代的「嚴厲打擊刑事犯罪」運動。我小時候曾被學校組織前去觀看公開槍決死囚，回家後噩夢連連，這正是中共試圖達到的震懾人心的效果。

## 毛澤東欽定殺人指標和殺人比例

尹曙生認為，鎮壓反革命運動中對判處死刑的人，**不是根據犯罪分子的罪行來定罪量刑、確定該不該殺；而是根據人口比例，要求某地、某市必須殺多少人，這是最大的荒謬之處**。

一九五一年二月，在毛澤東的建議下，中共中央開會討論殺人比例問題，「決定按人口千分之一的比例，先殺此數的一半，看情形再下決定」。當時中國人口為五億五千萬，千分之一即五十五萬人。毛一句話就決定五十五萬人的生死，正如史達林所說：「殺死一個人是悲劇，殺死一萬個人是統計數字。」而且，這個數字是毛隨心所欲的提出來的，並未經過「科學」的論證過程。實際上，最後殺人的比例，遠遠超過毛最初定下的千分之一，有些地方高達千分之五。

毛澤東還給一些地方下達具體的殺人指標，指示上海、南京等地要多殺、大殺。毛澤東電告上海、南京兩市委負責人說：「上海是一個六百萬人口的大城市，按照上海已捕二萬餘人僅殺二百餘人的情況，我認為一九五一年一年之內至少應當殺掉罪惡大的匪首、慣匪、惡霸、特務及會（道）門[123]頭領三千人左右。而在上半年至少要殺掉一千五百人左右。這個數字是否妥當，請你們加以斟酌。南京方面，據二月三日柯慶施同志給饒漱石同志的電報，已殺七十二人，擬再殺一千五百人，這個數目太少。南京是一個五十萬人口的大城市，國民黨的首都，應殺的反動分子似不止二千餘人。」、「**南京殺人太少，應在南京多殺！**」

上海市委根據毛澤東「大殺幾批反革命」的一再督促、指示，向中央報告：「上海決心在已經逮捕了一千零六十八人、處死一百多人的基礎上，再放手逮捕一萬人、殺三千人、關四千人，管（制）三千人。」毛澤東對上海市委糾正在捕、殺人問題上謹小慎微的態度，準備大捕、大殺的計畫，給予充分肯定。他致電上海市委給予具體指導：「如果你們能逮捕萬餘，殺掉三千，將對各地城市的鎮反工作發生很大的推動作用。你們注意在逮捕後迅速審訊，大約在半個月內就應該殺掉第一批，然後每隔若干天判處一批。」

於是，上海市委在四月二十七日一天逮捕八千三百五十九人。僅隔三天，四月三十日一天就處決兩百八十五人。五月九日，再處決二十八人。六月十五日一天又處決了兩百八十四人，以後每隔幾天就槍斃一批人，少則幾十名，多則一百四、五十名。

123 會道門，中共特指民間宗教和祕密會社等，是其打擊對象。

首都北京當然不甘落後。一九五一年二月十七日，北京市在公安部長羅瑞卿的直接領導、指揮下，一夜之間逮捕六百七十五人，第二天公開槍決五十八人。三月七日夜，又逮捕一千零五十人。二十五日，公開槍決一百九十九人。毛澤東充分肯定北京的做法，並鼓勵其他城市展開競爭：

我希望上海、南京、青島、廣州、武漢及其他大城市、中等城市，都有一個幾個月至今年年底的切實的鎮反計畫。人民說，殺反革命比下一場透雨還痛快。我希望各大城市、中等城市，都能大殺幾批反革命。

根據中共中央一九五一年五月底公布的數字，當時**全國已經捕人一百五十萬，已殺五十萬**，基本達到毛澤東要殺掉全國人口千分之一的目標。但是，毛不願停止殺人計畫，只是命令稍加收縮和放緩。從一九五一年五月到一九五三年秋季鎮反運動結束，又有至少二十萬人被殺。

一九五四年一月，公安部副部長徐子榮在一份報告中說，「鎮反運動」一共逮捕了兩百六十二萬人，其中**殺了七十一萬兩千人**，是全國人口的千分之一點三一。按照此說法，「鎮反運動」殺人突破了原定人口千分之一的指標，大大超額完成任務。

實際處決的人很可能遠不止這個數字。有學者估計，「鎮反運動」中實際處決的人數在一百萬到兩百萬人之間，甚至更多。有四川學者認為，僅四川被殺的人就高達五十萬。「鎮反運動」是在中共已得天下時實施的，在其高潮的短短幾個月間屠殺人數就超過國共四年內戰中雙方在戰場上戰死官兵的總和——據《中國人民解放軍全史》記載，國共內戰四年間，解放軍陣亡約三十萬人，國民黨軍隊陣亡四十萬人，國共相加大約七十萬人。共產黨天天咬住人數不詳的南京大屠殺讓日本道歉再道歉，自己殺害數倍於南京大屠殺的同胞，卻從不反躬自省。

## 被共產黨處決的四位辛亥元老與民國上將

羅瑞卿說，被殺的反革命分子中，匪首和慣匪占四四．六％，惡霸占三四．二％，會道門分子和反動黨團首要分支占七．七％，特務和地下軍頭分子占一三．五％。其實，這些名稱都充滿彈性及灰色地帶，你屬於哪一類，全由共產黨說了算。共產黨想要消滅的，主要是國民黨遺留在中國的人員，特別是國軍官兵。共產黨參與韓戰，其中一個重要且祕而不宣的目的，是借刀殺人消滅投降的數十萬國軍官兵——很多來自南方的國軍官兵，穿著單衣就被送上冰天雪地的戰場，還未見到敵軍就被活活凍死。而「鎮反運動」與韓戰乃是一體兩面，前方打仗消耗國軍官兵，後方則是有計畫的捕殺國軍官兵。

歷史學者郭恒鈺指出，中共建政後，國軍被害者約三百萬人，國民黨遺留在大陸的黨員被害者約一百四十萬人。另據不完全統計，國共內戰結束之後，中共捕殺超過兩百四十一名民國時代的高級將領，他們大部分都參加過抗日戰爭，是民族英雄。其中，辛亥革命元老和民國上將有四位、中將七十八人、少將一百五十九人。大部分屬於以下兩類：國共戰爭末期起義投誠後解職返鄉者，被俘後釋放（一般都經過幾個月的解放軍軍官教育團學習）返鄉者；退役返鄉已有數年，或閒居，或從商，或從事其他職業。他們對中共的統治並不造成任何威脅，卻照樣被濫殺。

被殺害的四位辛亥革命元勛，遇害時都是年逾六旬、七旬的老人，早已脫離軍界，仍不能「苟全性命於盛世」。其中，我最熟悉的是夏之時。夏之時，四川合江人，一八八七年生，早年留學日本。一九〇五年，加入同盟會。一九〇八年，「奉命還蜀，策動革命」，四川總督趙爾巽懷疑夏是革命黨人，派他赴川康邊境及西藏從事軍事勘查和測繪工作。

一九一一年，四川保路運動興起。夏之時加入保路同志會，與黨人陳寬等編輯《西顧報》，鼓吹保路。同時，夏與黨人密謀武裝起義。十月底，夏奉命率步兵一隊到成都郊區的龍泉驛駐守。十一月五日晚上，夏策動駐龍泉驛新軍步兵一隊，騎、工、輜重兵各一排共兩百餘人，在土地廟誓師起義，擊殺東路衛戍司令魏楚藩，打響四川響應武昌起義的第一槍。當夜，夏率兵東進，一路勢如破竹。二十二日，率師攻入重慶，成立蜀軍政府，被推舉為副都督，後又兼蜀軍總司令。一九一二年三月，成、渝兩軍政府合併為四川都督府，在重慶設鎮撫府，夏之時任鎮撫府總長。

民國成立後，夏之時辭職再赴日本留學，其間加入中華革命黨，參加討袁。「二次革命」失敗後，夏在上海與董竹君相識相戀。年僅二十七歲的夏之時為英姿颯爽的名將，十五歲的董竹君為貌美如花的青樓女子，兩人之婚戀堪稱民國時代的一個傳奇。

一九一七年，夏之時攜董竹君從日本回國，參加護法運動，就任靖國招討軍司令，在川南作戰。一九二〇年，又出任川西護法軍總司令。次年，夏見軍閥無義之戰，爭紛不止，心灰意冷，解甲歸田，在成都創辦錦江公學，出任董事長。在此期間，夏董二人因性格不合協議離婚，董竹君赴上海創業，創辦錦江菜館和錦江茶室，即享譽全國的錦江飯店，在一九五〇年代「公私合營」中被收歸國有——我第一次知道夏之時的名字，還是在董竹君的傳記中。

一九三八年，夏之時回到老家合江，研究佛學及文物古玩，不問世事。一九五〇年的「鎮反運動」仍未放過這位已三十年不曾帶兵的老人。夏之時被捕後，在十月六日以「組織策劃土匪暴亂」罪名被槍決。同時被槍殺的還有其大哥、四弟及侄兒等人，可謂滅門之災。我在史料中看到一張夏之時被槍決時的照片，長髯飄飄的老人雖被五花大綁，仍神色自若。

在董竹君與夏之時之間一直存在著藕斷絲連的微妙感情。董離開夏二十多年後，夏聽說董在上海置身於解放軍的包圍之中，寄信力勸其到四川躲避兵災——幸虧董沒有去四川，否則一定是「城門失火，殃及池魚」、「覆巢之下，豈有完卵」，不可能在夏家滅門案中置身事外。夏遇難後，董一直把與夏的結婚照放在臥室床頭，每天夜裡，都要獨自面對這個曾帶給她幸福和苦難的男人。

一九八七年十一月，合江縣人民法院受上級指示，對夏之時案進行複查，認定夏之時無罪，簽署判決書，為其「平反昭雪」，恢復「辛亥革命人士」榮譽。至於凶手是誰，無可奉告。

第二位被殺害的民國上將為何海清。何海清，湖南湘潭人，一八七五年生，早年入清軍當兵，後被保送入日本士官學校，經黃興介紹加入同盟會。一九〇九年，回國後分派雲南新軍，在雲南講武堂結識蔡鍔、朱德。一九一一年，何升任第七十五標一營管帶，參加辛亥起義。雲南光復後，任雲南北伐軍第一大隊長、聯隊長、黔軍第五旅九團團長。民國成立後，授銜陸軍少將。

一九一五年，何海清親率士兵趕赴河口迎護蔡鍔返昆，隨即參加護國戰爭，任護國軍第一軍第二梯團第四支隊長。何海清率兵增援在四川納溪被圍困的部隊，獲得雙河場大捷。蔡鍔致電稱其為「吾之子龍也」。何海清因戰功晉升陸軍中將，任第六師第十一旅旅長。

護法運動中，何海清任護法靖國軍第一軍右翼總司令、第八軍第一師師長、滇黔川鄂豫靖國軍前敵總指揮等職，率部痛擊北洋吳光新部，一舉攻克重慶。一九二三年，何任雲南鎮守使兼建國軍第六軍軍長，晉陸軍上將。

一九二五年冬，何海清由於兩耳失聰，母親病故又須料理後事，遂解甲還鄉。在上海，他遇到從歐洲回國的朱德，資助朱德三百銀元。一九二七年，何海清從湘鄉遷居韶山永義亭，將縣城宅第捐辦醫院，捐田五十畝作為湘鄉至寧鄉公路常年修路基金，另五十畝作湘鄉湘西鄉小學基金，獲國民政府教育部「敬教勸學」匾與金質獎章。一九四四年，日軍進犯韶山，何海清捐款購置槍枝，組織抗日自衛委員會，年近古稀仍出任委員會主任兼抗日自衛大隊隊長。一九四五年，何又以韶山永義亭兩百畝田產自辦「海清學校」，對貧困子女免收學雜費。

在一九五〇年的「鎮反運動」中，何海清被逮捕，於十一月八日夜被殘酷處死。一九八三年十月，中共當局宣布為何海清「平反」，確認其為「辛亥革命人員」。

第三位被殺害的民國上將是宋鶴庚。宋鶴庚，湖南湘鄉人，一八八三年生，早年考入湖南陸軍學堂，畢業後赴日，入日本陸軍士官學校第九期步科，在日本期間加入同盟會。一九一一年，回國後參加辛亥革命，光復後歷任湖南都督府第三科科長、鐵道守備連長、營長。

一九一三年與一九一六年，宋先後兩次參加討袁，護國戰爭後任湘軍第一師三團團長。一九一七年，又參加護法戰爭。一九二〇年，驅逐張敬堯後，宋任湘軍第一師師長，成為譚延闓系湘軍的中堅骨幹。一九二一年，宋出任援鄂自治軍總指揮兼第一軍司令，與北洋軍閥王占元、吳佩孚作戰。一九二三年，又隨譚延闓入粵，被孫文任命為湖南討賊軍湘軍第一軍軍長兼前敵總指揮、建國軍北伐軍中央總指揮等職。

一九二五年，孫文北伐失敗，宋鶴庚從此脫離軍界。南京國民政府成立後，宋鶴庚於一九二九年被任命為湖南省府委員兼建設廳廳長，一九三一年又出任軍事參議院上將參議，但並未帶兵打仗。不久，他辭職回鄉，閒居上海、長沙、湘鄉，以繪畫、學佛、遊山玩水自娛。

一九五〇年，「鎮反」開始，宋鶴庚居住於上海女兒家，被上海公安機關逮捕，押解回湘鄉。一九五二年一月，湘鄉縣人民法庭以宋鶴庚「曾充任匪軍師長、軍長、省建設廳長、上將參議等職，一貫危害人民，反抗革命……」等罪名判處死刑，立即執行。

一九八〇年代，湘鄉縣人民法院複查，並報請湘潭市中級人民法院審批認定：「宋鶴庚早年投身資產階級民主革命，曾參與黃興起義和討伐陳炯明戰役。一九二七至一九三〇年雖跟隨蔣介石，但在解放前夕做過有益於黨的工作，應按起義投誠人員政策對待，不究既往，撤銷原判。」

第四位被殺害的民國上將是鄧玉麟。鄧玉麟，土家族人，一八八一年生於湖北省巴東縣，早年投入清軍，後入新軍第三十一標，繼升為炮八標正目。一九〇八年，由孫武介紹祕密加入共進會。武昌起義前夕，在議定軍政府組成人員時，鄧為軍政府調查部正部長、軍事常駐籌備員，負責起義前的聯絡、彈藥、軍旗、符號、文告和給外國領事館的照會等項工作。

武昌城內首義第一槍響起之後，鄧玉麟率領南湖炮隊進城作戰，與吳兆麟等登蛇山，集大炮向督署轟擊，打響辛亥首義第一炮，一舉奠定勝局。鄂軍都督府成立後，鄧任軍務部參謀，與黎元洪共商大事。又出任步兵第七協統領，奉命固守武昌沿江一線。一九一二年，軍務部將協擴為鎮，鄧為第四鎮統制，後改任為師長。他是湖北民軍初期的八個協統之一，後來又是八個鎮統之一。南北議和後，鄧為南方九省代表之一常駐北京。一九一三年二月十八日，總統府給辛亥革命武昌首義有功人員授勛，鄧被授予二級嘉禾章、二級紋虎章，領陸軍中將銜，任總統府高級顧問。

一九一六年，袁世凱稱帝，欲委鄧為政府諮議長，鄧堅不從，隻身到上海，圖團結海內外力量反袁。孫文護法運動興起後，鄧即赴廣州，任廣州護法軍大元帥府參軍。一九二六年，鄧任北伐軍左翼軍第一路軍司令，攻荊沙，克宜昌，直抵長陽、五峰。

北伐之後，鄧玉麟脫離軍界，寓居上海。抗戰爆發後，鄧拒絕日人收買，遷居武漢。武漢淪陷後，又遷居長陽。一九四三年，回到家鄉巴東居住。在各地居住期間，鄧玉麟於多處籌資興辦學校、實業。

一九四六年，中華民國行憲，成立國民大會，鄧玉麟當選第一屆國大代表。中國淪陷前夕，像鄧玉麟這樣高級別的辛亥首義人士已不多，國府派員至大石橋勸鄧赴臺灣。鄧不從，認為自己並未與一九五〇年共軍作戰，選擇留在家鄉。

一月底，鄧在鎮反運動中被捕，次年春以「組織反革命暴動」罪被處決。據說中共元老董必武曾電示巴東縣政府刀下留人，但電報到時，鄧已命赴黃泉。

一九八二年，湖北省高等人民法院宣布鄧玉麟無罪，為其「平反」，恢復「辛亥革命人士」的榮譽。

以上四位民國上將，都以相似的方式參與辛亥革命、推翻清帝國。但中華民國並不符合他們的理想，尤其是一九二七年國民黨建立南京國民政府，他們並不認同，乃自我放逐，回歸鄉紳身分，以興辦教育為晚年之事業。他們不曾參與國共內戰，跟共產黨毫無血仇。所謂「有怨報怨、有仇報仇」，共產黨並沒有殺害他們的直接理由——但是，他們正好既是「軍」又是「紳」，是「軍紳政權」的支柱，所以不得不死。

## 數百名抗戰名將淪為共產黨槍下亡魂

相較於早已不帶兵的四名民國上將，被槍殺的諸多中將、少將，很多都是赫赫有名的抗日名將。中共自詡為抗日的「中流砥柱」，其實中共才是殘害抗日中流砥柱的元凶。

比如，抗日英雄宋士台，廣東花縣人，保定軍校第六期步科畢業，歷任廣東護國軍第二軍排長、連長，粵軍第二師五團營長、團長。抗日戰爭爆發後，任第四戰區第六十六軍一六〇師師長。一九三九年，授陸軍少將。曾參加南京保衛戰、南潯戰役和崑崙關戰役。在南潯戰役中，他重創日軍，擊斃日軍少將旅團長飯冢國五郎及其部屬官兵五百多人。北伐名將葉挺曾致電稱：「南潯戰役與平型關戰役和台兒莊大捷鼎立而三。」抗戰勝利後，宋士台不願參與內戰，退役從商。但他仍在「鎮反運動」中被劃為「惡霸地主」並遭槍決。

又比如，抗日英雄武庭麟，河南伊川寨街（今白元）人，陝西陸軍模範學校、河南將校講習所第二期、中央軍校高教班第三期、陸軍大學將官班甲級第二期畢業。一九二七年，任國民革命軍第二集團軍第八方面軍第八師師長，參加北伐。一九三六年，晉升中將。抗戰爆發之後，參加忻口會戰。一九三九年，任第十五軍軍長，參加豫中會戰、豫西鄂北會戰。一九四四年，在國民政府行都洛陽保衛戰中，帶領十五軍及十四軍（川軍）九十四師共一萬八千名將士，在沒有外援的情況下抗擊五萬日軍。從五月五日至二十五日，堅守洛陽二十一天。一九五二年，武庭麟在河南洛陽被共產黨處決。

又如，王慧生中將，在抗戰中任國民革命軍五十二師師長，先後率部參加徐州會戰、長沙會戰等戰役，重創日軍主力，擊斃日軍六師團聯隊長山村治雄。因戰功卓著，於一九三九年升任杜聿明新編第五軍（國民黨王牌軍）中將副軍長。蔣介石親授中正劍，率部參加崑崙關戰役，重創日軍主力，擊斃日軍第五師團長中村正雄。一九五〇年九月，王慧生被共產黨處決，比他官職更高的杜聿明卻活了下來。

又如，喻英奇中將，抗戰爆發後，作為六十六軍一六〇師九五六團團長，參加淞滬保衛戰兩個月，因作戰英勇，升任六十六軍一六〇師四七八旅少將旅長。又率部參加南京保衛戰，於十二月五日首先與日軍在南京外圍湯山交火，打響南京保衛戰第一槍。蔣介石在武漢召見喻英奇，詢問作戰負傷經過，並頒一萬銀元慰恤。喻英奇用這筆錢在保靖創辦「英奇小學」，並請于佑任題寫校名。一九五〇年，喻英奇在汕頭被共產黨槍決。

以上四例，僅是被共產黨殺害的國民黨將領之滄海一粟。抗日的功績不能成為這些將領的免死金牌。在國共鬥法的各個歷史階段，共產黨對國民黨黨政軍人員從不手下留情，「繳槍不殺」只是騙人的謊話，國軍官兵即便繳槍下跪，仍難逃一死。

「鎮反運動」的殺人模式，突破法律限制，完全是濫殺無辜。歷史學者楊奎松分析，中共中央認為，此前各地在處決人犯問題上之所以手腳放不開，一個很重要原因是**受到司法形式的束縛**。中共進城之前，就公開宣告廢除國民黨的「六法」體系。但進城之後，共產黨並未能馬上建立起自己的法律體系，也沒有著手制定適合於全國範圍的刑法。各地沿用在不同時期和不同根據地，頒布實施的個別的法律條文與行政法規，既未整合統一，也沒有明令宣布當以何者為基準。再加上抗戰時期根據地的一些法律法規，其基本依據或多或少參考了「六法」。結果，雖然形式上廢除「六法」，實際在涉及到司法問題時，往往有意無意沿襲「六法」的思路。在定罪、量刑問題上，無法不考慮舊的法律觀念及通行標準。

所以，毛澤東意識到，要讓各地放開手腳處決反革命分子，必須另規定一套統一的標準。當中共中央決定大致的處決人犯比例、毛澤東向各地提出具體的鎮壓數字之後，政務院於二月二十一日正式公開頒布**《中華人民共和國懲治反革命條例》**。該《條例》根據毛要「大殺」人犯的指示精神，為了使地方上放開手腳，有意使對「反革命罪」的解釋相當寬泛，所規定的處刑標準掌握起來更有自由度。

由此，亙古未有的大屠殺如同脫軌列車一般轟轟烈烈的上演。那些沒有重要到「刀下留人」的前朝遺老，很難死裡求生。一九五六年四月二十五日，毛在中共中央政治局擴大會議上做〈論十大關係〉報告，談到「頂級反革命分子」時說：「**什麼樣的人不殺呢？胡風、潘漢年、饒漱石這樣的人不殺，連被俘的戰犯宣統皇帝、康澤這樣的人也不殺。**」除非舉世聞名或官職高到某種程度，其他人就只能充當冤死鬼了。

今天，臺灣的某些國民黨政客，夢想到中國「發大財」；某些退役國軍高級將領，居然極為開心的受邀到中國參加閱兵典禮並順便打高爾夫球。半個多世紀前被共產黨槍殺的數百萬中華民國的黨政軍人員，九泉之下，若知曉此情此景，不知能否安然瞑目？

# 第十八章 美國人困惑不已的難題——誰丟失了中國？

與奸偽之鬥爭，不全勝即全敗。全勝則奠定國家民族千百年太平之基，全敗則淪數千年文物為異類，其中絕無中和之理。將來鬥爭正式展開以後，其慘烈遠過於往時。

——徐復觀

中共建政之後，延安成為其黨史中一個不朽的神話，而知道延安真相的非共產黨人士寥寥無幾，著名學者徐復觀即其中之一。

一九八二年，徐復觀在臺灣去世。之前，他曾替自己草擬了一句墓志銘：「**這裡埋的，是曾經嘗試過政治，卻萬分痛恨政治的一個農村的兒子——徐復觀。**」與那些終身都不曾進入政府核心機構的在野知識分子不同，徐復觀曾在一九四〇年代初以國民政府軍事委員會少將參議的頭銜派駐延安，又曾擔任蔣介石的機要祕書，是國民黨內少有的「知共派」，也有機會上達天聽、參與樞機。

然而，「最是傷心近高樓」，以徐復觀剛直峻急的性格，無法適應政壇爾虞我詐的氛圍。在國共內戰末期，他主動脫離權力核心，遁入文化學術的象牙塔。隨國民政府遷往臺灣之後，又授課於東海大學，埋首故紙堆，整理思想史，不過仍然無法與政治「一刀兩斷」。

一九四九年之前，徐復觀站在國民黨的立場上，**企圖透過拯救國民黨來挽救中國**。但現實不容樂觀：「自民國三十年起，對時代暴風雨的預感，一直壓在我的精神上，簡直吐不過氣來。為了想搶救危機，幾年來絞盡了我的心血……**浮在表面上的黨政軍人物，我大體都看到了。老實說，我沒有發現可以擔當時代艱苦的人才。**甚至不曾發現對國家社會，真正有誠意、有願心的人物。沒有人才，一切都無從說起。」他大聲疾呼，當政者卻置若罔聞。

▲ 徐復觀是新儒學的代表人物之一。

國共兩黨都不是知識分子的朋友，他們對知識分子的態度都是「倡優蓄之」。學者黃俊傑在《東亞儒學視域中的徐復觀及其思想》一書中指出：「在政治上，**中國知識分子情感上厭惡國民黨，內心裡害怕共產黨。在厭與怕之間，進退失據，龜縮在自己的小房子裡，避開這個與歷史文化性命相關的問題絕口不談，抹煞自己是非之心而不敢言。**」徐復觀是中國當代知識分子中，對兩黨都知根知底而不受其宣傳所蠱惑的少數人之一，而且，他並沒有潔身自好，而是知其不可為而為之，從歷史和現實中苦苦尋找救中國的答案。

## 共產黨像鹽融入水中，國民黨像油浮在水面

**國民黨為何敗給共產黨？**這是跟隨國民黨敗退到臺灣的各界人士冥思苦想的首要問題，也是讓美國人困惑不已的難題——**「誰丟失了中國」**的疑問，困擾了美國人相當長一段時期。徐復觀比絕大多數人都有資格解答這個問題，因為極少有像他這樣的「非共產黨人」在共產黨的統治心臟延安生活過，親身觀察到共產黨的所作所為，甚至與毛澤東有過五次推心置腹的長談。由此，徐復觀發現：

> 中共之祕訣，在於以農民黨員為發展組織之對象，故其組織能深入於社會裡層。黨之組織深入於社會裡層以後，第一步先以各種方式變社會為絕對之戰鬥體，由此戰鬥體中以產生軍隊，發展軍隊，於是軍隊遂能與社會結為一體。

徐復觀進而將延安經驗與國民政府的統治模式相對照，發現國民黨政權只能稱得上一種「半吊子」組織，橫向不能到邊，縱向不能到底：

縣政府以上者為鄉愿政治，縣政府以下為土劣政治。不僅不能形成國防、經濟、文化凝為一體之堅實社會，並亦不能與現實之軍事要求相適應。

換言之，對中國社會而言，**共產黨像鹽融入水中，國民黨則像油浮在水面**，「我方因黨未能在廣大之社會生根，故政治亦不易在社會生根，因之軍事力量亦無法在社會生根，而浮出社會之上」。

一九四三年，徐復觀從延安返回重慶，撰寫報告警告國民黨當局：抗戰勝利後，**國共兩黨之間必定有一場你死我活的鬥爭**。危機當前，對對方採取漠視、咒罵、醜化的情緒化態度，是非理性的。徐復觀高出常人之處，是保持理性的態度，對事態深入研究，做到「入木三分罵亦精」。

他在報告中分析了中共延安整風的特質：「**整風運動即係一元化運動**，即係思想一元化、領導一元化、工作機構一元化之運動」。他關注到這種「黨、政、軍、民（民眾團體）之領導權，一元化於黨；而其工作之目標，則一元化於軍」，其結果可大大提高團隊執行力：「其領導之方式，在黨內確係採取民主集中制，及個人服從組織，少數服從多數，下級服從上級，全黨服從中央。」他建議，國民黨應當學習共產黨，其在延安整風運動建立起來的一元化領導體制，「以一元化對一元化」。但是，國民黨已經爛到骨子裡，即便蔣介石號召掀起學習法西斯的運動，亦成效微小。

徐復觀對共產黨的延安經驗以及對比之下國民政府的失策有如下之總結：

一、在精神上與行動上，中共今日係以絕對性、全體性對我，而我僅係以有限性應之。

二、在彼勢力範圍內之民眾，雖萬分痛苦，而一草一木不能不為其效命。在中央勢力範圍內之民眾，雖萬分寬大，而其地位能接近政權者，在事實上，反多為蛀蝕政權之人。其無機會接近政權者，則更為蛀蝕政權之分子所壓抑，無由窺見中央之本體。故彼能擾亂我之社會治安，而我反不易拯救彼榨壓下之民眾。

三、彼可偽裝民主政治之外形，以欺騙國人、國際；而我則既不能拒絕民主，復未能靈活運用之。

四、戰後我以和平安定為有利，彼以混亂分裂為有利。求混亂遠較求和平為容易。

五、抗戰以來，敵後彼我鬥爭之現象，在我方最先為黨之失敗，其次則為政之失敗，最後則為軍之失敗，恰與彼之發展過程相反。

徐復觀對國民黨決策層提出諫言：「今後為求有效之處置，須先承認以下之事實。鬥爭而不承認現實，則其第一步已歸失敗矣。」他斷言，共產黨不會與國民黨分享權力，「凡了解共黨之本質與歷史者，皆可認此為當然之事。中共對內部宣傳，短則五年，遲則十年八年，必統一中國。彼心目中之革命與政權，係絕對的而非相對的。」對於國共相爭的勝負，他相當悲觀的預測：「**國民黨像目前這種情形，共產黨會奪取全面政權的**……不改造國民黨，絕沒有政治前途的。」這對居於抗日建國領導地位的國民黨，對處在政權正統地位的國民政府，無疑是當頭棒喝、警世危言。

關於徐復觀的這份報告書，任職於國民政府軍事委員會委員長侍從室的唐縱，在日記中記載：「十八集團軍聯絡參謀徐復觀新自延安歸來，歷述延安荒謬狂悖之情形，令人憤慨。據徐復觀觀察，**非用武力不足以解決**。任何方法，徒託空言。而用武力，在目前政治現狀下，前途並不可樂觀！」唐縱還說：「（徐復觀）一九四三年返重慶，寫了一份對延安及共產黨軍隊的觀感報告，蔣極為重視，做眉批，印成小冊子。」

徐於一九四五年初在侍從室二處六組工作，後任中央乙級會報聯祕處副祕書長。曾在侍從室二處工作的張令澳也回憶道：「此人專門研究中共問題，調回重慶後，蔣介石幾次召見他，詳細聽取他彙報在延安情況，甚感興趣。徐復觀寫有一份對中共內部情況分析的報告，蔣認為『見解獨到，分析透切』，對這份報告反覆閱讀，並在精闢處，加了不少圈圈點點和批語，予以讚賞。事後就派徐復觀進第六組（處），主持對中共問題的研究。」

徐復觀提供的延安經驗，讓蔣介石感到如芒在背。蔣批示：

> 此乃本黨某同志對中共情形實地考查所得之結論。某同志一面為三民主義之忠實信徒，一面對黨派問題，素無成見；故其所得結論，較客觀而深刻。某建議部分，亦頗有獨到之處，

可發人深省，故特為印發，供本黨負責同志之閱讀研究。其中所加之圈點，皆寓有深意。深望因此而能有所啟發奮勉也。

這份報告被影印、發送給國民黨高級幹部閱讀，蔣介石的批示作為編者「序言」出現在扉頁上，內容中多處圈點文字，顯示蔣對其極為重視。可是，國民黨積重難返，大小官僚對迫在眉睫的危機無動於衷。徐復觀眼睜睜看著國民黨政權一步步的走向敗亡，同時他對共產黨實現「良治」亦不抱一絲希望——他尊敬的老師、新儒家開創者之一的熊十力，選擇留在共產黨中國，以為能保有一點「思想的自由」，結果卻慘死於文革之中。

## 「我偏要出一個太陽給蔣看看」：毛澤東的宣戰

據徐復觀回憶，他在延安期間，與毛澤東有過五次以上的長談。所談內容，除了現實政治，還包括歷史與文學。大概毛在延安很難找到像徐復觀這樣學富五車的傳統知識分子，徐成為毛傾心結交的對象。

有一次，兩人談及「應當怎樣讀歷史」的問題時，毛回答：「**中國史應當特別留心興亡之際，此時容易看出問題。太平時代反不容易看出。西洋史應特別留心法國大革命。**」對此，徐復觀頗以為是。

談到《論語》，徐復觀詢問：「孔子的話，你有沒有贊成的？」

毛澤東想了想答道：「有。『博學之，審問之，慎思之，明辯（辨）之，篤行之。』這就是很好的話。」

徐復觀補充：「應當加上孔子的『毋意，毋必，毋固，毋我』。」

毛澤東也點頭稱是。徐復觀記憶中與毛澤東談天閒聊時的印象都是好的，那時的毛還沒有暴露出「批孔」的真面目。

時值延安整風期間，毛澤東送給徐復觀一本《整風文獻》。下次見面時，毛澤東問道：「徐先生看我們那種東西裡面，有沒有好的？」

徐復觀認真研讀過這些文章，回答：「有。」

「哪一篇？」

「劉少奇先生的一篇。」是指〈論共產黨員的修養〉。

毛澤東聽罷表現出很驚喜的樣子，連聲說：「你覺得那篇文章寫得好？他在這裡，我叫他明天來看你。」

第二天，劉少奇果然到招待所來看望徐復觀。一個受命而來，一個關心軍事政治，彼此素昧平生，也就寡談得很。留給徐復觀記憶裡的這位中共領導人形象是：「瘦瘦的個子，態度很沉默。大概彼此敷衍一頓後，沒有談什麼，所以再記不起一點談天的印象。」劉少奇是性格謹慎的黨務工作者，跟徐的共同語言比愛讀閒書、熟悉歷史的毛澤東少得多。當時，徐復觀並不清楚劉少奇在中共黨內的地位，「後來留心打聽，才知道他是理論和組織的重鎮，在毛澤東面前的分量，遠在周恩來之上」。

在與中共領袖人物交往中，徐復觀覺得「毛是雄才大略的人」、「我又是信仰歷史巨流的人，不以為毛有本領跳出巨流之外」。所以，他認為「**中共許多現象，只有順著歷史的巨流來加以解釋，才合乎情理**」。他敏銳的發現，延安的腐敗已無法掩蓋，毛澤東口稱革命，在窯洞裡仍抽大炮台香菸，專講享受。

徐復觀除了參加中共安排的一些公務參觀活動，把大部分時間用於研讀中共提供的文獻資料，其餘時間就是「讀通了卡爾．馮．克勞塞維茲（Carl Von Clausewitz）所著的《戰爭論》」，並寫下不少讀書筆記。因此，又多了一個與毛澤東談話時雙方都感興趣的話題。毛澤東在談論游擊戰術時強調：「這不過是小規模擾亂戰，若指揮大的兵團，必要時在戰略上要犧牲一個兵團，然後才能保全兩個兵團，那就要壯士斷腕，立即決斷。」

徐復觀對此不敢苟同，辯稱：「這在戰略上是可行的，但在政略上恐怕行不通。譬如現在德、意、日三國結成軸心同盟，舉世為敵。假定一旦戰局逆轉，形勢險惡，到了非犧牲不可的時候，請問潤之先生，究竟犧牲哪一國？誰來提議？誰來贊同？又有哪國甘願犧牲？」

毛澤東一時無以回答，面有難色。那次徐復觀告辭時，毛澤東送出窯洞門口，再送到坡下，一直走到大道旁，方才告別。

由於雙方站在完全不同的黨派立場上，縱然學問見識上相互傾慕，但在原則問題上卻針鋒相對，錙銖必較。一九四三年七月，國民黨利用共產國際宣布解散之際，製造「解散共產黨」、「取消陝甘寧邊區」的輿論。對此，毛澤東約見徐復觀時，義正辭嚴警告：「**蔣先生不相信天上可以同時出兩個太陽，我偏要出一個給他看看。再過五年至八年，看虎死誰手！**」

七月九日，延安各界三萬多人緊急集會，抗議國民黨軍隊企圖「閃擊延安」。作者金城在《延安交際處回憶錄》中記載：「我們為了使國民黨當局知道我們的『人若犯我，我必犯人』的決心，邀請徐復觀、郭仲容參加大會。徐復觀堅持其反動立場，中途退場。郭仲容聽了各界代表反擊頑固派反共的聲討，會後徐郭急電向重慶報告。他們從此在延安更加坐立不安了。」

事後，徐復觀不依不饒，表示不能接受吳玉章在大會發言中對於蔣介石的侮辱性言詞，要求公開道歉。遭到拒絕後，他帶領郭仲容在招待所裡開始絕食抗議。「為此，總司令親自來挽留，關心他們的生活，穩定他們的情緒，但這一切仍不能奏效，最後鬧到絕食，兩個人幾天都不吃飯。」後來是周恩來寫了一封長信解釋，並且親自到招待所來寬解一番，矛盾才算緩解。

在對中共領袖人物的接觸交往中，徐復觀對周恩來印象最好。「他在人與人之間有真正的人情味，他個人生活相當嚴肅。在政治中有真正的人情味，這是很少很少的。他不單對共產黨裡的同志有人情味，與非共產黨的人接觸時也表現一種人情味，我想這是很難得的。」、「和他談問題，他總是通情達理，委屈盡致，絕不侵犯到各人的基本立場。」周是共產黨統戰黨外人士的高手，善於放下身段，以情動人。然而，這也正是周恩來的邪惡之處，他能讓人高高興興的服下毒藥。

中國經歷了毛澤東時代血雨腥風的歷次政治運動之後，在一九八〇年代進入以「改革開放」為旗號的鄧小平時代，很多海外知識分子又對共產黨產生幻想。以徐復觀對共產黨了解之深，不信共產黨可脫胎換骨、走向民主。一九八一年一月十七日，他在日記中寫道：「中午於富都閣訪楊力宇君（任教於美國的華裔學者）。楊謂在北京在兩次宴會中，中共皆提到我，稱道我在學術上之成就。楊並笑謂：『現天安門的四張照片已撤除，徐先生不妨去走走。』」楊的說法並不準確，毛像至今仍掛在天安門城樓上，從未取下。所以，搖滾歌星崔健說：「只要毛澤東的畫像還掛在天安門上，我們就是同代人。」徐復觀不會相信楊力宇天真的看法，他至死都沒有回過中國。

## 徐復觀——我所了解的蔣總統的一面

徐復觀從延安回到重慶後，蔣介石多次接見徐。第一回見，當他到達委員長官邸後，有位武官招呼他，向委員長報告，最好不要超過五分鐘。他由小客廳走進大客廳，蔣介石已站在那裡。「我第一個印象，他的威嚴也趕不上陳辭修先生（陳誠），當答覆問題時，總記著五分鐘的時間限制；但實際，他要求我談了好幾個五分鐘，並要我寫個書面報告。」

此後，一九四三年十一月十七日深夜十點鐘，徐復觀突然接到曾家岩通知，委員長立刻召見。「見面後，只問我家裡的情形，拿起鉛筆來寫三千元的條子給我，叫我不要離開重慶。我出來後，覺得有些奇怪，送點錢給我，不是需要緊急處置的事情。」三天之後，徐從新聞裡看到蔣介石飛赴開羅的消息，才明白原來是蔣介石臨行前的親自安排照拂。「這一點，倒確實令我感動，便打消了回鄂東的念頭，拿起筆來寫他所需要的報告書。」

一九四三年底，徐復觀被調任國民政府軍事委員會參謀總長辦公室工作。三天後，唐縱又把委員長要求調用徐復觀到侍從室第六組工作的手令拿出來。徐復觀擔心自己一個鄉下人，忽然進入最高統帥的侍從室適應不了環境，還是選擇留在參謀總長辦公室。一九四四年，徐復觀正式進入委員長侍從室第六組工作。徐對這段工作如此回憶：

> 我因此有機會領略到當時政治中堅人物的風采、言論。我讀過不少線裝書，也讀過相當多社會科學這方面的書。我不了解現實中的政治和政治人物；但我了解書本上的政治和政治人物，尤其是我常常留心歷史上的治亂興衰之際的許多徵候和決定性的因素。這便引起我有輕視朝廷之心，加強改造國民黨的妄念。我為此曾經寫過一篇很長的文章，提出具體的意見。

徐復觀向國民黨當局提出的重要意見是：「要以民主的力量打破當時的幾個特權圈。要以廣大的農民農村為民主的基礎，以免民主成為知識分子爭權奪利的工具。**一切政治措施，**

**應以解決農民問題、土地問題為總方向、總歸結。」**

一九四五年五月，國民黨第六次全國代表大會在重慶召開期間，蔣介石調任徐復觀為總裁隨從祕書，會議期間跟隨蔣介石左右。然而，短短幾個月之後，徐復觀意識到，國民黨已病入膏肓、無法自救，乃斷然決定與蔣介石和國民黨政權分道揚鑣。但在國民黨和共產黨之間，他還是選擇「次壞」的國民黨，隨國府遷居臺灣。

一九五六年，蔣介石七十歲，臺灣各界都向其祝壽。《自由中國》雜誌約集胡適、雷震、徐復觀、毛子水、陶百川、夏道平、王世傑等一批知名知識分子，集結十五篇文章，刊出一期特別的「祝壽專號」。名**為祝壽，實為諫言**，其內容之大膽，引發島內轟動，一時洛陽紙貴，再版十一次。國民黨惱羞成怒，下令印刷廠不准加印這一期的《自由中國》，並組織御用文人口誅筆伐。此事也成為《自由中國》雜誌被查封的導火線。而《自由中國》的夭折和雷震的入獄，表明蔣介石統治的臺灣並非「自由中國」，蔣介石不能容納不同意見。

徐復觀撰寫的〈**我所了解的蔣總統的一面**〉一文，主旨是分析蔣介石個人性格缺陷與國民黨失敗之關係。徐復觀指出，蔣介石對社會上的批評意見缺乏「受言納諫的修養」，這導致他周遭的政治氛圍非常糟糕：「**蔣公因為他主觀與客觀**

▲ 雷震創辦的《自由中國》雜誌。

**不斷互相克制的性格，因而對於這種（受言訥諫）修養的拙劣，這是大家有目共睹的。」上行下效，「遂使一般作官的人發生一種變態心理，認為凡是有批評性的輿論，都是存心不良，對政府搗亂，於是有權力的輒出之以橫蠻，無權力的即應之以頑鈍，使社會與政府無法可以通氣，把社會逼得與政府越隔越遠。」**良藥苦口，忠言逆耳，徐復觀最後的諫言，蔣介石還是聽不進去。

一九八〇年十月二十九日，徐復觀去世前一年，在日記中記載前一晚上做的一個與蔣介石對談的夢：徐向蔣解釋集權（實即指獨裁，夢中似避忌於是用集權兩字）與民主的利弊。大意謂為解決問題，集權在短期內較民主為有效，但不能持久。民主的效力似不如集權，但可以持久而不敗。

「蔣公問何以會如此，我答謂集權將國家權力集中於政府上層少數人之手，時間一久，則必成為今日中共的官僚主義。因權力對人而言，必發見腐蝕作用。民主則社會權力與政府權力，可以發生制衡作用，所以民主政治中的官僚主義，容易受到限制。」可惜，這樣的場景只能出現在夢中，蔣介石生前本來有機會傾聽和接受徐復觀的建議，卻剛愎自用、一意孤行，以致如南唐後主一般「最是倉皇辭廟日，教坊猶奏別離歌，垂淚對宮娥」。

殷海光說：「**徐復觀凶咆起來像獅虎，馴服起來像綿羊。**」對於現代中國掌握權力的政治人物，徐復觀以獅虎之聲對他們發出怒吼；對於備受欺凌哀苦無告的勞苦群眾，他像綿羊一樣的撫慰他們心靈的創傷。黃俊傑更用「**土撥鼠**」來比喻徐復觀：

在二十世紀中國思想史中，徐復觀是如此突出：他是一個出身湖北的農村子弟，從農村的泥土中獲得生命的動力，他好像一隻土撥鼠，從農村的泥土裡探出頭來，以他鐳射式的眼光與睿智，掃描傳統中國文化的病根，診斷現代中國的苦難，從思想史角度開出治療病灶的藥方，為這個時代留下可觀的著作。

黃俊傑更感概：「幾十年來，從徐先生的著作的字裡行間，讀出了一顆『感憤之心』，和這顆『感憤之心』為二十世紀苦難的中國所留下的文字見證。」徐復觀喜歡買書，曾作打油詩曰：「**莫愁死後無人讀，付與乾坤飽蠹魚。**」其實，徐復觀著作眾多，且超越時空之限制，能夠讓讀者常讀常新，當然不愁在每一代人中都能找到讀者。

## 儒家傳統能與民主自由融會貫通嗎？

在新儒家四大家中，唐君毅、牟宗三著力於形而上學，錢穆與徐復觀則專注於歷史學。在歷史學領域，徐復觀與錢穆亦形成鮮明對比：**錢穆強調中國知識分子與歷代政權的和諧關係，而徐復觀則側重兩者的緊張性**。

那麼，同樣是歷史學者，徐、錢兩位有何差異？香港學者張璠璟指出，錢、徐二人對「民主」的體認大相逕庭：錢穆雖強調「民主」的重要性，卻受其守護中國文化的強烈意願所束縛，且局限於「書齋學者」的生命型態，**對傳統政治在實際運作的各種弊端欠缺深刻體知**，故在其推崇傳統的「士人政府」之時，未意識到此一含有菁英主義的模式，其實帶有專制的意涵。

徐復觀則由於同時受到傳統儒家思想和參與現實政治經歷的影響，對民主的認識更為深刻。徐復觀強調儒家與專制王權的長期抗爭，與錢穆之強調中國傳統思想的「圓融」與「和諧」形成強烈對比。

**錢徐二人所爭論的焦點，著重在傳統中國政治是否專制，以及中國未來的民主之路如何前行。**錢穆傾向於秉承孫文「三民主義」的說法，認為具有道德、智慧的菁英分子握有政治權力，可保證每一個人的自由與平等，卻忽略了這一理想中本身包含的「將政治道德化」的專制意涵。

徐復觀將「儒家精神」與「自由民主」作為生命中兩大主題，提倡保障消極自由，以及對中國傳統文化「擇其善者而從之」，似乎**更接近英美保守主義或古典自由主義之精髓**。

臺灣學者江玉林亦指出，徐復觀堅信「儒家人文主義」。徐復觀認為，**人格尊嚴，不僅是「解決中國政治問題的起點，也是解決中國文化問題的起點」**。徐復觀也堅信：要「使政治成為每一個人的工具，而不是任何個人成為政治的工具。此一努力的結果，如大家所熟知，即是**以人權為靈魂，以議會為格架的民主政治**」。

那麼，「儒家傳統」與「民主自由」如何融會貫通？徐復觀始終沒有給出讓人信服的答案。

他生前看到了儒家政治學說的致命弱點：

儒家既對人倫負責，當然要對政治負責。但因歷史條件的限制，儒家的政治思想，儘管有其精純的理論；可是，這種理論，總是站在統治者的立場去求實現，而缺少站在被統治者的立場去爭取實現，因此，政治的主體性始終沒有建立起來，未能由民本而走向民主。

徐復觀更意識到，儒家傳統中的「民本」與西方現代政治中的「民主」，這兩個概念不可混為一談，從「民本」走向「民主」需要一座堅實的橋梁，而不是一道只可觀賞的彩虹。但徐復觀和所有儒家思想者都未能找到這座橋梁，儒家傳統的「現代轉化」仍停留在畫餅充饑、望梅止渴的幻覺之中——在現實層面，號稱「復興中國文化」的國民黨和蔣介石，卻又堅持一黨獨裁和一人獨裁。儒家知識分子除了充當如同屈原的諫臣之外，還能有其他選擇嗎？

黃俊傑探討徐復觀的思想，有一個獨特框架，即「東亞儒學」。這是過去學者研究徐復觀和中國新儒家時不曾使用的視角。徐復觀曾在日本留學，接觸到日本諸多思想家的學說，既有汲取，也有對話，還有反對。徐復觀與明治維新時代西化派思想家福澤諭吉的路向南轅北轍：徐復觀批判西方近代文化中的縱慾、貪婪與病態的個人主義；福澤諭吉則要求東亞知識分子以近代西方為師，才能脫離落後與愚昧的東亞歷史宿命。

近一百多年來，日本成功融入民主自由的普世文明（儘管走過一段軍國主義和對外擴張的歧途），成為亞洲最領先的文明國和法治國；中國則前進一步、後退兩步，在共產黨的統治下，儒家專制主義傳統與蘇俄的極權主義模式結合，使中國人深陷於鬥獸場一般的悲慘處境之中。中日兩國的不同境況，彰顯了徐復觀的失敗、儒家的失敗以及福澤諭吉的成功、西化派的成功。

與胡適和福澤諭吉的「全盤西化」論相反，徐復觀對西方文化持嚴厲批判態度。他認為，「西方近代文化是以『機器的支配』取代『人的支配』，這是一種文化虛無主義。西方近代文化的特性是人的地位之動搖，因此展現『非人間』的性格。」他對西方現代藝術以及現代詩全盤否定，認為那表現了一種「沒有人性的生命」，是一種「孤獨」與「恐怖」。他的結論是：西方文化最大的弊病，在於它是缺乏「對人類的愛」的文化，它表現為一種反理性的思想傾向。

徐復觀對西方文化籠而統之、泛泛而論，未能切中肯綮。他對宗教改革以來的基督教文明缺乏基本的了解。清教徒傳統博大精深、生生不息，如德國社會學家馬克斯·韋伯（Maximilian Emil Weber）所說，由新教倫理帶來資本主義精神，最寶貴的是「天職」、「愛人如己」、「有同情心的保守主義」等觀念。徐復觀所說的西方文化，是西方文化的末流或歧途，是啟蒙運動和法國大革命以後的左派思想，以及由此衍生出的共產主義和法西斯主義意識型態，它們確實是沒有愛的、非理性的、將人「異化」的，但不是西方文化的主流。

徐復觀的反西方思想太過粗糙，黃俊傑承認，「徐復觀對西方近代文化的評論，也許不能免於持論激越之弊病」。徐復觀武斷否定西方文化，有違儒家「知之為知之，不知為不知」的教導。他既沒有親身遊歷西方——法國思想家托克維爾（Alexis de Tocqueville）在美國考察數月之後，才敢動筆寫《民主在美國》；也沒有讀過多少西方政治學的經典著作——他所了解的少得可憐的「西學」，是在日本讀到的第二手翻譯資料，他甚至比不上晚清思想家譚嗣同、梁啟超、嚴復等人對西方思想的了解，譚、梁、嚴等人或留學西方、遊歷西方，或與西方的傳教士、外交官和學者有深入的交往並有學術上的交流。

徐復觀對中國文化的自信，建立在對農村田園牧歌式的想像之上。他認為，中國社會以農村為特質，中國文化之精神具體表現在農民生活之中。在其筆下，中國農民淳樸、誠懇、率真，正是中國文化的精神表徵。他希望將國民黨改造成「**以自耕農為基礎的民主政黨**」。然而，這個想法乃是不切實際的烏托邦。首先，徐復觀對「善良的農民」的想像基於儒家「人之初，性本善」的淺薄樂觀的人性論，跟宗教改革時代神學家喀爾文（Jean Calvin）之「人是全然敗壞的罪人」的人性論全然相反，而後者才是人性的本相。

其次，臺灣在一九六〇年代後期走向工業化和城市化，中國在二十年後開始同樣的進程，農業國必然蛻變為工業國，現代化不以任何人的意志為轉移。就像熱愛鄉村生活的美國前總統傑弗遜，無法阻止美國邁向工業國一樣，徐復觀眼睜睜看著臺灣成為「亞洲四小龍」之一——儒家從此失去了其農耕文化的經濟基礎。

第十九章

# 威權與極權，你活在哪一種歷史？

古往今來，奪取政權是常事。而中國共產黨為了奪取政權，則採取任何可能的手段，毫無道德倫理和國家存亡的顧忌。只要可想像有利於政權之奪取，中國共產黨人並不考慮是否犧牲國家，更不惜以百姓為芻狗。所謂「土改」、「清算」、「鬥爭」，至少在目前是煽動老百姓以達到軍事動員目的之手段。二十年來的悠長歲月之中，共黨浸沉於殘殺破壞擾亂之中。鬥爭越趨激烈，久而久之，手段反而變成目的。

——殷海光

逃到臺灣、堅持以自由主義立場批判國共兩黨的獨立知識分子，第一代的代表人物是胡適、徐復觀；第二代的代表人物則是殷海光、彭明敏。他們的思想遺產至今薪火相傳、啟迪人心。

二〇一九年九月二十六日，紀念殷海光先生學術基金會在臺北二二八國家紀念館舉辦「被遮蔽的燭光——殷海光誕生百年紀念系列活動」特展暨國際研討會，有許多殷海光的門生故舊到場。殷海光曾形容自己是「冰山上一支微細的蠟燭」，希望在被吹滅以前，有許多支蠟燭接著點燃，使自由之光照過東方大地。

從美國返臺出席殷海光誕辰百週年紀念活動的殷海光的女兒殷文麗，在開幕式致詞，回憶父親癌症第二次復發後，健康越來越差，有一次她沒扶好，殷海光竟整個脖子往後傾倒，那時她才察覺，父親「已經病到連脖子都無法支持腦袋的地步」。但即便是那時，殷海光仍不放棄理想，一心一意要讓臺灣能成為自由民主的地方。

▲ 殷海光為臺灣戒嚴時期的自由主義代表人物。

殷文麗還特別表示，有留意到香港的反送中運動，很佩服香港青少年勇敢爭取民主，但寄語他們要有智慧，因為抗爭破除舊系統要比建立新系統容易。她接受媒體訪問時說：「小時候我爸爸就常常告訴我，要用大腦（思考）！不是只是老師說什麼你就聽什麼。**他又說要把人當人看，不是政權下的棋子，所以每個人要知道自己是很有價值的。**」殷文麗強調，中國人在古代帝制下有被奴役的傾向，紀念殷海光的意義，就是要讓華人從舊有的思維方式跳出來。

殷海光是一位哲學學者，但他並不著力於在形而上領域有所建樹，其最可貴的乃是一生堅持反獨裁專制、捍衛自由民主價值。抗戰剛一結束，一般人還沉浸在歡欣鼓舞的情緒之中，只有二十多歲的殷海光，已覺察到共產黨和左派思想呈燎原之勢。中國躋身世界四強之列，國民黨政府得意洋洋，蔣介石自詡為民族救星，而不知大禍將至。殷海光看到，這些都是虛無縹緲的東西，此後幾年中國未必向著好的方向發展。

二戰後期，中美關係已經出現惡兆。殷海光特別指出，在對外關係方面，美國的對華政策對於國共的成敗至關重要。若美國積極幫助國民政府改善經濟問題、拓展政治基礎，共產黨藉此作亂的內在因素就可以消除；若美國採取消極放任的政策，中國的局勢就很有可能惡化，**「如果剿撫靡定，而且中國人民不能清楚了解暴動的結果更形悲慘，那麼中國共產黨一定更形猖獗難治了」**。

此後中國歷史的演進，果然被殷海光不幸而言中。國共內戰剛一爆發，美國看到國民黨吏治糜爛、軍心渙散，似乎不值得幫助，遂撤回支持，袖手旁觀，眼睜睜看著共產黨打敗國民黨並將蔣介石政權趕到臺灣島。

中共的江山，與其說是打下來的，不如說是騙來的。共產黨不僅欺騙無知的本國人民，也欺騙過於天真的美國人羅斯福認為中共更接近儒家，是一個「**農民改革黨**」，不會跟從蘇聯走史達林道路。直到韓戰爆發、中美爆發直接的軍事衝突，美國才重新出手協防臺灣，讓國民政府絕處逢生。

在那個時代普遍左轉、受共產黨宣傳蠱惑的知識人當中，殷海光是罕見的一位堅守純正古典自由主義價值的知識人，像鏡子一樣照出中共用謊言重重包裹的獨裁本質。他「驚訝於千千萬萬的人在此欺騙之中而不知欺騙之存在」，「不願漠視這種欺騙所加於國家和人民的災害」，遂發憤寫出《**中國共產黨之觀察**》這本小書。

之後，殷海光一邊在臺灣大學主講邏輯學、撰寫政論文章，同時用心翻譯三本有助於廣大讀者認清蘇俄及其共產主義運動危害性的英文著作：《**共產國際概觀**》（*The Rise of Modern Communism*）、《**怎樣研究蘇俄**》（*Problems of Analyzing and Predicting Soviet Behavior*）和《到奴役之路》（*The Road to Serfdom*，又譯《通往奴役之路》）。共產主義浪潮在二十世紀席捲寰宇，一時之間，好似勢不可擋。堅持「反共」立場的知識分子，無不苦心竭慮於建構「**反共論述**」，謀求足可抗衡「赤潮」泛濫的「思想資源」。殷海光翻譯和引入這三本書，就是要使之成為華人世界反共的思想基石。

作者海耶克稱要將《到奴役之路》這本書獻給「所有黨派的社會主義者」讀一讀。他在書中指出，所有的集體主義社會，從希特勒的國家社會主義到史達林的共產主義，都無可避免的會邁向專制極權。相反，自由市場的競爭優於強制性的規畫，因為自由市場是唯一可以協調人類活動，而同時免受權威強制或任意干預的手段。

在殷海光的第一個中文譯本出版後，《到奴役之路》在華文世界成為一道照亮黑暗的閃電。殷海光在一九六五年的序言中指出：「中國許多傾向自由主義的知識分子醞釀出『政治民主，經濟平等』的主張。這個主張的實質就是『**在政治上作主人，在經濟上作奴隸**。』我個人覺得這個主張是怪彆扭的。但是，我個人既未正式研究政治科學，更不懂經濟科學。因此，我說不出一個所以然來。正在我的思想陷於這個困惑之境的時候，忽然讀到海耶克教授的《到奴役之路》這本論著，我的困惑迎刃而解。海耶克教授的理論將自由主義失落到社會主義的經濟理論重新救回來。」

胡適在讀到殷海光發表在《自由中國》的譯註之後，在一九五三年十一月二十四日的日記中記錄：「海耶克此書，論**社會主義與自由不能共存**，其意甚可取，我在二十年前，尚以為社會主義是民主運動一個邏輯上的順序結果，近十年來，我漸見此意之不是，我是一個自由主義者，其主要信條乃是一種健全的個人主義，不能接受各種社會主義信條。」可見，即便是胡適和殷海光這樣的中國自由主義知識分子的代表人物，若非經過海耶克的「第二次思想啟蒙」，仍然還在社會主義的迷宮中「鬼打牆」。

《到奴役之路》在一九五〇年代，改變了不少中國自由主義者對經濟平等和政治自由之間關係的看法；也在中國自一九八〇年代進行開放改革之後，震撼著很多渴望自由的知識分子心靈。

相比於《到奴役之路》，其他兩本書在今天讀者已經不多了，但它們並未過時，因為共產主義或社會主義思想在全球及中國、臺灣及華語世界仍頗有市場。

英國歷史學家馬西莫·薩爾瓦多里（Massimo Salvadori）的《共產國際概觀》一書，概括了由第一次世界大戰前社會主義的興起，到一九四五年後共產黨向全球擴散的歷史過程。書中指出，**共產黨善於引發人民的原始情緒刺激，尤其是恐懼**，使人對政治、經濟、知識等生活層面產生恐懼，因而倚賴黨提供的一切。而且，**共產黨的宇宙觀相當怪異：它相信命定論，認為實行集體主義是順天而行**。人只是物質的一部分，世上沒有獨立思考和獨立意志。而「自由」根本不存在。**共產黨並不承認公民概念，只相信集體，致力於消滅個人意識**。所以，要社會走向民主、人民有真正的自由，必須如作者所說：「**我們必須努力，毫不妥協的反對共產主義、共產制度和共產黨。**」

殷海光翻譯約翰．斯蒂芬．雷舍塔（John S. Reshetar, Jr）所著的《怎樣研究蘇俄》，也是本著「**自由人要反極權暴政，必須了解蘇俄**」的用心，讓中國人民深入認識「世界極權暴政底發動中心」的蘇俄的真相，「它彷似地球上的一隻怪物，且是一隻複雜的怪物，在那裡有極端的暴政，也有極端的人權抗爭」。對於華人而言，唯有認識蘇俄的本質，才能進而認識中共的本質。今天，蘇聯及蘇共已成為歷史名詞，而中共及中華人民共和國仍氣焰囂張，堪稱蘇共和蘇聯的升級版。

## 在反對國民黨之前，就更決絕的反對共產黨

有的人反共是因為共產黨奪走了他的天下，如蔣介石；有的人反共是因為在審美上跟共

產黨格格不入，如張愛玲——她無法忍受共產黨的秧歌，以及「四個口袋」的灰色或藍色的幹部服。

那麼，殷海光為什麼反共？因為他以自由主義為信念，自由主義跟共產主義水火不容。

在中國贏得抗戰勝利、共產黨乘勢發難之際，殷海光猛然發現，身邊大部分的知識分子都左傾親共，即便不是共產黨的地下黨員，至少是共產黨的同路人或同情者，口口聲聲反共的他成了「少數派中的少數派」。殷海光意識到，再也不能埋首在書齋中做冰冷的學問，既然「**中國共產黨問題，是攸關中國民族的歷史與生命之存亡絕續的重大問題**」，就應當研究此課題。

在國共內戰全面爆發之前，殷海光向國民政府提出建議，從軍事、政治、經濟和文化四個方面齊頭並進解決中共問題。對中共的最高權力人物毛澤東等人，殷海光在書中做出否定的論斷：

> 他們為了追求權力，動腦筋動到人類社會文化裡的中心信仰、道德價值和認知是非真假層。他們為了征服人類，先精練一套可以活用的說詞，來攪亂人類這層根子[124]。人類這層根子攪亂了，中心信仰消失了，道德價值幻滅了，是非真假都無所適從了，於是他們再以極肯

124 基本。

定的態度，抱著完成歷史使命的精神，介紹他們未來的「社會主義天堂」。這些人是一群心靈的洗劫者。心靈洗劫是「內戰」；奴役或毀滅人身是「外戰」。彼等的策略是先「內戰」而後「外戰」，或內外交攻……自由世界在和赤化勢力對抗時，必須從道德價值認知上的真假著手還擊。如不從這一根本層澄清起，而從半路上動手，那便是捨本逐末。

殷海光因此被列入中共通緝的「十大文化戰犯」之一，其中列為首犯的是十分器重殷海光的同鄉、蔣介石的筆桿子陶希聖，殷海光是其中資歷最淺者。中共將年輕的殷海光列入名單，可見中共「知己知彼」，對殷海光在思想觀念上的力量有充分評估。對此，學者金耀基稱讚：「殷海光對共產性格的剖析、唯物主義的抨擊、共產黨人手法的透視……有入木三分的批判，這一份工作，在中國知識分子心靈失落、視覺迷惘的當下，有很高的提示和清潔功能。」

除了翻譯西方重要著述，殷海光針對國民黨和共產黨的狀況寫出某些評論文章和專著。他的《中國國民黨的危機》一書，受到負責國民黨文宣的高官張道藩的稱讚，曾被印出來供國民黨內部參考。在書中，殷海光警告國民黨：

一九二〇年以來，中國政治上出現了一個剋星。這一個剋星，就是在中國的這一支共產黨……這一個集團乘著中國底貧困，混亂，戰爭，與低落而發展而壯大。他們一直受著外國底培養，操縱和指使；圖謀借著將全民性的國民革命，轉變而為階級性的社會革命的這種所謂內在發展的手段，奪取中央政權，降中國為其主人之屬地。

同時，殷海光又痛陳國民黨的弊政，把它比喻成一個「**舊式大家庭**」，把其中的派系比成「大家庭裡的各房」，指斥他們偷空大家庭以充實自己的私房，並斷言國民黨「**這棵大樹，旦旦伐之，已經衰老不堪**」。

文嬉武戲、自以為是的國民黨，對殷海光的諸多改革建議不予採納。遷居臺灣之後，殷海光發現國民黨不願邁出民主化步伐，如朽木不可雕也。於是，他改變在《中國共產黨之觀察》一書中對蔣介石的支持，蔣不再是他推崇的反共領袖，而成為他尖銳批判的獨裁者。

殷海光跟國民黨系統內部的反共御用文人不同，他先反對共產黨，再反對國民黨，他反對一切民主自由價值的對立面。他一面繼續譴責彼岸共產中國的紅色恐怖，另一面又批評臺灣國民黨政權以專制手段「反攻大陸」之迷思，並堅信**唯有民主自由，才是戰勝共產黨暴政的不二法門**。殷海光將《自由中國》作為言論陣地，對抗極權和威權兩大獨裁勢力，直到《自由中國》被查封、雷震被捕、自己失去臺灣大學教授一職，最後在淒風冷雨、特務環伺的逆境中憂憤而逝。

物換星移，今天的國民黨已淪為共產黨的傀儡或「隨附組織」，不願也不敢翻開殷海光的《中國共產黨之觀察》這本書。殷海光的弟子王曉波、李敖等人則投靠高舉民族主義乃至帝國主義旗號的共產黨政權，背叛自由主義原則，成為小丑式的人物。

## 中國共產黨是「第三國際駐華支部」

殷海光研究中共體制，梳理中共簡史，概括出中共五大特性，即**詭辯性、獨占性、堅執性、國際性和崇尚暴力**。他痛斥中共：「這樣一群人，以撒謊為真理，視陰謀為珍寶，以食言自肥為家常便飯，視反覆無常為得計，無國家思想、無民族觀念、無信無義、無父無子。」

最後一個「無父無子」的概括，恰好是薄熙來和習近平等中共太子黨的本質：薄熙來在文革中飛起一腳，將被毛澤東打倒的父親薄一波踢斷幾根肋骨——薄一波忍痛讚揚，這個心狠手辣的兒子將來一定有出息！果然，薄熙來主政重慶期間，以「唱紅（毛時代的紅歌）打黑」挑戰胡溫中央，險些奪取最高權力。而對於習近平來說，儘管毛澤東幾乎將他父親習仲勳迫害致死，但因為毛是成功的獨裁者，他仍然要一心學習毛的厚黑手腕。習對毛的熱愛是真心實意的，在中共政權建立七十年之際，他親自率領文武百官前去祭拜毛的僵屍。

那麼，中共為何席捲中國？殷海光的思考方式跟在延安有親身觀察的徐復觀不同，他更多從理論上加以剖析。他指出：「中國共產黨並不是中國社會之生理產物。恰恰相反，它是病理的產物。」換言之，**共產黨是中國社會的「宿疾」在新的國際形勢激化下的產物，是在中國的民主和反民主兩種勢力消長的裂縫中，壯大起來的軍事機會主義勢力，是貧困、落後和混亂的社會土壤所滋生的孽障和惡果**。中國的貧困、混亂和落後是共產黨誕生的溫床：

> 貧困則利於宣傳「階級鬥爭」。混亂則利於「渾水摸魚」和暴動破壞。落後則利於宣傳煽動……在這樣的背景之下，利用破產農民，失業工人，沒落的中產階級和游散分子，中國共產黨於是乎長成了。

對此，學者康正果進一步分析，中共自詡的新民主主義革命純粹是在國家民族的苦難中，撈取了有利於他們發展的動力，是在老舊的農業社會發生病變的過程中巧奪了良機，不管他們多麼強調這個黨是無產階級的先鋒隊，實際上落後的中國既不存在馬克思所說的那種無產階級，也不具備向社會主義社會轉型的任何條件。然而，在第三國際的一手安插指揮下，受到蘇俄在金錢和人員上的大力資助，這一批從國民革命中分化出來的歪苗子[125]竟得以日漸壯大，結果**把中國搞成了蘇俄擴張其國家勢力和共產主義運動的屠場**。正是根據這一不可否認的背景，殷海光確切的定義：**中國共產黨不是「中國底共產黨」，而是「第三國際駐華支部」**。

從中共的建立及此後的一系列盲動——南昌暴動、秋收暴動、廣州暴動、蘇維埃運動，以及高喊著「保衛蘇聯」的口號而「北上抗日」的「長征」——都是為實施共產國際的路線而策劃，為謀取蘇俄在華的利益而發生的，包括與國民黨聯合抗日的決策，也是按史達林的旨意，讓可能殃及蘇聯的戰火單方面蔓延在中日之間。

125 指非正規派系。

對於中共對中國和世界的禍害，殷海光準確預測：

> 中國共產黨真是個「絕物」，中國共產黨問題是一個「絕症」。消滅它，或者被它消滅！你不消滅它，它要消滅你，它今天不消滅你，明天要消滅你；明天不消滅你，後天一定要消滅你。

所以，共產黨不可能自行實現民主轉型。二〇一九年九月二十八日，臺灣前總統馬英九參加完祭孔典禮後，在臉書上貼出一文：「中國大陸在文革時期嚴厲批判孔子……但三十年來大陸已改邪歸正，重視儒學……。」馬英九大概因為沒有讀過殷海光「中國共產黨問題是一個絕症」的論述，才會「很假、很天真」的讚美共產黨「改邪歸正」。

臺灣評論人李濠仲在〈馬英九豈會不知中國重視孔子非改邪歸正，是更邪惡〉一文中指出，中共不再以文革那一套批判孔子，他們只是發現更好的做法，就是**利用孔子來愚弄別人，甚且藉由儒家思想，只為美化共產專制**。一如趙紫陽祕書鮑彤，針對中共在世界各國廣設孔子學院而發表的評論：「**現在遍及全球的孔子學院，都是糟蹋這位先哲及其學說的屠宰場**」、「**它們全姓共，不姓孔**」。

## 「民主同盟」等第三勢力是共產黨的幫凶

一九四五年，抗日戰爭剛結束，家破人亡、飢寒交迫的民眾大都希望休養生息，社會上瀰漫著「厭戰」和希望國共雙方「政治協商」的情緒。於是，一些知識分子出面組織所謂的「民主同盟」，希望在共產黨與國民黨之間扮演「第三勢力」。對此，殷海光提出一個重要觀點：中國國內的工農大眾及知識界人士、甚至國民黨內部的某些派系，不假思索的相信共產黨畫餅充饑的宣傳術，對共產黨存有不切實際的幻想，這是當時中國面臨的最大危機。他苦口婆心的勸誡民眾，不可期待共產黨有民主及和平主義的思想。從抗戰及抗戰之前的歷史來看，共產黨從來不是一個可以談判的對象：

> 一切「會議」、「協商」都是表面文章；即令有點收穫，最多只能換取一時的不澈底的安寧。共產黨如果看見內外情勢不佳，會搖身一變，扮個笑臉給我們人民看看。等到機會一來，它馬上又出毛病了。

當時在知識界籍籍無名的殷海光，不僅堅決反共，而且對自詡為國共兩黨之外「第三勢力」的「民主同盟」的左派知識分子群體做出猛烈抨擊。民盟知識分子多半以社會清流自居，贏得民眾特別是年輕學生的支持。他們表面上在國共兩黨之間保持中立，卻時時偏向共產黨一邊。殷海光發現：「**無論民主同盟的領導人如何裝飾他們自己，裝飾得似乎能夠站起來、似乎能夠單獨行走，而共產黨牽著他們的一條繩子太粗了，無法藏在衣襟裡。**」換言之，民盟的學者名流，用冠冕堂皇的左翼思想掩飾他們要在共產黨政權下分得一杯羹的私心。民主同盟的「正人君子」們是聽共產黨號令的傀儡，他們玷汙了「民主」這個美好的名詞。

殷海光準確的預見到了在中共得勢後，以民盟為代表的左派知識分子們可悲而又可恥的結局：

> 假若中國共產黨勝利，國民黨失敗，大勢已去，它不再需要民主同盟這類組織……它既不復需要，當然「鳥盡弓藏」，在共產黨新的政權，立足不穩的時候，它是可以分一點政權給其他小黨小派的。可是，一旦其勢既成，它一定要奪回來，一點一滴也不留下的。

果然，在中共建政以後歷次政治運動中，民盟那些檯面上的光鮮人物，一一落入毛澤東精心設計的網羅，或受盡羞辱而死（如章伯鈞），或關入牢獄被折磨而死（如吳晗），或生不見人、死不見屍（如儲安平）。

在國共內戰中，知識界普遍左傾選擇站在中共一邊，留在「新中國」。一九四八年十二月十四日，蔣介石派出「搶救大陸學人」的飛機在北平南苑機場等候兩天，僅有胡適、毛子水、錢思亮、英千里、張佛泉等少數教授登機，大部分機艙座位都空閒著。十二月二十一日，第二批被「搶救」的學人，只有清華大學校長梅貽琦及李書華、袁同禮、楊武之等二十幾位教授。在第一屆中央研究院八十一名院士中，去臺灣的只有十人，去他國的十二人，留在中國的多達六十人。留下來的院士，個個都比年輕氣盛的殷海光更有學識、更有名望，卻不具備殷海光看穿歷史與現實的智慧之眼。

殷海光的見識——**在共產黨尚未掌權時看出共產黨邪惡本質的見識，橫貫整個民國史，唯有王國維、梁啟超、徐志摩等屈指可數的幾個人具備**。蘇俄革命成功後，蘇俄模式在中國吸粉無數。甚至連胡適這樣的明白人，剛開始也極為欣賞，認為蘇維埃是「偉大的試驗」，認為計畫經濟更有效率。他們未必熱愛共產黨，卻被愛國主義這幅紅布蠱惑，像激動的公牛一樣朝著萬丈深淵縱情狂奔。

留在中國的六十名院士，大部分都家破人亡、身敗名裂，少數幾個人熬過歷次政治運動，卻再也沒有做出像樣的學問來。他們將革命或愛國主義當作最高的價值和信仰，卻從來沒有明白雨果（Victor Hugo）在《九三年》中的那句名言：「**在絕對正確的革命之上，還有一個絕對正確的人道主義**。」

民盟領袖章伯鈞的女兒章詒和在《最後的貴族》一書中，描述了包括父親章伯鈞在內的民盟高層人物，在中共政權下的悲慘命運，不僅他們本人倒楣，還連累妻子兒女成為賤民。整本書都可視為殷海光預言的小小註釋。然而，《最後的貴族》一書自我反省相當不足，未觸及民盟幫助共產黨奪取天下的劣跡，反而炫耀和懷念這群「**偽貴族**」在受中共禮遇的一九五〇年代初，「食有魚，出有車」的奢侈而優雅的生活。

殊不知，有因才有果，正如《聖經》所說：「生有時，死有時；栽種有時，拔出所栽種的也有時。」一九四〇年代中期，民盟跟共產黨簽下賣身契，如香港電影《無間道》中那句有名的臺詞：「出來混，這筆債遲早要還的。」

中國知識界的「民盟化」或「左傾化」，根本原因乃是「五四」傳統離開西方兩希文明（希臘與希伯來）的土壤而無法生根發芽。近代以來的中國知識分子選擇法國大革命和蘇俄十月革命模式，以唯物主義和無神論自居，以自我為上帝，然後又以毛澤東和共產黨為上帝，最終喪失自由和獨立。

而殷海光一生追求終極真理，在臨終前皈依基督，終於「因真理，得自由」。基督信仰是唯一可以抗衡左派意識型態的堤壩。自詡為殷海光弟子的李敖，無法理解老師晚年的精神轉折，以傲慢而愚頑的口吻嘲諷這是殷師母的「蠱惑」。而李敖本人晚年卻成為共產黨的幫凶和幫閒，正說明沒有更高信仰的自由主義，在面臨巨大的利益和虛榮心的誘惑時，如同蘆葦般隨風而倒。

殷海光成為基督徒，既是作為虔誠基督徒的妻子夏君璐恆切禱告的結果，也是其家庭傳統在冥冥之中的召喚——殷海光的父親殷子平精通音律，篤信基督，一九一八年畢業於湖北荊州神學院，被基督教聖公會分配至黃岡縣上巴河鎮福音堂任牧師。殷海光的母親殷老夫人吳如意亦信仰基督，相夫教子，如同《聖經》中描述的「才德的婦人」。一九四九年之後，中共打壓基督教，上巴河福音堂被當地政府沒收，殷子平失去了職業，只好靠子女贍養，後中風而死。

殷海光被國民黨迫害致死，而在彼岸的中國，殷海光的三弟殷浩生（原名晚生）在共產黨統治下承受了更為悲慘的命運。

據與殷家有四代交往的李文熹記述，一九五七年，在黃岡當中學老師的殷浩生，因對土改和農業合作化提出尖銳的反對意見，被打成「極右派」。同年底，在黃州召開的全縣教育系統鬥爭大會上，殷浩生等極右派被五花大綁，在臺上接受群眾鬥爭。別的極右派都跪下了，只有殷浩生大聲喊：「不跪！」始終昂然挺立，被毒打至昏死。

一九五八年初，殷浩生被押往湖北省沙洋縣強制勞動改造。由於性格剛直、峻切，時常受到非人的折磨。一次全身被緊緊捆綁後，橫放在糞坑中央搭跳板的小塊土臺上長達五十多個小時，時值盛夏，別的不說，就連耳朵裡都爬滿了蛆。

殷浩生一直抵抗到一九七三年秋天，才不堪屈辱自縊身亡。若殷海光留在中國，他的遭遇必定比他的弟弟更可怕。

從殷家兩兄弟在兩岸的悲劇性命運可以看出，國民黨與共產黨的差異，是威權與極權的差異，是「次壞」和「更壞」的差異。

自由不僅是一種感覺、一種制度、一種生活方式，更是一種觀念秩序。直到臨終前，殷海光仍堅信：「一方面我跟反理性主義、蒙昧主義、褊狹思想、獨斷教條做毫無保留的奮鬥。

另方面，我肯定理性、自由、民主、仁愛的積極價值，我堅信，這是人類生存的永久價值。」

這不僅是殷海光臨終遺言，也是其一生奉行自由主義的最佳註腳。

# 第二十章 共產黨泯滅母愛，然後充當全民母親（一九六〇）

家庭是社會的最基本組成單位，一個社會的幸福、安定，來自於每一個家庭的穩定和美滿。中國過去的政治是根本無視家庭的價值的。夫妻的政治離異、子女與父母的政治反目，維繫家庭的親情可如糞土般隨便拋棄，階級關係是人與人之間唯一「健康」的紐帶。「為革命，六親不認」，是讓人肅然起敬的。那種日子實在是太可怕了，我們不要再過了，那樣的日子不能再有了，孩子們應該有權利要求得到正常的母愛。

——李南央（學者、中共開明派元老李銳之女）

在史達林專制最嚴酷的歲月裡，俄羅斯女詩人阿赫瑪托娃[126]仍然堅持寫詩。她將《安魂

126 安娜．安德烈耶芙娜．阿赫瑪托娃（Анна Ахма́това，英文拼作 Anna Akhmatova）為筆名。曾被譽為俄羅斯詩歌的月亮。

曲》中的詩句朗誦給朋友們聽，並請求他們背誦下來，當她確信傾聽者記住了這些詩句時，就把紙片燒掉。阿赫瑪托娃的好友楚科夫斯卡婭記得，深夜，走在無人的街道上，她一遍又一遍默默的重複著剛剛讀到的詩句，生怕忘記一個詞或者弄錯什麼。對於阿赫瑪托娃來說，即便寫在紙片上的詩句會變成死亡判決書，仍然要繼續寫詩，要將詩流傳下來。寫作不是消遣，不是娛樂，寫作是對記憶和歷史的捍衛，寫作是對善與惡的分別命名。

## 從個人史到國家史，從私人記憶到公共記憶

當阿赫瑪托娃在列寧格勒監獄門口排隊探望被捕的兒子時，一位跟她同樣凍得發抖的婦女認出了她。阿赫瑪托娃在回憶錄中寫道：

> 那時一個嘴唇發紫的女人站在我身後，她從我們都已習慣了的那種麻木狀態中清醒過來，湊近我的耳朵問道（那兒的人都是低聲說話的）：「您能描寫這兒的情形嗎？」我回答說：「能。」

阿赫瑪托娃的回答，也是老鬼[127]和李南央的回答。老鬼所著的《我的母親楊沫》和李南央所著的《我有這樣一個母親》，都是以「個人記憶」為主題的佳作。兩位身為子女的作者，

出於將個人經驗永久保存下來、並為他人所知的信念，秉筆直書，在當代文學史上留下兩個前所未有的母親形象。這兩本書從個人史出發而奠定國家史的基礎，將私人記憶拓展到公共記憶的層面，從而賦予漢語寫作和漢語思想以嶄新的維度。

《我的母親楊沫》和《我有這樣一個母親》這兩本書的共同點在於：凸顯了中國文學中「另類母親」的形象。在中國文學傳統中，母親的形象一般是正面的、甚至崇高的，如古詩所詠嘆的那樣：「慈母手中線，遊子身上衣。臨行密密縫，意恐遲遲歸。誰言寸草心，報得三春暉。」中國的寫作者，尤其是身為子女的寫作者，深受「為尊者諱」傳統的制約，在他們筆下，母親一般都具有一種神聖性。古典文學中有太多守寡數十年、含辛茹苦將子女撫養長大的母親的故事，其犧牲精神堅韌而博大，但人們無從窺視母親的內心世界，母親永遠是沉默的。

在老鬼和李南央筆下，第一次出現「負面形象」的母親——楊沫和范元甄。楊、范的經歷具有驚人的相似性：她們是懷著理想奔赴「解放區」[128]的「進步女學生」，她們經歷了共產黨歷次政治鬥爭的風暴，成為中共文宣系統高級幹部。楊沫在共產黨冀中游擊區參加游擊戰爭，做婦女、宣傳工作，多次出生入死，後來以長篇小說《青春之歌》一舉成名，成為被

127 本名為馬波，是中華人民共和國一位當代作家及異見人士。
128 與國統區相對。中國共產黨控制的區域，因中共自稱解放全中國為目的而稱作解放區。

黨所器重的革命女作家。范元甄在延安是與江青齊名的「四大美女」之一，嫁給延安才子——後來擔任過毛澤東祕書的李銳。楊、范這樣的「老革命」，其本人的回憶錄以及他人編撰的紀念文集，充滿一面倒的讚美和歌頌之詞。然而，這兩本出自子女之手的文字，將母親「不光彩」的一面淋漓盡致的呈現出來，在講究「面子」、「家醜不可外揚」的中國文化潛規則中，這種做法被視為大逆不道，卻也具有山崩地裂般的震撼力。

比如，老鬼將母親楊沫與羅姓祕書之間的曖昧關係如實記載下來，李南央將母親范元甄在延安時與中共黨內有名的左派、毛的文膽之一，鄧力群私通的往事一一寫出。頗有諷刺意味的是，楊、范兩名知識女性在思想觀念上都是極左派，對黨忠心耿耿；但極左派在個人道德上往往毫無底線，婚姻和家庭都一團糟——中共最高領袖毛澤東、劉少奇、葉劍英等人無不如此，中共女性高幹也好不到哪裡去。楊、范這樣的「馬列主義老太太」，將抽象的主義和教條看得比婚姻、愛情和家庭更重要，性格極度扭曲，對丈夫不忠（因為丈夫首先對黨不忠誠），對子女也缺乏母愛（因為母愛必須服從於階級鬥爭，如果子女不幸淪為敵對階級，母親則對子女只有仇恨）。

為了表達對領袖和制度的忠心，楊沫在小說中冷血醜化、侮辱曾經相濡以沫的初戀情人張中行。《青春之歌》中男主人公余永澤之原型張中行，為晚年享有盛名的散文作家，他愛楊沫，只是不認同楊沫投身的革命，卻被楊沫描寫成「不進步」、自私自利的小人。

評論人栗奇程指出，共產黨員當然講原則，然而共產黨的最高原則卻是黨性。眾多共產黨員包括楊沫牢牢保持黨性，在毛澤東時代度過主要對黨外的思想改造運動，又度過無分黨內外的反右派，和針對黨內的政治學習與一而再的反右傾。其間，在黨性的名義之下，為「站穩立場」即保存自己，要趨炎附勢，要犧牲別人；為了上綱上線[129]，要穿鑿附會，要無中生有。經過這一切後，說實話和與人為善成了大忌，共產黨把此風（乃真正的黨風）傳達於社會，使之成為長達好幾年、並在很多方面延續至今的世風。共產黨員楊沫是否對此早已習以為常？

讓楊沫沒有想到的是，當她在文革中成為批判對象時，多年來被她羞辱的張中行並未落井下石。張中行在《流年碎影》中記載了這段往事：「文化大革命中外調風正盛的時候，是北京市文聯吧，來人調查她（楊沫）。依通例，是希望我說壞話，四堂會審，威嚇，辱罵，讓我照他們要求的說。其實這一套惡作劇我看慣了，心裡報之以冷笑，嘴裡仍是合情合理。最後黔驢技窮，讓我寫材料，我仍是說，她直爽，熱情，有濟世救民的理想，並且有求其實現的魄力。這材料，後來她看見了，曾給我來信，說想不到我還說她的好話，對於我的公正表示欽佩。可見她是以為我會懷恨在心的，我笑了笑，心裡說，**原來我們並不相知。**」

范元甄的「異化」遠甚於楊沫。李南央在回憶錄中稱，一九四三年春，延安整風期間，父親李銳作為特務嫌疑被關在保安處，母親范元甄也在「被搶救」之中，負責「挽救」范元甄的正是觀點對立的鄧力群。結果沒想到幫助幫助，兩人就「睡在一起」，「延安人人皆知」。

129 中共術語，意思是誇大其嚴重性。

李南央寫道：

那天，范元甄在鄧力群的辦公窯洞裡，兩人正睡在一起，鄧力群的老婆來找鄧，撞見了。范元甄起身穿好衣服，說了聲「對不起」就走了。還有一次，毛澤東祕書胡喬木白天去找鄧力群辦事，鄧從窯洞裡出來，對胡說：「小范在這裡。」胡心領神會，什麼也沒說就走了。

鄧力群曾長期掌管中共意識型態，因反對胡耀邦、趙紫陽的改革而被稱為「左王」。他查禁無數著述，結果自己的回憶錄《十二個春秋》卻不能在中國出版，於二〇〇六年在當時擁有出版自由的香港出版，這對他的一生難道不是一大嘲諷嗎？鄧在書中承認延安時期與范元甄通姦的往事，稱這是自己在戀愛與婚姻問題上「犯了錯誤」。

後來，李、范離婚又復婚。中共建政後，范元甄受到重用。然而，一九五九年因李銳在廬山會議上被打成「彭（彭德懷）、黃（黃克誠）、張（張聞天）、周（周小舟）」反黨集團追隨者而受到牽連，被發配到熱處理車間當爐前工，接受改造，身體在重壓之下瀫底垮掉。多次政治連坐使她嚴重心理扭曲，在很多運動風潮之中，她瘋狂揭發李銳、揭發親人，甚至連女兒都不放過。一九六〇年四月，李銳被發配北大荒，在北大荒過的是非人的勞改生活，寫信請范給他寄點東西，范竟然回信挖苦，還把他們夫妻間講的枕邊話寫成揭發材料，連同李的兩封信一起交給上級，企圖戴罪立功。傷心欲絕的李銳再次提出離婚，兩人於一九六一年正式辦理了離婚手續，從此兩人在生活上和思想上分道揚鑣。

## 為了追求自由去解放區，卻淪為萬劫不復的奴才

老詩人邵燕祥說：「**寫歷史人物，第一是真實，第二是真實，第三還是真實。**」邵燕祥指出，老鬼和李南央的寫作，從一個側面展示了楊沫、范元甄這一代在抗日戰爭前後參加共產黨的知識分子的心路歷程，以及共產黨的思想改造在其身上留下的烙印。

楊沫和范元甄這兩位不合格的母親，堪稱**毛澤東時代左派知識分子人格型態的「活化石」**。這些到「解放區」投奔革命的知識女性原本以為，在解放區女性會獲得空前的解放，殊不知，女性解放只是共產黨的宣傳手段，在共產極權制度下，女性淪為一種更強大的男權文化的犧牲品。在解放區，只要稍有姿色的「進步女青年」都成為共產黨高級官員和將領的獵物。她們不僅仍要承擔生兒育女、相夫教子的傳統家庭角色和繁重的家務勞動，還要參與家庭之外的「革命工作」，等於接受雙重奴役。

解放區的經歷決定了楊、范等投奔解放區的知識青年一生的道路、性情與命運。楊沫晚年有一段短暫的人性的回歸，范元甄則一直到死都堅持其不合時宜的信念。楊沫生活在文化圈裡，照理說離「文化」近，應當具備一定的獨立思考能力，但她的文學創作不是個人化的表達，而是「黨的喉舌」，反倒讓其深陷奴性之泥沼。老鬼寫道：

多年的、脫胎換骨的思想改造扭曲了她的本性。母親由一個追求婚姻自由、追求真理的進步青年，變成了一個馬列主義老太太。尤其在政治上，她絕對聽上級的話，絕對不會給領導提意見。對任何領導，包括自己親屬的領導、孩子的領導，她都畢恭畢敬、奉若神明，這幾乎成了她的處世習慣。這是多年來教育的結果。

與之相似，范元甄受盡政治運動的折磨，卻一直念念不忘毛主席的「恩情」，對江青同樣崇拜得五體投地，多次說：「**現在像江青同志和我這樣真心革命的人是幾乎沒有了。**」這是一種病入膏肓的斯德哥爾摩症候群。

人性是如何喪失的？母親們在追求「美好理想」的過程中，如何被一種非人性的主義異化為「鐵人」？阿赫瑪托娃在一九三九年寫下這樣的詩句：「**一切一切永遠搞顛倒了，如今我已分辨不清，誰是野獸，誰是人……。**」母親的悲劇也是時代的悲劇，一個荒謬的時代，如何把兩位母親及更多母親變成冷漠無情的機器？

兩位母親都有過人生的巔峰時刻。楊沫在一九五八年初出版長篇小說《青春之歌》，同時《北京日報》全文連載。小說大獲成功，成為影響一代人的名作。次年，《青春之歌》改編為同名電影上映，引起更大轟動，成為當代電影史上的經典之作。後來，楊沫任北京電影製片廠編劇、北京市作協副主席和主席，成為少數在文學和電影兩個領域「雙棲」的文化名流。其名聲和地位都超過丈夫，家庭婚姻反倒陷入更大的危機中。

范元甄人生的起步更可圈可點：十七歲時，她已是重慶《新華日報》小有名氣的記者，寫過不少頗受好評的採訪報導，並擔任郭沫若領導的政治部第三廳所屬演劇九隊負責人。十八歲，與李銳在武漢結婚後即進入延安，入馬列學院學習，是黨重點培養的對象。當時，周恩來夫婦視她為女兒。周恩來親自寫信給她，情意切切，還附了一張照片。這張照片，范元甄一直珍藏著。

▲ 周恩來是中國人民解放軍、中華人民共和國的主要創建人和早期領導人之一。

中共建政之初，范在協和醫院動手術，周恩來去看望民主人士張西曼時，聽說小范（過去的老人，都叫范元甄「小范」）也在這裡，特意去病房看她，轟動了整個醫院。

范元甄去世前將一件「一級文物」捐獻給國家博物館——周恩來從重慶寫給正在延安馬列學院學習的范元甄的親筆信。信的原文如下：

元甄同志：

乘参謀長飛回之便，我寫幾句話問問妳好。妳現在當能想像我們在此地的忙碌、緊張和憤慨的情形。但是我們大家並不以此為煩惱。整個紅岩嘴，曾家岩以及化龍橋——都是妳曾經到過住過的地方的同志都團結得像一個人一樣，手攜手地肩並肩的一道奮鬥，一道工作。有些人正在無言的走向各方，有些人正在準備堅持到底。緊張而又鎮靜，繁忙而又愉快的生活，兩年來在重慶，這還是第一次體驗。光榮的，是黨給這次機會來考驗我們自己，在被考驗中，這一代的男女青年，是毫不退縮的站在自己崗位上，走在統一戰線的最前線。

我和穎超常常提到妳，想起妳，覺得假使「小范」在此，也許會給我們以更多的鼓勵，更多的安慰，更多的驕傲。元甄！對嗎？我相信妳的血也在沸騰，妳的心也跳躍起來了。不要急，偉大的時代長得很，學好了，奮鬥的日子，試驗的機會多得很，妳絕不是一個落後者。

夜深了，想想妳的活潑的神氣，寫幾句鼓勵青年好友的話，也許正對我是一種快樂，而這種快樂我和穎超常常引為無尚榮幸的。

握妳的手。

周恩來

（一九四一年）二月一日

一生謹慎的周恩來，在信中對范元甄流露出抑制不住的纏綿愛意，可見范元甄身上確有不凡的魅力。

## 沒有母愛的女革命者，不配稱為母親

這兩位優秀的女性，又都是失敗的妻子、失敗的母親。她們本身是中共極權制度的犧牲品——儒家文化對女性的束縛仍在，解放區女性還要承擔革命使命，革命卻摧毀了她們的婚姻和家庭。

老鬼是一個從未得到過母愛的孩子，「我四歲從農村來到北京與父母生活在一起，**記憶中就沒有被母親抱過、親過**。也從沒有嘗過坐在母親膝蓋上的滋味，哥哥也如此。別人都有向父母撒嬌的經歷，我和哥哥卻一輩子不知道撒嬌是何滋味。」楊沫是一個沒有母性的母親，老鬼回憶，姐姐徐然有一次遭到母親毒打：「十來歲的徐然被送到六、七十里外的一所住宿學校。一次她偷偷溜出學校，從早到晚走了整整一天，返回母親身邊。母親看見疲憊不堪的女兒卻發了無名火，用笤帚疙瘩狠狠打她，徐然用手擋護，結果手被打破流血。徐然的手背上為此留下了一個疤。」後來，另一個姐姐豁然在戀愛中被戀人毒殺，兇手逍遙法外，這成為老鬼一生的傷痛，母親楊沫卻對此無動於衷。

老鬼認為，母親喪失母性，是因為革命對母親的改造，革命跟愛是互相排斥，革命需要無愛的革命者：

> 母親不願意為孩子多花費時間和精力，總怕孩子妨礙自己的工作和事業。在冀中抗日根

據地的地道裡，發生過多起女同志為避免敵人發現，把襁褓中的嬰兒活活捂死的事情。這一情節，給母親留下了深刻印象，似乎印證了一個道理：為了革命，為了生存，可以犧牲孩子。

對於中共這個蔑視人性的權力系統而言，母性、母愛是被禁止的「資產階級文化」。中共建政之後，作家冰心因為在作品中宣揚「母愛」而受批判，共產黨認為，母愛是資產階級的文化，應當被拋棄。經過二十多年的教育和宣傳，到了文革爆發時，「**全社會提倡為革命不講親情——親不親，階級分。因而孩子揭發老子，親屬之間劃清界限司空見慣。**」

老鬼本人是一名缺乏母愛的畸形兒，直到中年之後才慢慢意識到自己人格的殘缺。他在關於知青生活的自傳體長篇小說《血色黃昏》中承認，從小接受極左的社會教育，造就個人英雄主義情結，左傾幼稚，荒誕暴力。他敢帶著紅衛兵抄自己的家，搶劫家裡的錢想去越南抗美援越，下鄉時無故打老牧主以為自己最革命。暴力行為當然有家長的責任，父母對子女冷漠，教育方法是左傾暴力，孩子心靈受傷害，更會仿效。

楊沫生前抱怨老鬼在書中對自己醜化謾罵，老鬼卻說在書裡已盡可能美化了母親。下鄉那幾年，老鬼被冤打成反革命，受盡折磨，母親卻以為他一定問題嚴重，罪有應得，她不相信自己的兒子，卻百分之百相信掌權者。在楊沫心目中，子女沒有什麼地位，老鬼回憶：

我到內蒙古沒多久就給打成現行反革命，過著被監督改造的生活。父母與我斷絕一切來往。無奈中，我只好給母親寫信求救，常常是我寫四、五封信，她才能來一封回信，還總是要我向黨和人民低頭認罪。我連想也不敢想她能來草原看看我，幫我解決問題。我明白即使我死了，她也不會來。

老鬼說，自己左時，嫌母親右，資產階級生活方式；待到自己清醒了，認識到社會的真相，又覺得母親太左。許多當時的左派，其實是膽子太小，怕受牽連。

後來內蒙兵團解散，老鬼給母親來信敘述他對於組建兵團的感慨，或者說憤慨。內蒙組織建設兵團，盲目的大面積開荒種地，誰知破壞了生態平衡，使得水土流失，草原嚴重沙漠化。他們七連組建六年以來，所開墾的兩萬畝土地全部作廢，蓄的四十個糧囤也全部變成沒用的土包：

媽媽，完了，全完了！知青苦幹了八年，最後是一場無效勞動……多麼大的國際玩笑呵！無法統計的物資消耗，成千上萬、幾萬幾十萬人力的消耗浪費，這是一場亙古未有的對草原的大破壞呵！也是多少萬青年人青春生命的消耗浪費呵！聽到領導傳達這是多少億的虧損，把人們都驚呆了，有的悲傷，有的怒罵……。

楊沫卻不同意兒子否定毛澤東讓知識青年「上山下鄉」的政策，不能容忍兒子對黨的懷疑和否定。

同樣，李南央從小沒有享受過一天母愛。父親李銳在廬山會議上被打成反黨集團成員後，母親范元甄便整晚辱罵女兒，不許女兒睡覺，將對丈夫的憤恨投射到女兒身上——因為女兒跟爸爸很親。

文革開始時，李南央只有十六歲，她在學校受到批鬥，回到家中，范元甄幸災樂禍的往女兒傷口上撒鹽。一次母女發生爭執，范元甄騎在李南央身上，揪住女兒的頭髮往堅硬的水泥地板上死撞。李南央寫道：「**看著媽媽那狠毒得近乎猙獰的面孔，只覺得自己向一個大冰窟窿裡沉下去，從裡到外的凍僵了。從此以後，我的心門是永遠死死的向母親鎖住了。**」

中國改革開放之後，李南央赴美留學，並留在美國工作和生活。由於李南央的思想觀念接近父親李銳，對共產黨的專制制度有深刻的反思和批判，思想左傾的范元甄與女兒斷絕一切來往，對女兒的生活情況一無所知。

一九九九年，范元甄在一封給友人的信中惡毒的辱罵女兒：「**李南央現在是靠無孔不入的鑽營手法在美國混**，不擇手段利用任何可利用的關係達到她各種大小目的。身邊也有個圈子，都是這種人。現在氣候適宜，混得很得意。」范元甄將政治觀點不同的前夫和女兒看作勢不兩立的敵人，惡語詛咒，恨不得再來一次文革。

有一次，李南央帶著女兒從美國回國看望母親。因為一言不合，已經進入暮年的范元甄便劈頭蓋臉的毒打李南央。李南央幼小的女兒上前保護媽媽，范元甄居然連孫女也一併毆打。

李南央母女倆幾乎是連滾帶爬逃出了范元甄家。

許多人不理解李南央為何要將母親的猙獰面目用白紙黑字寫出來，李南央回答，她的寫作不是為了表達對母親的怨恨，乃是希望開始探討母親何以喪失母性，並進而避免類似悲劇的重演：「讓人們知道過去中國的政治和共產黨的很多做法是多麼的違背人情，它把人性扭曲到多麼不堪的地步。」范元甄去世後，李南央在一篇紀念文章中寫道：

對於一個曾經深重的傷害過別人，而至死沒有些許歉疚之意，始終用「階級鬥爭」的話語糟蹋人的「幾十年的共產黨員」，任何的原諒都是虛偽和沒有自尊的。在共產黨和緊跟它的政策和執政方針的黨員們，沒有對自己所犯下的一切錯誤和罪行向人民鞠躬懺悔以前，講不得寬容，那不是美德，那意味著對罪惡的遺忘，那意味著整個民族患了軟骨病。

## 若黨性取代人性，女性解放就是皇帝新衣

共產黨的婦女解放運動是一個徹頭徹尾的謊言。研究現代中國女性解放運動的學者張文燦指出，從十九世紀末西方女權思想的輸入開始，中國的女性解放就由男性宣導和引領，始終被納入民族獨立和社會解放的議程之中，女性被看作等同於「階級」的一個弱勢群體，卻有意無意間忽略了階級、民族背後的男權社會結構，同樣是女性受壓迫的根源。中國共產黨

領導的婦女運動始終與現代民族國家的建構相伴而行，由此導致性別與階級、民族解放運動之間的複雜關係。

一方面，婦女透過參加革命，在階級、民族解放的旗幟下與男性結為盟友，掙脫傳統的角色規範，在公共領域獲得人生價值與解放的愉悅；另一方面，以階級、民族利益為底色的婦女運動，在借重、整合婦女的力量時，也規定了婦女追求兩性平等的界限，從而使階級、民族解放與性別解放之間產生內在的張力。楊沫、范元甄、丁玲甚至包括毛澤東的妻子江青、林彪的妻子葉群、周恩來的妻子鄧穎超、劉少奇的妻子王光美等人，都是此一革命進程中的悲劇人物。

最暴虐、最黑暗的時代，並不是希特勒殺害數百萬猶太人的時代；**最暴虐、最黑暗的時代，乃是將母親的母性剝奪、將正常健康的人性改造成冷酷無情的「黨性」的時代**。換言之，就是讓母親不成其為「母親」、讓子女不成其為「子女」的時代。在那樣時代裡，連血緣親情的倫理紐帶都被連根切斷，人與人之間的關係，僅有猜忌和仇恨，他人即地獄，母親與子女也成為敵人。共產黨正是利用人與人之間分離、隔絕的狀態，實施其獨裁暴政。毛澤東不必親自去殺人，只需要命令父母殺孩子、孩子殺父母，父母和孩子全都乖乖聽從、毫不猶豫。

以此而論，老鬼和李南央的寫作，是充滿血淚的寫作，在字裡行間，讀者能體會到撕心裂肺的痛苦；老鬼和李南央的寫作，又是努力恢復人性的尊嚴和自由的寫作，在那些黑暗而憂傷的細節裡，讀者會發現作者對愛的渴求與呼喚。

當然，克己復禮的儒家傳統仍然存在。有人認為，作為兒子的老鬼和作為女兒的李南央，不該這樣毫無遮掩的描寫母親，他們是「不孝的兒女」，對母親缺乏寬恕和憐憫。這種「為尊者諱」的批評意見，無助於釐清真相並重建文明。

老鬼和李南央的書寫，是對摧殘人性的專制制度最有力的控訴，他們的母親楊沫和范元甄也是這套制度的受害者。只有在洞悉制度的邪惡之後，才可能逐漸恢復被扭曲的人性。**女性的解放，不可能在共產獨裁制度之下實現。讓母親成為母親，讓孩子成為孩子，讓夫妻成為夫妻，唯有在自由、民主、法治和保護人的人格尊嚴的社會才能實現。**

李南央和老鬼的寫作，是個人生活苦難和國家民族苦難的結晶。歷史學者單少傑在題為〈研究苦難歷史的珍貴資源〉的書評中指出：

> 我們民族在那段苦難歲月裡，已失去許多東西，但不要再失去歷史，不要再失去國史，不要再失去家史。我們人文學界現今所面臨的一個首要任務，就是如何解讀那段歷史，如何把我們所經歷的深重災難變成我們所擁有的深厚資源，深厚的人文資源。我們既然經歷了苦難，就應對得起苦難。

在此意義上，應當向李南央和老鬼致敬，他們的文字在個人記憶與公共寫作之間建立了一道橋梁，只有通過這道橋梁，後人才能抵達自由而幸福的彼岸。

第二十一章

# 共產黨殺了他們的父親，他們為何還認賊作父？（一九八〇）

如果我們國家的人權不如人，是無論如何說不過去的。

——趙紫陽（前中共中央總書記）

二〇一九年十月十七日，被軟禁至死的中共前總書記趙紫陽，在去世將近十五年之後，其家人終於與中共當局達成協商，他和他妻子的骨灰入葬北京郊外的民間公墓，墓碑上乾乾淨淨的只有夫妻兩人的名字。

趙家兄妹在〈祭先父趙紫陽百歲冥壽文〉中回顧了父親的家世：

先父出生於河南北部的農家。我們的曾祖父、祖父是鄉紳；按後來的稱呼叫地主。先父晚年說，就是農民。

中原地區殷實農民積累財富的手法不多，無非是勤儉、攢錢、買地。祖上也不例外，只是勤儉到極致而已。先父回憶兒時光景，印象最深的就是家中那兩口大缸，用來醃漬家族常年食用的鹹菜，用的是從鹽鹼地中淘洗出來的「小鹽」；而「大鹽」，即一般的食鹽，是捨不得買的。

這家秉承傳統的農戶，重男輕女是當然的。先父年幼時，趙家是一個三代同堂、一起過日子的大家庭。曾祖父是當然的大當家。吃飯時，只有他的碗裡有白麵饅頭。他有時會拿起一個，對著長孫兒說：「賞你一個，拿去吧。」據我們的姑姑後來說，曾經還被允許過蘸著白糖吃呢！

他是長孫，又是獨子。在姐姐羨慕又安分的側目下，吃著姐姐可能從來都不知道滋味的食物。大家也許都會猜想：這男孩將來會是個自私、懦弱的人吧？但是，常識是會捉弄人的。先父後來居然成長為一位具有悲天憫人、天下關懷胸襟的人。他看不得別人受苦，對剝削、壓迫有著本能的仇視；他看不得不公不義，對苦難、人權有著天生的敏感。

趙紫陽的父親趙廷賓是河南滑縣的開明鄉紳和有名的中醫，為人豪爽，在當地頗有民望。抗日戰爭時，趙廷賓支持獨生子趙紫陽參加八路軍抗日。不料，土地改革時，當地農民會卻拿他開刀，對於他的死因，說法不一。一說是氣死；一說是被激進農民打死；一說是被共產黨地方當局處決。趙紫陽對此一直諱莫如深。

文革期間，在廣東任職的趙紫陽戴著一頂「走資本主義道路的當權派」的高帽子，接受革命小將批鬥，頗受皮肉之苦。此時，趙家再次受到強烈衝擊，即使遠親也不能倖免。祖墳包括父親的墳曾被掘開，使地主階級「暴露在光天化日之下」，並且「遺臭萬年」。

▲ 1949 年趙紫陽（第一排左一）與南陽地委領導成員。

## 趙紫陽：因為父親被殺，所以要做一個不殺人的共產黨總書記

據說，紅衛兵小將們之所以要掘開趙家墳墓，其中一大原因是，身為「地主階級孝子賢孫」的趙紫陽，從未回過家鄉，此舉被解讀為對父親被鎮壓懷恨在心，以及藐視家鄉人民。趙紫陽曾有過多次路過家門而不入的紀錄，文革後趙紫陽復出，成為黨和國家領導人，仍然不曾「衣錦還鄉」，是否因父親當年之死而心存暗結，旁人不得而知，但家鄉人一度對他頗不諒解。

趙紫陽的父親死於土改，最早的依據是趙蔚所著的《趙紫陽傳》。在香港一九八八年出版的繁體字版中，有趙父「竟在土改的急風暴雨中喪生」的句子，暗示趙父被殺。該書還引證趙作為家鄉地委書記在幹部會上諸如「農民起來對罪大惡極的地主要打死，領導上則應批准」、「地主的反抗家屬同樣要消滅」的演講，並指出一九六六年九月文革初期「一名廣東

省委的行政幹部」，在省委大院貼大字報揭發趙地主出身，「父親於土改時被處死，要求將此事搞清楚」。

香港《開放》雜誌前總編輯金鐘在紀念趙紫陽的文章〈革命吃掉自己的兒子〉中引用這則資料，引起讀者的爭議。金鐘又寫了一篇〈澄清趙紫陽父親之死〉，補充了一些新資料。一九八九年在中國出版的同一本趙傳的簡體字版，在第一四三頁上，赫然有一段香港版中沒有的話：「其實，趙紫陽父親趙廷賓，是土改中受過火衝擊後發病去世的，並非如大字報所述被處死。」

其後，金鐘再託朋友向趙家子女求證。趙的女兒王雁南表示，她的祖父是病死的，當時趙紫陽夫人梁伯琪帶著尚是嬰孩的長子趙大軍回去奔喪。趙大軍一九四六年出生，祖父應在一九四七至一九五〇年間去世。趙紫陽本人對父親的傳言從不澄清，也不曾向組織寫信或打報告澄清。包括那本趙某寫的《趙紫陽傳》「錯誤百出」，趙紫陽說：「如果我糾正，就成為我寫的了。」

金鐘也電話採訪到《趙紫陽傳》的作者趙蔚。趙蔚說：《趙紫陽傳》簡體字版的出版社是屬於新華社下屬的「新華出版社」在一九八九年三月出版的，當時趙是總書記，學運尚未爆發。關於趙父之死的文字，由出版社「把關」處理。以中共的出版審查制度而論，關於總書記的傳記當然會嚴格「把關」。趙蔚肯定的說，趙紫陽父親不是被鎮壓處死的，是被鬥後很快死去。他還說，他寫的趙傳有四百多條註釋，是真實的，無人指責有錯誤，是關於趙早期歷史最詳實的一本書。

趙紫陽在一九八〇年代的施政過程中，得罪了不少元老。據說，**王震曾罵趙紫陽跟共產黨有「殺父之仇」**。趙蔚說，他也聽說過，是批《河殤》時的事，但不能證實。為此，金鐘再查詢《河殤》總撰稿人、流亡海外多年的蘇曉康。蘇證實王震透過祕書唐雲打電話給《人民日報》總編輯譚文瑞，說了很多批評《河殤》的話，其中有創作《河殤》的人對我們有「殺父之仇」的話。《人民日報》將王震的批評彙報給當時負責意識型態工作的中央政治局常委胡啟立，還為此發過一份內參[130]。當時，中央廣電部還正式向蘇曉康傳達過。蘇認為，是反鄧小平的黨內大佬（陳雲等）要王震出面批《河殤》，將矛頭針對鄧支持的趙紫陽。而趙是讚賞《河殤》的，一九八八年九月，趙會見新加坡總理李光耀時，特地送了一套《河殤》給李光耀。不久，蘇曉康聽說趙紫陽的父親「死在獄中」，因此，他認為王震罵的人就是趙紫陽。

趙紫陽的父親究竟是怎麼死的，知情者另有說法。旅美學者、耶魯大學退休教授張育明在其回憶錄中提及，抗戰期間，他是河北省教育廳長徐重遠組織成立的河北省流亡小學的學生，當時意外得知青年趙紫陽在國民黨的搜捕中死裡逃生的一個細節。

一九四一年某日下午，郵差送給從保定女師畢業的蔡慶榮老師一封信，她一邊讀一邊呼

130　內部參考，簡稱內參，指中華人民共和國新華社在黨政系統內部不公開發行的文件，是中華人民共和國黨政高層重要的政治資訊文件之一。

叫班敬先老師過來看，說這是班老師的丈夫、河南省滑縣縣長劉先生請她轉交的信。這位劉縣長在抗日戰爭前後在滑縣一帶領導地方武裝抗日很有點名望，外號劉大麻子。在一旁念書的張育明聽班、蔡二位老師談及，開封高中學生趙紫陽參加共產黨，在豫北地區策反好幾百名地方民團青年參加八路軍，河南省國民黨黨部命令縣長劉大麻子，把趙紫陽逮捕起來送交在洛陽的河南省政府。劉縣長令其通信員以找作為老中醫的趙紫陽之父看病為名，通知趙紫陽逃出家門，如此救了趙一命。

一九五四年，張育明從六年制大學醫學本科畢業後，由中央衛生部分配到河南醫學院工作。無巧不成書，有一個南下老幹部張科長是其保定老鄉，在趙紫陽家鄉土改時，是土改工作隊隊長。老張科長親口對張育明說，土改運動中，中共利用所謂貧下中農積極分子，實際上都是不務正業、農村「摔大娃」（保定土話即不好好勞動又不安分守己的人）的流氓無賴，任意吊打燒烤所謂地主分子，他實在受不了，幹不下去。縣委又派一個正隊長，把他降為副隊長，他才勉強幹下來。張科長親口告訴張育明：

趙紫陽的父親是一個很謙和的老頭兒，是個老中醫，又是教了一輩子書的私塾先生，一輩子一年四季都勞動，每天早晨起來背著糞簍到大街上拾大糞，還拿著本書念，工作隊一再發動群眾，但確實一點民憤都沒有，真是一個和善對人的好老漢。

但是縣委硬是命令農村必須村村見血，要殺人口的百分之一，土地最多的地主就是無罪

> 惡無民憤者也要殺，說這是為了推動革命，製造階級仇恨。
>
> 槍決趙紫陽父親的大會，我裝胃病不去參加，要我簽字，我說正隊長一個人簽字就可以了，批鬥現場打死那麼多人，有誰簽字了？

這則史料證實，趙父是被槍決的，但它是孤證，難以形成定論。趙紫陽的父親究竟是怎樣死去的，還有待更多考證。總而言之，是死於共產黨的政治迫害，是**非正常死亡**。共產黨害死數千萬類似的無辜者。在中共體制內身不由己的趙紫陽，不敢對父親的死發一句怨言。在毛時代，他也參與殺人遊戲（儘管他沒有親手殺過人，但並不能與自己掌權地區發生的屠殺完全脫離關係），即便如此，一度執行左傾政策的趙紫陽，仍在文革中被打倒。

文革結束後，趙紫陽出任四川省委書記，給農民鬆綁，在農村率先推動包產到戶的改革，四川經濟出現轉機，「要吃糧，找紫陽」一說在農民口中廣為傳頌。由此，趙紫陽上調中央，出任國務院總理，主持一九八〇年代的改革開放政策。

**在「六四」這個歷史關頭，趙紫陽寧願放棄總書記的職位乃至被軟禁至死，也拒絕參與鄧小平血腥的殺人計畫**。或許，**正因為自己父親悲慘的死亡，以及毛時代看到太多的死亡，讓趙紫陽決定再也不能殺人了**。趙家子女祭文中的這段話是真實的：

> 曾經，家父在與我們閒話時說：「膽小的人有原則。」此話頗費解，因為是悖論；膽小

的人，怎麼會有原則呢？後來我們明白，他說的膽小的人，是指不敢肆意而為的人。在眾所皆知的那件事上，他是一個「膽小的人」，他選擇了苦路，他懼怕那悠悠後世的罵名。

趙紫陽拒絕在調動軍隊殺人的命令上簽字，因而被老人幫非法罷黜。他在權力鬥爭中是失敗者，卻在民間受到頌揚和懷念。

在中國，不殺人，居然成為對領導人的最高評價！這是一個何等神奇的國度！

## 金庸：父親被殺仍要學習解放軍

如果說共產黨殺人的目的是「立威」，那麼它基本上如願以償。趙紫陽終身不敢為冤死父親討回公道，金庸更是視冤死的父親事不關己、輕如鴻毛。中國人在一次次大屠殺的恐懼中，選擇了「自願為奴」。

一九八一年七月十八日上午，鄧小平在北京會見香港《明報》社長查良鏞（武俠小說家金庸），並同查良鏞及其妻子和子女一起合影。金庸將這一天視為其一生中最大的榮耀。

鄧小平坐下後，抽著菸，笑著對金庸說，他是武俠小說讀者，是金庸的書迷。金庸大吃一驚，共產黨中國不是將武俠小說當作禁書嗎？鄧小平居然讀禁書？而且，那個時代，金庸從來沒有從中國收到過一分版稅。

鄧小平又說：「中國共產黨的第十一屆六中全會之後還有三件大事：一是要在國際上繼續反對霸權主義，維護世界和平；二是實現臺灣回歸祖國，完成祖國統一大業；三是搞好經濟建設，這是最重要的事情。」這三件大事，鄧小平都有用得著金庸的地方。

鄧小平還談到**中國共產黨對歷史問題「有錯必糾」的態度**，由此似乎不經意的談起金庸的父親在中共建政之初被殺之事。鄧勸告：「**團結起來向前看**。」

金庸恭順的點點頭，回應：「**人入黃泉不能復生，算了吧！**」

鄧小平接見金庸之後，地方官員當然不能無所作為。果然，上行下效，浙江省海寧縣委、縣政府與嘉興市委統戰部、市僑辦聯合組織調查組，復查金庸之父查樞卿的案件，發現是件錯案冤案，遂由海寧縣人民法院撤銷原判，宣告查樞卿無罪，給予平反昭雪。

一九八五年七月二十三日，海寧縣人民法院就查樞卿案的刑事判決書指出：「原判認定查樞卿在解放後抗糧不交，窩藏土匪，圖謀殺害幹部以及造謠破壞等罪行，均失實。至於藏匿槍枝一節，情節上與原判的認定有很大出入。本庭認為，**原判認定查樞卿不法地主罪的事實不能成立，判處查樞卿死刑屬錯殺**。經本院審判委員會討論，判決如下：**撤銷海寧縣人民法庭一九五一年四月二十六日第一百三十四號刑事判決，宣告查樞卿無罪**。」

金庸收到父親的平反通知書之後，專門馳信海寧縣委領導表示感謝：

> 大時代中變亂激烈，情況複雜，多承各位善意，審查三十餘年舊案，判決家父無罪，存

歿俱感，謹此奉書，著重致謝。

這是我讀到的最不堪的中文文字，比文革中著名知識分子寫的檢討書更不堪。後者是在失去自由意志的情形下的違心言論，前者是在自由言說的香港寫下的諂媚中共暴政的文字。金庸這個不孝之子，有什麼資格代表死不瞑目的父親，跪著讚美殺人凶手的「善意」？**共產黨作為殺人凶手的本質從未改變過，不到四年之後，它將在北京屠殺數以千計的市民和學生。**

一九二四年二月，金庸出生於浙江省海寧縣袁花鎮。海寧查家在當地是數一數二的世家望族。在查家祠堂內幾十個牌匾上，記錄著族中擁有功名的人，官至翰林者並不鮮見。查家最有名的先祖當算查慎行、查嗣庭，查慎行是清代著名詩人，查嗣庭為其弟。當時，查家被稱為「一門七進士，叔侄五翰林」。

金庸出生時，查家有三千六百畝田地，租戶有上百戶，查樞卿是富甲一方的大地主。查樞卿受過西洋教育，屬於過渡時代中西混雜的人物，他捐資辦教育，熱心公益事業。

一九四九年，中共占領江南之後，開始土改運動。查樞卿被列入「管」的名單。一九五一年一月後，從上到下捕殺反革命分子的進度加快，查樞卿被升格為「關」的對象。鎮壓人員組織村裡人揭發其罪行，可他一貫行善積德，對村民友好，且年年資助窮人，沒有一個人控訴他。最後，鄰村一個殘匪揭發查樞卿窩藏槍枝。於是，查樞卿進入「殺」的名單，當局給他冠上了抗糧、窩藏土匪、圖謀殺害幹部等莫須有的罪名。

「抗糧」是謬誤。當局徵收公糧時，糧食還在佃農手裡，佃農自己交了，查樞卿交的糧自然就少了。而「窩藏土匪」，指其續絃妻子顧秀英的弟弟當過土匪、曾在其家躲藏過幾天。「圖謀殺害幹部」指這名土匪將一支手槍偷偷藏在姐姐家後院糧庫內，此事查樞卿夫婦並不知曉，壓根就沒見過槍，這支手槍卻為這個家招來滅頂之災。

一九五一年四月二十六日，查樞卿被從監獄裡拉出來，對照姓名、照片後，不換衣服、不賞酒飯，五花大綁甩上刑車，開向袁花鎮查樞卿所辦的龍頭閣小學。到達操場之後，四人一批，立即槍斃。

顧秀英事後才知道消息，強忍淚水來收屍，只見丈夫橫屍操場邊的田埂上，身下一灘血。妻兒們把遺體拉回家，連夜掩埋，不敢留有墳頭。顧秀英堅信丈夫是無辜的，在丈夫死後三十多年裡，多方申訴，為其平反而奔走。然而，一個早被打入另冊的「地主婆」，在歷次政治運動中都會被波及，她的話有誰聽呢？若不是後來金庸在香港事業有成，成為中共統戰對象，其父連一張平反文書都得不到。

金庸從來不曾公開提及父親被殺的慘劇。唯有一次，二〇〇〇年初，金庸在其自傳體散文〈月雲〉中寫道：「從山東來的軍隊打進了宜官（金庸小名）的家鄉，**宜官的爸爸被判定是地主，欺壓農民，處了死刑。宜官在香港哭了三天三晚，傷心了大半年，但他沒有痛恨殺了他爸爸的軍隊。因為全中國處死的地主有上千上萬，這是天翻地覆的大變。**」這段話寫得不明不白，不如不寫。

殺死金庸父親的是解放軍，在天安門廣場上屠殺學生和市民的也是解放軍。解放軍是共產黨的黨衛軍。金庸晚年卻多次公開稱頌解放軍。

一九九九年五月，曾任新華社香港分社副社長的浙江大學黨委書記張浚生，邀請金庸出任浙大人文學院首任院長，金庸欣然就任。在浙江大學舉行的「新聞機制改革與經營管理」研討會上，金庸發表了題為〈兩種社會中的新聞工作〉的演說：

解放軍負責保衛國家人民，我們新聞工作者的首要任務，同解放軍一樣，也是聽黨與政府的指揮，團結全國人民，負責保衛國家人民。我們要跟隨黨的政策，不是甘心作黨的工具，受它利用，喪失作一個誠實的新聞工作者的良心與立場，而是盡一個愛國公民的職責，保衛國家，不受外國的顛覆和侵略。

二〇〇七年六月，金庸應解放軍藝術學院院長陸文虎之邀，到解放軍藝術學院演講。據陸文虎在《北京晚報》發表的文章披露，金庸在演講中如此解釋其小說中「俠義」的含義：

我寫武俠小說其中真正的精神是「俠義」兩個字，這是中國獨有的。人家問我，你寫武俠小說的目標在哪裡？我說武俠小說的主要宗旨就是提倡一種俠義的精神。各位，「解放」兩個字本身就是一種俠義精神。解放人民，人民受到壓迫，被束縛在那裡不能動了，你去解開束縛，把他們放出來，這個就是一種俠義精神。我這個「俠」的定義就是「不是為了自己的利益而去幫助人家的，解除人家痛苦的，使本來不公平的事情變得公平的，這就是一種俠義精神」。

金庸最後總結說：

我講「為國為民、俠之大者」是最高的標準，實際上普通人都做不到的……真正的「俠」是解放軍，為了國家，為了人民，不惜犧牲自己生命的，這是最高的「俠」、最大的「俠」。

難怪，金庸小說中寫得最好的人物，既不是無惡不作的韋小寶，也不是凜然正氣的郭靖，而是認賊作父的楊康。我少年時讀《射雕英雄傳》，覺得郭靖、洪七公等正面人物都很虛假，反面人物楊康卻栩栩如生、躍然紙上。當時，我不知道是什麼原因，心裡想：難道金庸最擅長寫壞人？後來，知道金庸跪舔共產黨的一系列言行，這才恍然大悟：**現實生活中的金庸，就是楊康。金庸寫楊康，不需要模特，如同寫鏡子中的自己，自然寫得得心應手、活靈活現。**

## 郭超人：即便父親被殺，也要一輩子當共產黨的喉舌

金庸大半輩子都在英國治下有言論自由和新聞出版自由的香港生活，自由辦報和寫社評，

自由的寫武俠小說——在相當長一段時間裡，武俠小說在中國和臺灣都是禁書。他是晚年才加入中共的「啦啦隊」，成為「晚節不保」之典型。

真正一輩子都在充當黨的「喉舌」的，不是金庸，而是父親同樣遭到中共殺害的新聞記者郭超人。

郭超人在一九九二至二〇〇〇年間任新華社社長（正部級），也是中共十三屆、十四屆、十五屆中央委員，是中共宣傳體系內地位最高的御用文人。一九五六年從北大中文系畢業的郭超人，按照輩分上來說是我的「學長」，但我實在無法把這個稱呼冠在他頭上。

在湖北工作的共產黨基層宣傳幹部吳為民，寫過一篇題為〈家父記憶中的郭超人〉的文章，透露了郭家許多不為人所知的往事。吳為民的父親吳有燦祖籍花橋鎮，與郭超人的老家田相連、地相接，兩家乃是「遠親不如近鄰」，所以知根知底。

吳有燦乃世代書香門弟，是郭超人父親的得意門生。一九四〇年代，吳有燦以第一名的優異成績考入縣立中學，畢業後在家教私塾。於是，郭超人的父親把比吳有燦小幾歲的郭超人送進吳有燦的私塾。

進學第一天，郭超人的父親以孩子的口氣，稱吳有燦為先生。吳有燦忙說：「豈敢！豈敢！」連說：「我是您老的學生，以後別這樣稱呼。」郭超人的父親說：「一禮歸一禮。」吳有燦回憶：「郭超人天資聰明，有的文章剛教過一遍，他就能過目成誦。」

多年後，吳有燦如此談及郭父之死：

> 郭超人的父親是廣濟縣國民黨三青團骨幹分子。解放後，被共產黨鎮壓。其實，他本質不壞，乃一教書先生，無意介入政治，所以，遭此橫禍。

共產黨席捲中國之後，對遺留的國民黨人員大開殺戒。國民黨的高官顯貴可以充當統戰花瓶，最不幸的是那些基層幹部，數百萬人不由分說就成為刀下亡魂。

由於「家庭成分」不好，郭超人從大學時代便謹言慎行、小心翼翼，以符合黨選拔宣傳幹部的條件。從北大中文系畢業後，郭超人自願報名到西藏工作，以此遠離政治中心、遠離政治漩渦——日後的「學弟」胡春華，因為家境貧寒，而到西藏工作可領取不菲的高額補助，畢業後就選擇去西藏工作，結果意外的受時任西藏黨委書記的胡錦濤賞識，從此青雲直上。

作為新華社駐西藏記者，郭超人寫的是什麼樣的報導？不問也知道，正如新華社官方公布的郭超然的簡歷中所說：「在西藏工作長達十四年的時間裡，**他同藏族人民一起揭露、控訴西藏農奴制度的黑暗和罪惡，一起歡慶繁榮幸福的新西藏的誕生**。他關於西藏民主改革前後的大量報導如〈血淚的控訴〉、〈拉薩的春雷〉等，具有強烈的感染力。」中共屠殺藏人、戕害藏族歷史文化和宗教信仰的暴行，郭超人的筆下一個字也不會提及。

文革結束後，郭超人調到新華社四川分社工作，得到當時的四川省委書記趙紫陽的賞識。後來，趙紫陽升任國務院總理、黨中央總書記，將郭超人調入北京，加以重用。「六四」之後，趙紫陽下臺，趙系很多開明派官員皆被罷官。郭超人是少數立即與趙紫陽劃清界限的人，並且贏得新任總書記江澤民的信任，在一九九二年十一月升任世界上規模最大的通訊社新華社的社長。

二〇〇〇年，郭超人去世後，官方悼詞中寫道：

作為新華社記者，他在四十四年的新聞生涯中，書寫過西藏百萬農奴埋葬農奴制的翻天覆地的歷史巨變，報導過我國登山健兒第一次把五星紅旗插上珠穆朗瑪峰的壯舉，頌揚過億萬人民在馴水征戰中創造的可歌可泣的業績，記錄過「四人幫」一夥被押上歷史審判臺的莊嚴一幕，謳歌過改革開放的偉大時代。他寫下的數百萬字的新聞作品結集出版為《向頂峰衝刺》、《西藏十年間》、《萬里神州馴水記》、《時代的回聲》、《非洲筆記》等。他的新聞論著《喉舌論》，凝集著他走上新華社領導崗位後，對黨的新聞工作和建設，有中國特色社會主義世界性通訊社實踐的思考與探索。

**郭超人的「喉舌論」，比習近平提出更早**。既然新聞人是黨的喉舌，就必須說謊、造假、愚民、洗腦。《聖經》中說，人的舌頭是敞開的墳墓。郭超人一輩子留下數百萬字冠冕堂皇卻荒謬絕倫的謊言，堆砌成他通往地獄的道路。

或許，正因為父親是被共產黨處決的國民黨人這一「原罪」，郭超人才更加俯首帖耳的為共產黨服務，他要以此洗清自己的「原罪」。郭超人用一支筆為自己構築了一道道飛黃騰達的階梯。此前，郭超人在《西藏十年間》一書的序言中寫道：「歷史極其寬厚的給了我充分的機遇。如果是一隻鷹，頭上有可以展翅高飛的藍天；如果是一匹馬，面前是可以縱橫馳騁的草原。」但是，在毫無新聞自由、動輒得咎的中國，新聞記者何嘗是鷹、何嘗是馬？新聞記者的角色，是郭超人所說的「喉舌」，是毛澤東所說的「倡優蓄之」。

在「喉舌」的意義上，郭超人是納粹宣傳部長保羅・約瑟夫・戈培爾（Paul Joseph Goebbels）的徒子徒孫。戈培爾說過：「謊言重複一千遍，也不會成為真理，但謊言如果重複一千遍而又不許別人戳穿，許多人就會把它當成真理。」納粹及共產黨的宣傳部都如同歐威爾小說中的「真理部」，正如蘇俄民眾的一則笑話：「《真理報》無真理，《消息報》無消息。」戈培爾又說：「宣傳如同戀愛，可以做出任何空頭許諾。」、「混雜部分真相的說謊比直接說謊更有效。」、「即使一個簡單的謊言，一旦你開始說了，就要說到底。」、「人民大多數比我們想像要蒙昧得多，所以宣傳的本質就是堅持簡單和重複。」、「宣傳只有一個目標：征服群眾。所有一切為這個目標服務的手段都是好的。」

在艾倫・懷克斯（Alan Wykes）所寫的《戈培爾》一書中，引述了戈培爾的一句話：「我的唯一目標，就是強力灌輸愚蠢的群眾接受希特拉（勒）乃是正在覺醒中的德國的上帝。」戈培爾所說的這些話，經過潤色之後，都出現在郭超人的《喉舌論》之中。郭超人的所有文字，都符合戈培爾的標尺。郭超人的「喉舌論」就是對「出師未捷身先死」的戈培爾遙遠的致敬。

三位被處死的父親，雖然經濟地位、教育程度、人生經歷全都迥異，但三位父親都是法治崩壞時代的冤死者。趙紫陽的父親，在貧瘠的河南鄉間，是一生都未脫離耕種之苦的鄉間醫生和私塾先生，算不上地主，只能算是半耕半讀的農民，支持過抗日，對國共之爭則所知甚少。金庸的父親，是江南世家子弟，是坐擁良田美宅的大地主，其教育程度更高，雖不曾參與二十世紀的上半葉的政治風暴，卻被捲入其中且粉身碎骨。郭超人的父親，是湖北的鄉紳，也是三位父親中唯一的國民黨基層幹部，在那個國民黨亡、共產黨興以及中華民國亡、中華人民共和國興的轉折時代，他身不由己的充當了時代祭壇上的祭品。這三位父親有相似之處，他們都是傳統鄉村的紳士階層，都是深受鄉親愛戴的文化人，注定了是共產黨剷除的對象，「說你反，你就反，不反也反」，正如美國學者胡素珊所說，**共產黨的土地革命的重頭戲是推翻現有的農村菁英階層，「帶有很多目標的鬥爭運動破壞了統治階級在政治和經濟上的統治，這是創立新的村莊權力機構的必經之路」**。

父親冤死之後，三個絕頂聰明的兒子選擇了不同的人生之路。趙紫陽早年即追隨共產黨抗日和鬧革命，即便父親遇害，他也不可能反戈一擊，仍對共產黨不離不棄。中年之後，趙紫陽成為封疆大吏，不願作惡也得作惡，共產黨高官豈能手上不沾血？直到文革結束後，趙紫陽身居「一人之下、萬人之上」的高位，推動了一九八〇年代有限度的經濟改革。然而，到了一九八九年，他卻不願再像當年殺害自己父親的凶手那樣繼續殺人，而且是殺手無寸鐵的學生和市民，算是晚年頓悟、拒絕為奴，雖非「放下屠刀，立地成佛」，也算是「此心安處是吾家」、「赤條條來去無牽掛」。

金庸在青年時代主動到北京投懷送抱，報考新中國外交部的外交官，卻被中共拒之門外，是為「潛龍勿用」。報國無門，他漂泊到英國治理下物盡其用、人盡其才的香港，很快事業有成，為新聞人，為小說家，「凡是有中國人，有唐人街的地方，就有金庸的武俠小說」，他的人生臻於「文字工作者」成功的極致，是為「飛龍在天」。晚年，金庸匆匆跑在即將「回歸祖國」的香港前面，進入中南海結交權貴，心甘情願的「回歸」獨裁暴政，算是圓了「半吊子的奴才夢」，卻始終沒熬成被共產黨全然信任的「家奴」。幸虧金庸在香港「逆權運動」之前就死掉了，否則他不知會就此發表多少下流齷齪的擁共言論。

在奉行「出身論」、「老子英雄兒好漢，老子反動兒混蛋」的毛時代，身為賤民的郭超人，原本以為仕途無望，採取「曲線救國」模式，到帝國邊陲的西藏去尋覓一張更有價值的「投名狀」——透過對西藏的歪曲性報導，得到黨國的重新接納。父親的慘死都可以忘懷，他又怎麼可能同情藏人的遭遇？多年來，郭超人不以喉舌為恥，反以喉舌為榮，如同「厚黑學」中所說的「厚黑無形」，成為中共宣傳體系內屈指可數的謊話大王。自願為奴且物超所值者，主人當然不棄，乃至加以重用。郭超人晚年終於當上「南書房行走」和「首席吹鼓手」並死在其崗位上。

從三個父親和三個兒子的故事中，可以看出中共是靠暴力和謊言維持其權力，只要暴力和謊言有效貫徹，中共就能「潰而不崩」。

# 第二十二章
# 謊言和仇恨，支撐的中國崛起

我們殖民時代的歷史教訓已經演變成對不同於北京的聲音的鎮壓。我們過去曾是受害者，所以現在，中國人必須「一條心」和「一個信念」。我們必須都希望看到中國成為一個強大的國家，一個反抗共同敵人阻撓的國家，任何批評政府政策或質疑政府說法的人都「不是中國人」，是外國勢力的「走狗」。

——錢佳楠〈中國的愛國主義如何塑造了一代人〉

出生於一九二二年的耿寶昌，是中國首屆一指的古代陶瓷及工藝品鑑定專家、北京故宮博物院研究員、國家文物鑑定委員會副主任委員。在北京故宮召開的一次關於故宮國寶南遷的歷史研討會上，這位學者發表了一段驚人的談話，談話內容在社交媒體上瘋傳，很快被刪去，各大網站上均顯示為「本文已被刪除或者不存在」狀態。

## 日本占領軍從未動過故宮及故宮文物

耿寶昌說：「這次故宮會議上，我搞清楚了一個我過去一直關注，但苦於沒有材料而一直沒搞清的一件事——日本人占領北京八年，故宮裡發生了什麼事情？至少建築沒有被燒，但是是否發生了搶劫？實際情況是**故宮裡沒有發生什麼事，而且管理得井井有條**。故宮國寶南遷是選擇了精品遷走，並沒有全部遷走，因為太多。」

耿寶昌接著說，留下來的也仍然是滿地金銀。但日本人確實沒有搶劫故宮。而且一九四二年還完成了過去一直未完成的故宮文物大清點。更讓人驚奇的是，很多故宮文物淪陷在南京（一九三一年九一八事變後從北京運到南京的），也都安然無恙。其中最重要的，被故宮人稱為「二十五寶」的二十五枚皇帝御璽，都完好保存。日本人占領南京期間曾把「二十五寶」拿出來展覽，但並未拿走。

耿寶昌知道這樣說很容易被人攻擊為「漢奸」，他謹慎表示：「我無意為帝國主義侵略開脫責任，說這些只是想要實事求是的說出真正的歷史，**不要帶著感情去編造歷史**。不僅日本人占領北京，當年八國聯軍占領北京的時候，故宮也沒有被搶被燒。」在今天的中國，真話往往由一些百歲老人說出來，比如當過毛澤東秘書的李銳、研究美國問題的學者資中筠。而本該最快接受新知識、擁有新觀念的年輕人，多是被洗腦的當代義和團與當代紅衛兵。這不知是中國的榮耀，還是中國的悲哀。

最後，耿寶昌心平氣和的指出：

博物院院長單霽翔也說了，他去訪問英法等國的博物館的時候自己感到很驕傲，因為故宮沒有受過戰爭損失，裡面保存的全是真東西。不像英法等其他博物館，很多都在戰爭中損失了，展出的是複製品。他明確說到故宮六百年未受戰爭搶劫的禍害，而這中間北京三次被外國占領，一次英法聯軍，一次八國聯軍，一次日本人，而且日本人占領了八年。

居然故宮文物完好無損，這事我們過去的宣傳教育中可從來沒有說過！總說歐美日本的博物館裡展出的中國文物都是搶去的。這次在故宮會議上不只是故宮博物院的人，還有國家博物館、國家檔案館的人都一再說明，過去凡國家保存的文物根本不是社會上流傳的那樣被搶劫，被拍賣，流失海外，根本沒有。抗戰時故宮文物南遷運走的只是精選的一小部分，留在故宮裡的還有一百多萬件。一百多萬！這可不是小數字。這是故宮文物保管處梁金生處長親口說的，他是故宮「大內總管」，親自主持完成了故宮文物清點工作。今天流失海外的數以萬計的中國文物，多數都是我們中國人自己盜賣出去的，或者是正常途徑買賣的。

我們的宣傳教育應該客觀，應該實事求是，不要為了仇恨帝國主義就編造一些子虛烏有事來。這些都是將來無法向歷史交代的。

可惜，忠言逆耳，耿寶昌的話，「有關部門」不會聽得進去，其言論很快被從網上刪掉。

在今天的中國，耿寶昌老人的這段話是嚴重的「政治不正確」——為萬惡的帝國主義辯護，是一項人人得而誅之的重罪。或許，鑑於老人在業界德高望重，且年事已高，中共不會對他有進一步行動——並非如此資深的歷史學者如吳思和洪振快，則惹上官司並公開羞辱。

中共官方意識型態，已從馬列主義、毛澤東思想置換為百年國恥、報仇雪恨的中華民族主義。美籍華裔學者王飛凌指出：「中華人民共和國學校裡現在教授的歷史，高達九五％都是歪曲或欺騙。比如，一個出於政治目的而歪曲歷史的重要例子，就是政府一直鼓吹和灌輸的『百年國恥』。」而要支撐起這套仇恨話語和思想體系，中共的宣傳機構首先得不顧歷史事實和歷史真相，大肆將「帝國主義」妖魔化，帝國主義成為中國近代以來一切苦難的根源。

與此同時，共產黨成了將中國人民從帝國主義及其代理人（國民黨）魔爪中解救出來的救命恩人——對於救命恩人，人民只能感恩戴德、山呼萬歲，而不能有所質疑，更不能離心離德。在此背景下，說出類似於「帝國主義沒有那麼壞」的真話，就是「不與中央保持一致」的危險行徑——中共當局理直氣壯的宣稱，黨是衡量評論一切歷史事件和人物的唯一標準。

歐威爾在其傑作《動物農莊》中揭示，一個新建的強權社會，必然需要一處「公共汙水溝」，即傾瀉仇恨與怨毒的對象——在權力鬥爭中失敗、逃之夭夭的前朝統治者正好充當虛擬的靶子。現今的革命領袖將逃之夭夭的前朝統治者作為「革命最危險的敵人」，讓所有成員都時刻警惕其復辟。這樣，動物們的視線被轉移了，革命的質變悄悄完成了。凡是與前朝統治者相關的跡象在某處出現，偉大領袖便抓住藉口，從蛛絲馬跡中順藤摸瓜，搞出驚世駭俗的大案來。凡是當自己的統治露出破綻時，偉大領袖便把前朝統治者作為替罪羊，將所有過錯一股腦的推到其身上，這個假設的敵人永遠無法反駁。最後，黑白對照，黑者越黑、白者越白，合理永遠合理，不合理永遠不合理。這不正是中共統治中國七十年的祕訣嗎？

帝國主義是中共屢試不爽的公共汙水溝，帝國主義是亡我之心不死的敵人，即便是毛澤東一手製造的大饑荒，也被描述成「新帝國主義」——蘇聯「修正正義」——對中國犯下的滔天暴行。毛澤東偉大、光榮、正確，不會像古代的昏君、暴君因為人相食而上史書。

## 《滾出中國》，觸動了中國人的玻璃心

在這一時代背景下，《滾出中國》自然是一本「超級敏感書」。今日，足以撼動全球經濟發展的中國，在國際各處以強權姿態橫行，不斷上演著古怪、敏感、霸道又愛鬧脾氣的外交風格。然而，強國的背後，卻是兩百年來沉重的屈辱，以及未竟的中華偉業。中國人動輒感到「受辱」，「玻璃心」一詞被用來形容中國人的敏感狀態。專研中國近代史、中英殖民史的英國布里斯托大學歷史教授畢可思在新書《滾出中國：十九、二十世紀的國恥，如何締造了民族主義的中國》中，試圖回答兩個問題：集粗暴、憤怒、野心與矛盾於一身的二十一世紀現代中國，從何而來？亟欲擺脫、又同時緊抓不放過去恥辱歷史的中國，又將前往何方？

我第一次知道《滾出中國》這個有些粗魯的書名，是香港文化人梁文道在臺灣郵寄書回

香港被順豐快遞拒絕的事件。

二〇一九年一月，梁文道在網路上發文分享一段在臺灣寄書經歷：他想透過臺灣的旅館，將購買的書籍寄回香港，殊不知，遭到快遞公司順豐的先行審查並拒絕郵寄。梁文道回香港後收到臺灣旅館的信「因為中國最近對文章及書冊內容有管制，有三本書快遞無法替您寄送」，只能代存飯店櫃臺下次自取。

這三本書是《滾出中國》、《大辯論》和《思想史》。後兩本在中國早已出版簡體字版本，只有《滾出中國》是名副其實的「敏感書」。中國透過順豐快遞干涉香港和臺灣之間的書籍郵寄，讓梁文道感嘆：「連我都懷疑，其實『一國兩制』老早就推行到臺灣去了。」梁文道下結論稱：「沒辦法，這是市場的力量。大陸市場那麼大，企業那麼有實力，你能不順著他們走嗎？」梁文道本人是走鋼絲的高手，近年來遊走於中國、香港、臺灣三地，保持相對安全的位置，卻沒有想到，香港和臺灣之間，經過寄書事件的考驗，早已存在一個深深的鴻溝。

儘管拒絕運送書籍的順豐快遞對外聲明，臺灣順豐是香港公司投資，卻尚未闡明港資與中國順豐究竟是什麼關係。此外，《蘋果日報》報導，臺灣順豐原本確實被港資控制，但順豐集團二〇一七年報表示，港資已於二〇一六年將「臺灣順豐」轉讓予獨立第三方。臺灣順豐未說明此「第三方」投資者的身分。臺灣順豐公關部回應中央社詢問時表示，關於審查訂單部分，公司指依各國海關管制規定處理，「不證實是否處理梁文道個案」，這句話說了也是白說。

近年來，無論是從海外運東西到中國、或是中國運東西到國外，中國的審查越來越嚴格。審查專門針對印刷品，中國故意放行輸往美國的新式鴉片芬太尼，卻對輸入國內的印刷品恨不得一個字一個字的審查。只要是中國認定具有敏感字眼的印刷品都無法寄送，包含中文版《聖經》、農民曆，網友甚至提到「以前寄文件從來不檢查的，現在快遞員拆開來檢查一次，辦公室主管再拆開來檢查一次」。

香港銅鑼灣書店前店長林榮基給出補充例證：幾年前，香港有快遞公司送「禁書」到中國被罰款，從此決定不接受從香港寄書到中國。在中國，按照中國郵政相關規定，「禁書」跟毒品、槍枝一樣，都是禁止寄送的物品。林榮基感慨：「你去中國看一看，他的郵政局視窗附近有個條例就是，所有的毒品、違禁品跟書本要檢查，看看是不是能寄。你看他郵政條例居然把毒品跟書放在一起，你見過嗎？」

早在文革時期，大多外國書刊和影視就被中共毫不掩飾的稱為「資本主義毒草」。跟蘇聯鬧翻之後，蘇聯的書籍是「修正主義毒草」。而中國古代的典籍則是「封建主義毒草」。封、資、修三者都是不能接觸的。唯有毛澤東可以在書房的床上堆滿線裝書。如今，中共強烈警惕和抵制「西方文化」和「西方思想」，認為這些「舶來品」會動搖「社會主義根基」。對於中共而言，禁書的危害比毒品大多了。

那麼，《滾出中國》一書中，究竟蘊藏了哪些可能顛覆中共政權的爆炸性內容呢？

## 「華人與狗不得入內」的告示牌，是一個世紀謊言

畢可思在書中梳理了西方人入侵中國的歷史，以及中國人用從西方學來的民族主義思想抗拒西方的歷史——這是中國士大夫信奉的「師夷長技以制夷」策略嗎？「反帝」是蘇俄灌輸給國民黨和共產黨以及中國左派知識分子的一種新式的、無往而不利的意識型態。

畢可思的「除魅」工作，從傳說中那塊「一度豎立在上海外灘河岸公園入口的告示牌」說起。二十世紀初以來，「華人與狗不得入內」的告示牌，和「東方巴黎」、「魔都」、「冒險家的樂園」和「十里洋場」一樣，是上海租界的代名詞。這也是一塊毛澤東念念不忘的告示牌。一九六四年，國慶日後的十月六日晚上，毛澤東帶著八千駐京官兵觀看《東方紅》舞劇。毛澤東看完表演，只說了一個建議：第一場要表現舊中國的上海，表現中國人民在帝國主義壓迫下的苦難，應該在「公園」門口加上一塊牌子：「華人與狗不得入內」。在以後的演出中，這塊牌子果然出現在醒目的舞臺中央。

從一九五〇年代起，這塊告示牌曾在上海歷史博物館展示。博物館展示的這個告示牌，以簡體中文與英文寫著：「華人與狗不得入內。Chinese and Dogs Not Admitted.」博物館某位員工後來談到，他並不曉得這是一面假造的告示牌，還滿心困惑的詢問資深同事，為何這面告示牌放在一堆準備丟棄的廢棄物裡？全球任何博物館的確都會為了讓現代參觀者貼近體會歷史，而仿造過去的文物。但是，這塊牌子並非忠於原貌的複製品，而是刻意偽造的假貨。

清末以來，西方人在上海外灘公園門口確實貼著一塊金屬製作的告示牌，它只有英文字樣，而且「華人」與「狗」並未並列。告示牌規定不准華人進入，在其他條款中也有不准沒有成人陪同的小孩進入，難道西方人愚蠢到將自己的孩子視為「狗」嗎？而且，那時西方人不准中國人進入，是因為中國人沒有學會現代文明的生活方式。

在公園這樣的公共場合，應當衣冠整潔，應當遵循基本的行為守則——比如不能隨地吐痰，更不能隨地大小便，以及攀折花草樹木等。這些基本的行為守則，直到一個世紀之後，中國人仍未學會。中國人在香港地鐵內隨地大小便、在巴黎羅浮宮噴泉內洗腳、在臺灣阿里山的參天大樹上刻上名字、在日本看櫻花時情不自禁的搖晃樹木，製造「落英繽紛」的拍照效果……中國人富起來了，有錢到世界各地旅遊並大肆購買奢侈品，但中國人仍然因為不文明行為而被視為全球最不受歡迎的遊客。所以，當年租界的西方管理者不准華人進入公園，並非種族歧視，而是無奈之舉。

在一九二〇年代，並非所有中國人和中國媒體都從種族歧視這個角度來批判公園的規定，也有自我反省的觀點。如上海報紙《時事新報》即評論：「聽說外國人所持、唯一拒絕我們華人享受公園娛樂的理由，是因為歐戰和平紀念日開慶祝會的那天，花園的花都被人摘盡了。我願上海的華人，快教你們子女們去培養些公德心，不要叫他們貪了一些花草，便被自利和自私戰勝，連累全體的居民都得不到應享有的權利。」而專欄作家姚公鶴在《上海閒話》中也評論：「此事並國際強弱之關係，乃國民教育之關係。聞昔時外人並無此項禁令，歷見華人一入公共地方，折花驅鳥，糟蹋地方，無所不為，於是跑馬場首以影業公司為名義，禁止華人之涉足……嗚呼！教育部普及，又豈怪公益心之薄弱耶！」

日本學者石川禎浩在論文《「華人與狗不得入內」告示牌問題考》中指出，公園的此一規定始於一九〇三年，在一九一三年、一九一七年和一九二八年經過多次修訂，最後的版本不再有「華人不得入內」的字眼，而改成了「服裝不體面者不得入內」。有趣的是，「華人與狗不得入內」告示牌傳聞的始作俑者居然是日本人：一八九九年，日本著名漢學家內藤湖南訪問中國，寫成《燕山楚水》一書，內中有〈支那人與狗〉一節，記述天津租界的公園時寫道：「不得入此公園者有二，曰支那人，曰狗。」至於上海租界的公園則寫道：「其支那人不得入內者，與天津者同。」在中國人的紀錄中，周作人的記載則是最早的。美國人賴德烈（K. S. Latourette）在一九一七年也在其英文著作《中國的發展》中譴責此種種族歧視行為：「更糟糕的是，在中國第一大商埠上海的外灘公園，掛著『華人與狗不得入內』（Chinese and dogs not admitted）的告示牌。」其實，他並未親見，只是道聽塗說而已。

左翼文人們通常心靈敏感、多愁善感，豈能忍受這種恥辱？當年左聯的詩人蔣光慈就在〈哀中國〉詩中感嘆：

法國花園不是中國人的土地嗎？可是不准穿中服的人們遊逛。哎喲，中國人是奴隸啊……我的悲哀的中國啊！你幾時才跳出這黑暗之深淵？

很多文人墨客都說親眼看到過「華人與狗不得入內」的木牌，下表列出了各種說法：

| 時間 | 作者 | 內容 |
|---|---|---|
| 一九〇三年 | 周作人 | 門懸金子牌一，大書「犬與華人不准入」七字。 |
| 一九一三年 | 楊昌濟 | 上海西洋人公園門首榜云：「華人不許入」；又云「犬不許入」。 |
| 一九一七年 | 姚公鶴 | 今之跑馬場……今門首高標英文於木牌，所云「狗與華人不准入內」是也。 |
| 一九二三年 | 蔡和森 | 「華人與狗不得入內」的標揭，至今還懸掛在外國公園的門上。所以住在租界裡面的華人，簡直當不得一條洋狗。 |
| 一九二四年 | 孫文 | 從前那些公園的門口，並掛一塊牌說：「狗同中國人不許入」。現在雖然是取消了那塊牌，還沒有取消那個禁例。 |
| 一九二五年 | 通訊員 | 在上海公園裡有這樣的通告：「華人與狗不准入內」。 |
| 一九二九年 | 讀者 | 筆者在一九一六年親眼目睹的措詞是「華人與狗不准入內」。 |
| 一九三六年 | 方志敏 | 走到公園門口就看到一塊刺目的牌子，牌子上寫著：「華人與狗不准進園」。 |
| 一九四二年 | 不詳 | 繼之公園也……和跑馬廳同樣，掛出了侮辱國人的木牌。 |

這些說法彼此自相矛盾，有的說是中文，有的說是英文；有的說是犬，有的說是狗；有的說是木牌，有的說是金（屬）牌。然而，無論誰說他親眼看過牌子，到現在沒有發現一張

照片、一份文件等第一手資料，足以證明租界管理當局有過這個牌子。畢可思指出：

沒有任何證據支持這種告示牌曾經存在。一九二八年的數十年前，上海的中國居民確實因種族歧視而規定不得進入公園，其他受外國控制的城市也有相同規定。過去的入園規定眾所皆知，刊載入園規定的告示牌也留下了照片。但是，世人普遍深深相信告示牌上寫的正是那些侮辱的字眼（而且「狗」在中文是特別容易激怒他人的辱罵）。這個堅信告示牌為真的部分歷史可透過報紙與報導追溯。然而，告示牌實則是都市傳說，其簡化了複雜的故事，引起了高度政治關注。告示牌的故事曾經相當重要，而且影響遍及國際，上面的字詞應該就要是那樣。

以上那些文人、政治人物和記者所寫的「親身經歷」，彼此並不完全吻合。他們不僅將實際存在的金屬牌寫成了木牌，而且對具體的文字的回憶也各不相同。其中，孫文的說法，是否為了宣洩從英美和日本拿不到革命經費的失望和憤怒？共產黨領導人方志敏綁架並且殺害外國傳教士，難道是為了這塊牌子上的侮辱性字眼而報仇雪恨計畫的一部分？唯有楊開慧的父親、毛澤東的老師和岳父、北京大學教授楊昌濟的描述比較接近原貌——在告示牌上，「華人不許入」和「犬不許入」是分列的，而非串連在一起。應該說，楊氏的記述比較細心、真切。

日本學者石川禎浩繼續考證，實際上中國人並未被禁止進入租界的公園，只要穿著體面，照樣進出自如。比如，中共領導人楊尚昆的哥哥楊闇公在二十六歲時到上海，在日記中記載了遊覽黃埔公園和法國公園的經歷，他說與友人改穿洋服入園，雖然一開始對外人壓迫的痕跡感到心內憤甚，但兩天以後又說這是到滬來最快活的了。革命青年楊闇公尚且如此，一般民眾對該公園心情之複雜，亦非用同仇敵愾、愛恨交加等詞語所克表達，自不待言。

更有趣的是，所謂只能穿洋服才能進入公園的說法也不確實。在戰前寫了最多關於中國的著述的日本學者、漢語音韻學家後藤朝太郎在一九二六年出版的《支那遊記》一書中，就記錄了他穿著中國服裝去外灘公園，在公園愉快散步的情景。他寫道：「我因懷以支那服為常服的心情，故不怕別人是如何看待我的。站在公園內小徑交叉口的印度巡捕亦以不審之眼光掃視我的行蹤……我自己因為有這身支那服裝竟能進公園散步的緣故，內心充滿了一種俠義心情，甚至希望印度巡捕會衝著我來說一些什麼訓斥的話。但是他們半信半疑的盯著我，終於欲言又止，結果是什麼都沒有說就算了。如果他們因為支那服而訓斥我的話，還想等待著同他們好好辯駁一番，不幸的是，這番辯駁終於沒有發生。」於是，後藤朝太郎也就失去了為中國人「仗義執言」的機會。

有趣的是，中共政權建立之後，關於這塊木牌的記述迅速趨於統一，無論是科學家還是文學家，都眾口一詞的說，他們親眼看到這塊牌子：

| 時間 | 作者 | 內容 |
|---|---|---|
| 一九六〇年 | 公園祕書 | 寫有「華人與狗不得入內」的木牌……插在草地上。 |
| 一九七九年 | 陳孟熙 | 一到外灘，公園門口木牌上「華人與狗不得入內」的字體赫然在目。 |
| 一九八二年 | 陳岱孫 | 忽然看到……一塊白地黑字的牌子，上面寫作：「華人與狗不許入內」。 |
| 一九八九年 | 周而復 | 外灘公園門口曾經掛了一塊牌子：「犬與華人，不准入內」。 |
| 一九八九年 | 蘇步青 | 我親眼看到，上面寫著「華人與狗不得入內」。 |
| 一九九一年 | 桂祖良 | 門衛不准進，還指著牌子讓我看，上面寫著「華人與狗不得入內」。 |
| 一九九四年 | 金秉英 | 那木牌上有醒目的橫寫的黑字：「華人與狗不准入內」。 |
| 一九九四年 | 姜豪 | 在外灘公園前面看到過「華人與狗不准入內」。 |

除了不得、不准，不許等細微的差距，眾人描述的文字相差比此前大大縮小。可見，中共的統一，不僅是政治上的統一，更是思想和語言上的統一。

一九八九年中國民主運動被血腥鎮壓之後，科學家蘇步青和作家周而復等重提往事，聲討西方帝國主義，這是刻意幫助官方轉移視線，扭轉一九八〇年代中國學生和知識界的親西方思潮。

## 靠謊言和仇恨支撐的中國崛起，將帶給世界怎樣的改變？

並不是所有中國人都是說謊者，敢於說真話的中國人絕不只有耿寶昌一個人。一九九四年四月，上海一本新興的熱門歷史雜誌《世紀》，刊登了一篇署名薛理勇的短文，文長約一千四百字左右，開頭就說明這塊木牌是偽造的，告示牌本身實際上並不存在。作者指出，許多人宣稱親眼看過告示牌，但他們看到的與記憶中的已經分不開了，他們所見的可能就是博物館的假造品——這是一九四九年以後，官方為了進行愛國主義教育，作為博物館的陳列品製作出來的。一九八九年，在整理收藏品時，它終於被廢棄掉了，因為館內大部分人士認為編造一個史實來嘩眾取寵，不是史學工作者應有的態度。而將這塊告示牌踩得粉碎的，正是薛氏本人。這篇文章論點合理、陳述清晰，引發軒然大波。

一九九四年六月七日，至少四份上海報紙刊登同一篇，最初在共產黨權威媒體上發表的長篇文章（中共上海市委黨史研究室《黨史信息報》上題名〈「華人與狗不得入內」問題的來龍去脈〉的文章），大力駁斥薛的說法。文章從當代報導與回憶錄中列舉證據，證明告示牌上的惡意字眼乃是不容辯駁的歷史事實。《世紀》雜誌被迫刊登這篇毫無學術價值的文章，並承認錯誤且放下身段道歉。

號稱專門辦給知識分子讀的《光明日報》，刊出了一篇用詞刻薄的評論：「**西方殖民者在中國犯下的滔天大罪，罄竹難書；公園入口前的告示『華人與狗不得入內』就是他們犯罪**

**的首要證據。**」作者特別擔憂的指出：「有些人不懂過去中國歷史的屈辱，有些人心存懷疑，甚至想要輕描淡寫帶過，此舉非常危險。」

身為上海歷史博物館研究員的作者薛理勇後來的遭遇不得而知。四面受敵的薛氏保持沉默，不過他守住了知識分子的底線，至少沒有公開被道歉。他筆下關於上海歷史掌故的無害著作仍可出版發行。他的命運比文革時因為寫了新編歷史劇《海瑞罷官》而自殺的歷史學家吳晗要好得多，這是中國「進步」的標誌嗎？

中共黨魁習近平高聲宣稱：「我認為，**實現中華民族偉大復興，就是中華民族近代以來最偉大的夢想。**」他絲毫不提馬克思主義世界革命的夢想——全世界無產者聯合起來！他念茲在茲的是打造全世界都必須遵循的中國秩序以及沒有國界的天下帝國。《外交政策》雜誌主編強納森·迪波曼（Jonathan Tepperman）撰文：「習近平自上臺以來，制定了比前任們遠為激進的外交政策，透過推動中國在南中國海的主權聲張、威脅臺灣、和動用軍隊來維護北京對爭議島嶼的主權要求，**中國已經與美國和幾乎所有鄰國失和。**」

習近平的擴張政策得到相當多民眾的支持，因為官方的民族主義宣傳效果不錯。對此，畢可思指出：「中國以民族主義為重，而中國重視者，人人不得輕忽。過去三十年來，憤怒的示威抗議與激烈的譴責抗爭持續不斷，似乎預告著**中國站上世界舞臺，以嶄新且強勢的姿態揭開序幕。**」所以，必須深入了解中國所謂「半封建半殖民地」的百年近代史，才能了解二十一世紀似乎國際化的中國，以及它的矛盾、暴力、世界主義和野心。

百年前的中國畢竟是半殖民地，而經過英國全盤殖民主義的印度，以及很多有過類似歷史的亞洲、非洲、拉丁美洲國家，對西方並沒有中國式的仇恨。日本為率領黑船登陸、迫使幕府簽署不平等條約的美軍將領佩里（又譯培里）塑像，認為佩里幫助日本走向文明開化；印度裔英國作家奈保爾，堅信西方文明是普世價值，批判印度及若干第三世界國家的蒙昧封閉，在同胞中贏得尊重；然而，中國的思想先驅劉曉波，主張全盤西化卻被中共政權和很多民眾視為「賣國賊」及「漢奸」。對於在中國如瘋草般生長的民族主義，畢可思並不樂觀的評論：

我們須認識且理解中國的新民族主義，它伴隨著中國撼動世紀的經濟發展，它也理所當然為中國注入嶄新且強盛的力量。我們也能想見經濟強盛的中國將在世界面前宣示自身地位，也許此情此景需要花點時間適應，但勢必發生。

畢克思特別描述了中國如何透過武俠電影滿足民族虛榮心：一九七二年，國際知名的香港電影《精武門》，最具代表的一幕就是主演李小龍打敗日本浪人，並一腳踢碎那塊羞辱性的告示牌。中國觀眾看了之後，無不拍手叫好。

李小龍在《精武門》中對抗的絕大部分是日本人，包括三個在公園入口侮辱他的日本人，其中一個甚至建議李小龍扮成他的狗就可以入園。從中國的脈絡來看，很難有什麼比這個更火上加油的組合。個人與國家尊嚴、殖民者於中國城市的作為、對日本與日本人的潛在敵意，這些錯綜複雜的問題依舊存在。而且，《精武門》的拍攝地點是香港——尚未回歸中國的英國殖民地。那時候的香港人，對英國殖民地居民的身分存有愧疚之心，而對一河之隔的大中國充滿美不勝收的想像。香港人是最熱情洋溢的愛國者。

一九九七年，香港「回歸」之後，一切都改變了。二〇一九年，在反送中的「逆權運動」中，香港人高舉英國國旗和美國國旗，將中國五星紅旗降下來踐踏、焚燒、扔到大海中。看到香港街頭出現比美國本土還多的美國星條旗，連美國總統川普都印象深刻，他說：「看啊，他們在舉美國國旗，他們甚至有標語牌，『讓香港再次偉大』（顯然沿襲自川普的競選口號：讓美國再次偉大）。我說把那些標語牌給我。他們有超棒的標語，超喜歡我們國家。有很多美國旗，很多川普標語牌。」

香港人不會再為李小龍踢碎那塊偽造的告示牌而熱淚盈眶、忘情喝彩了。相反，當香港警察以及冒充香港警察的中國公安、武警在香港街頭對婦孺老人實施無差別的暴力，乃至強姦殺害十五歲的女孩且拋屍大海之際，香港警察將大學當作敵國攻打、一口氣發射兩千枚催淚彈，香港人發現「祖國」才是把他們當作甲由（蟑螂）虐待的、亙古未有之暴政。

在一段廣為流傳的影片中，當身穿制服、全副武裝的香港警察殘酷毆打無辜民眾時，一位看上去練習過武功的年輕人奮起保護同胞，飛起一腿將警察踢翻在地。這一飛腿，比李小龍及電影《黃飛鴻》中李連杰的無影腿，精彩千萬倍。大部分香港抗爭者都意識到：「香港抗爭必須提升到國際。很簡單，如果棋盤上只有中共和香港人兩方，香港人必死。假若棋盤上有其他有實力的棋子，抗爭才有變數。美國通過《香港人權民主法案》至關重要，如此才能讓歐盟及日本等國跟隨，進一步孤立中共。當中共的政經形勢轉差，香港人的抗爭才稍微有轉機。」

如狼似虎的民族主義大潮，總有退潮並水落石出那天。畢可思指出，對於中國和中國人來說，「**過去顯然仍舊是未竟之業，過去不僅是今日外交的火爆議題，過去更同時影響了二十一世紀中國的身分認同**」。拋棄受虐狂心理狀態，不再接受偽歷史洗腦，才是中國人因真理，得自由的第一步——

告示牌雖然踢碎了，但沒有消失。告示牌象徵中國過去被貶低的地位，至今仍經常重提。既然告示牌是迷思，對於蔑視過去、視之虛構的人而言，當然不堪一擊。再者，因為告示牌在意識型態的驅使之下，已經成為「不容遺忘」的歷史象徵，不禁令人想要乾脆忽視。我們為何還要嚴肅看待政治宣傳？

# 參考書目


- 李玉貞：《國民黨與共產國際：1919-1927》，（北京）人民出版社，2012 年版
- 中共中央黨史研究室第一研究部：《聯共（布）、共產國際與中國國民革命運動（1920-1925）》，（北京）北京圖書館出版社，1997 年版
- 郭恒鈺《共產國際與中國革命：第一次國共合作》，（臺北）東大圖書，1991 年版
- 楊天石：《蔣介石的崛起與北伐》，（臺北）風雲時代，2014 年版
- 黃道炫：《張力與限界：中央蘇區的革命（1933-1934）》，（北京）社會科學文獻出版社，2011 年版
- 黃道炫、陳鐵健：《蔣介石：一個力行者的思想資源》，（太原）山西人民出版社，2012 年版
- 鄧野：《蔣介石的戰略布局：1939-1941》，（北京）社會科學文獻出版社，2019 年版
- 鄧野：《聯合政府與一黨訓政：1944-1946 年間國共政爭》，（北京）社會科學文獻出版社，2011 年版
- 史扶鄰（Harold Zvi-Schifferin）：《孫中山與中國革命》，（太原）山西人民出版社，2010 年版
- 布賴恩 · 克羅澤（Brian Crozier）：《蔣介石傳》，（北京）國際文化出版社，2010 年版
- 喬納森 · 芬比（Jonathan Fenby）：《蔣介石傳》，（北京）中國青年出版社，2011 年版
- 蔣介石：《蘇俄在中國》，（臺北）中央文物供應社，1983 年版
- 邵銘煌等：《蔣介石的日常生活》，（臺北）政大出版社，2012 年版
- 黃埔建國文集編纂委員會：《黃埔軍魂》，（臺北）實踐出版社，1985 年版
- 王宗虞、王建吾：《黃埔軍校名人傳略》，（鄭州）河南人民出版社，1986 年版
- 何應欽《對陸軍軍官學校講詞彙輯》，（臺北）國防部史政編譯局，1981 年版
- 王曉華、張慶軍：《黃埔軍校的將帥們》，（上海）上海人民出版社，2009 年版
- 切列潘諾夫：《中國國民革命軍的北伐：一個駐華軍事顧問的札記》，（北京）中國社會科學出版社，1981 年版
- A. B. 勃拉戈達托夫《中國革命紀事：1925-1927）》，（北京）人民出版社，2018 年版
- 中國第二歷史檔案館編：《蔣介石年譜：1887-1926》，（北京）九州出版社，2012 年版
- 黃自進、潘光哲主編：《蔣介石與現代中國的形塑》，（臺北）中央研究院近代史研究所，

2013 年版
- 張瑞德：《山河劫：抗戰時期國民政府的軍隊戰力》，（北京）社會科學文獻出版社，2015 年版
- 張瑞德：《無聲的要角：蔣介石的侍從室與戰時中國》，（臺北）臺灣商務印書館，2017 年版
- 酈智文：《民國乎？軍國乎？：第二次中日戰爭前的民國知識軍人、軍學與軍事變革（1914-1937）》，（香港）中華書局，2017 年版
- 方德萬（Hans J. van de Ven）：《中國的民族主義與戰爭：1925-1945》，（北京）三聯書店，2007 年版
- 巴巴拉 ・W・ 塔奇曼（Barbara W. Tuchman）：《逆風沙：史迪威與美國在中國的經驗 1911-1945》，（北京）新星出版社，2007 年版
- 約瑟夫 ・W・ 史迪威（Joseph Warren Stilwell）：《史迪威日記》，（北京）世界知識出版社，1992 年版
- 胡漢民：《胡漢民自傳》，（北京）中華書局，2016 年版
- 蔣永敬：《多難興邦：胡漢民、汪精衛、蔣介石及國共的分合興衰 1925-1936》，（臺北）新銳文創，2018 年版
- 汪希文、張叔儔：《孫中山的左右手：朱執信與胡漢民》，（臺北）獨立作家，2016 年版
- 胡漢民：《胡漢民先生文集》，（臺北）中國國民黨中央委員會黨史委員會，1978 年版
- 金以林：《國民黨高層的派系政治：蔣介石「最高領袖」地位是如何確立的》，（北京）社會科學文獻出版社，2009 年版
- 王奇生：《黨員、黨權與黨爭：1924-1949 年國民黨的組織型態》，（北京）華文出版社，2010 年版
- 陳志讓：《軍紳政權：近代中國的軍閥時期》，（桂林）廣西師範大學出版社，2008 年版
- 楊奎松：《國民黨的「聯共」與「反共」》，（北京）社會科學文學出版社，2007 年版
- 劉季倫：《現代中國的思想與人物》，（臺北）政大出版社，2014 年版
- 王兆剛：《國民黨訓政體制研究》，（北京）中國社會科學出版社，2004 年版
- 李宗仁：《李宗仁回憶錄》，（桂林）廣西師範大學出版社，2005 年版
- 白崇禧：《白崇禧口述自傳》，（北京）中國大百科全書出版社，2009 年版
- 石島紀之：《抗日戰爭時期的中國民眾：饑餓、社會改革和民族主義》，（北京）中國社會科學出版社，2016 年版
- 魏斐德（Frederic Wakeman, Jr.）：《間諜王：戴笠與中國特工》，（南京）江蘇人民出版社，

## 參考書目


2007 年版

- 丁三：《藍衣社：中國法西斯運動始末》，（北京）語文出版社，2010 年版
- 干國勛等：《藍衣社　復興社　力行社》，（北京）中華書局，2014 年版
- 理查 · 伯恩斯坦（Richard Bernstein）：《中國 1945：中國革命與美國的抉擇》，（北京）社會科學文獻出版社，2017 年版
- 李德哈特（Liddell Hart）：《戰敗者的觀點：德軍將領談希特勒與二戰時德國的興衰》，（臺北）八旗文化，2016 年版。
- 艾瑞克 · 拉森（Erik Larson）：《野獸花園：1933，納粹帝國元年，一個美國外交官在柏林》，（臺北）漫遊者文化，2014 年版
- 深町英夫：《教養身體的政治：中國國民黨的新生活運動》，（北京）三聯書店，2017 年版
- 杜贊奇（Prasenjit Duara）：《文化、權力與國家：1900-1942 年的華北農村》，（南京）江蘇人民出版社，2010 年版
- 潘佐夫（Alexander V. Pantsov）、梁思文（Steven I. Lenvine）：《毛澤東：真實的故事》，（臺北），（臺北）聯經出版，2015 年版
- 張戎、喬 · 哈利戴（Jon Halliday）：《毛澤東：鮮為人知的故事》，（香港）開放出版社，2006 年版
- 羅威廉（William T. Rowe）：《紅雨：一個中國縣域七個世紀的暴力史》，（北京）中國人民大學出版社，2014 年版
- 余英時：《余英時回憶錄》，（臺北）允晨文化，2018 年版
- 張國燾：《我的回憶》，（北京）東方出版社，1998 年版
- 姚金果、蘇若群：《張國燾傳》，（成都）天地出版社，2018 年版
- 徐向前：《徐向前回憶錄》，（北京）解放軍出版社，2007 年版
- 陳登元：《敗走千里》，（臺北）新雨出版，2019 年版
- 張治中：《張治中回憶錄》，（北京）華文出版社，2014 年版
- 陳誠：《陳誠回憶錄：抗日戰爭》，（北京）東方出版社，2009 年版
- 陳壽恆：《薛岳將軍與國民革命》，（臺北）中央研究院近代史研究所，1988 年版
- 白修德（Theodore H. White）、賈安娜（Annalee Jacoby）：《中國驚雷：國民政府二戰時期的災難紀實》，（臺北）大旗出版社，2018 年版
- 畢仰高（Lucien Bianco）：《中國革命的起源：1915-1949》，（臺北）聯經出版，2017 年版
- 畢可思（Robert Bickers）：《滾出中國：十九、二十世紀的國恥，如何締造了民族主義的中國》，（臺北）時報出版，2019 年版

- 傑羅姆・B・格里德爾（J. B. Grieder）：《知識分子與現代中國》，（天津）南開大學出版社，2002 年版
- 馮玉祥：《馮玉祥回憶錄》，（北京）東方出版社，2011 年版
- 唐德剛：《胡適口述自傳》，（桂林）廣西師範大學出版社，2009 年版
- 羅志田：《再造文明的嘗試：胡適傳》，（北京）中華書局，2006 年版
- 史景遷（Jonathan D. Spence）：《改變中國：在中國的西方顧問》，（桂林）廣西師範大學出版社，2014 年版
- 羅志田：《亂世潛流：民族主義與民國政治》，（北京）中國人民大學出版社，2013 年版
- 魯衛東：《民國中央官僚的群體結構與社會關係：1912-1949》，（北京）中國社會科學出版社，2017 年版
- 戴鴻超：《蔣介石與毛澤東的治國之道》，（臺北）時報文化，2016 年版
- 加藤陽子：《日本人為何選擇了戰爭》，（臺北）廣場出版，2017 年版
- 馮學榮：《日本為什麼侵華：從甲午戰爭到七七事變》，（北京）金城出版社，2014 年版
- 秦孝儀等編：《中華民國重要史料初編》，（臺北）中國國民黨中央委員會黨史委員會，1981 年版
- 張發奎：《蔣介石與我：張發奎上將回憶錄》，（香港）文化藝術出版社，2008 年版
- 高華：《紅太陽是怎樣升起的：延安整風運動的來龍去脈》，（香港）香港中文大學出版社，2001 年版
- 陳永發：《共產革命七十年》，（臺北）聯經出版，2001 年版
- 沙培基：《戰爭與革命交織的近代中國：1895-1949》，（北京）中國人民大學出版社，2016 年版
- 易勞逸（Lloyd E. Eastman）：《流產的革命：1927-1937 國民黨統治下的中國》，（北京）中國青年出版社，1992 年版
- 易勞逸：《毀滅的種子：戰爭與革命中的國民黨中國》，（南京）江蘇人民出版社，2009 年版
- 楊奎松：《「中間地帶」的革命：國際大背景下看中共成功之道》，（太原）山西人民出版社，2010 年版
- 胡素珊：《中國的內戰：1945-1949 年的政治鬥爭》，（北京）當代中國出版社，2014 年版
- 林孝庭：《意外的國度：蔣介石、美國、與近代臺灣的形塑》，（臺北）遠足文化，2017 年版

## 參考書目


- 陳布雷：《陳布雷從政日記》，（臺北）開源書局，2019 年版
- 陳布雷：《陳布雷回憶錄》，（北京）東方出版社，2009 年版
- 半藤一利：《昭和史》，（臺北）玉山社，2017 年版
- 陶希聖：《陶希聖日記：1947-1956），（臺北）聯經出版，2014 年版
- 陶希聖：《潮流與點滴：陶希聖回憶錄》，（北京）中國大百科全書出版社，2016 年版
- 趙爾巽等：《清史稿》，（北京）中華書局，1977 年版
- 熊劍平：《軍機處：永遠的權力中心》，（臺北）聯經出版，2017 年版
- 陳克文：《陳克文日記：1937-1952），（北京）社會科學文獻出版社，2014 年版
- 唐縱：《在蔣介石身邊八年：侍從室高級幕僚唐縱日記》，（北京）群眾出版社，1991 年版
- 翁元：《我在蔣介石父子身邊的日子》，（臺北）時報文化，2015 年版
- 軍事科學院軍史歷史研究部：《中國人民解放軍全國解放戰爭史》，（北京）軍事科學出版社，1996 年版
- 周錫瑞、李皓天等：《1943：中國在十字路口》，（北京）社會科學文獻出版社，2016 年版
- 宋希濂：《鷹犬將軍宋希濂自述》，（北京）中國文史出版社，1993 年版
- 費正清（John King Fairbank）等：《劍橋中華民國史》，（北京）中國社會科學出版社，1994 年版
- 費正清：《美國與中國》，（臺北）左岸文化，2003 年版
- 羅章龍：《亢齋文存：羅章龍回憶錄》，（美國）溪流出版社，2005 年版
- 約翰・拜倫（John Byron）、羅伯特・帕克（Robert Pack）：《龍爪：毛澤東背後的邪惡天才康生》，（臺北）時報文化，1998 年版
- 裴宜理（Elizabeth J. Perry）：《安源：發掘中國革命之傳統》，（香港）香港大學出版社，2014 年版
- 中共中央文獻研究室：《劉少奇年譜》，（北京）中央文獻出版社，1996 年版
- 中共中央文獻研究室：《毛澤東年譜》，（北京）中共文獻出版社，2003 年版
- 唐純良：《李立三全傳》，（合肥）安徽人民出版社，2003 年版
- 李戡：《向忠發與中國共產革命》，（香港）香港城市大學出版社，2019 年版
- 李思慎：《李立三紅色傳奇》，（北京）中國工人出版社，2004 年版
- 中華全國總工會中國職工運動史研究室：《中國工運史料》，（北京）中國工人出版社，1984 年版
- 彭湃：《彭湃文集》，（北京）人民出版社，2013 年版
- 蕭克：《蕭克回憶錄》，（北京）解放軍出版社出版，1997 年版

- 成邦慶（Arnolis Hayman）：《一個外國傳教士俘虜的長征：成邦慶回憶錄》，（臺北）橄欖出版，2016 年版
- 余敏玲：《形塑新人：中共宣傳與蘇聯經驗》，（臺北）中央研究院近代史研究所，2015 年版
- 陳碧蘭：《早期中共與托派：我的革命生涯回憶》，（香港）天地圖書，2010 年版
- 王俊彥：《大外交家周恩來》，（北京）經濟日報出版社，1988 年版
- 毛澤東：《毛澤東外交文選》，（北京）中共中央文獻出版社、世界知識出版社，1995 年版
- 毛澤東：《毛澤東文集 · 第八卷》，（北京）人民出版社，1999 年版
- 毛澤東：《毛澤東卷》，（香港）商務印書館，1994 年版
- 謝幼田：《中共壯大之謎：被掩蓋的中國抗日戰爭真相》，（美國）明鏡出版社，2002 年版
- 聶榮臻：《聶榮臻回憶錄》，（北京）戰士出版社，1983 年版
- 李銳：《廬山會議實錄》，（香港）天地圖書，2009 年版
- 尹騏：《潘漢年的情報生涯》，（北京）人民出版社，2011 年版
- 薄一波：《薄一波回憶錄：七十年奮鬥與思考》，（北京）中共黨史出版社，2008 年版
- 何應欽在《日軍侵華八年抗戰史》，（臺北）黎明文化事業公司，1982 年版
- 閻伯川先生紀念會編：《民國閻伯川先生年譜長編初稿》，（臺北）臺灣商務印書館，1988 年版
- 閻錫山：《閻錫山日記全編》，（太原）三晉出版社，2012 年版
- 陳布雷等編著：《蔣介石先生年表》，（臺北）傳記文學出版社，1978 年版
- 郭廷以編：《中華民國史事日誌》，（臺北）中央研究院近代史研究所，1979 年版
- 蔣經國：《風雨中的寧靜》，（臺北）正中書局，1988 年版
- 黃俊傑：《東亞儒學視域中的徐復觀及其思想》，（臺北）國立臺灣大學出版中心，2018 年版
- 徐復觀：《兩漢思想史》，（臺北）學生書局，1976 年版
- 徐復觀：《徐復觀雜文集》，（臺北）時報文化，1980 年版
- 徐復觀：《徐復觀最後雜文集》，（臺北）時報文化，1984 年版
- 徐復觀：《徐復觀家書精選》，（臺北）學生書局，1993 年版
- 徐復觀：《無慚尺布裹頭歸：徐復觀最後日記》，（臺北）允晨文化，1987 年版
- 金城：《延安交際處回憶錄》，（北京）中國青年出版社，1985 年版
- 殷海光：《中國共產黨之觀察》，（臺北）桂冠圖書，1990 年版
- 海耶克著、殷海光譯：《到奴役之路》，（臺北）桂冠圖書，1990 年版

## 參考書目


- 熱希達著、殷海光譯：《怎樣研究蘇俄》，（臺北）桂冠圖書，1990 年版
- 薩爾瓦多雷著、殷海光譯：《共產國際概觀》，（臺北）桂冠圖書，1990 年版
- 殷海光：《中國文化的展望》，（臺北）桂冠　，1988 年版
- 殷海光：《沒有顏色的思想：殷海光與自由主義讀本》，（臺北）國立臺灣大學出版中心，2018 年版
- 殷海光：《隔離的智慧：殷海光選集》，（臺北）國立臺灣大學出版中心，2019 年版
- 殷海光：《思想與方法》，（臺北）水牛出版，2013 年版
- 殷海光基金會：《自由主義與新世紀臺灣》，（臺北）允晨文化，2007 年版
- 吳殿堯：《劉鼎傳》，（北京）中央文獻出版社，2012 年版
- 顧維鈞：《顧維鈞回憶錄》，（北京）中華書局，2013 年版
- 黃仁宇：《黃河青山：黃仁宇回憶錄》，（北京）三聯書店，2009 年版
- 華西列夫斯基：《華西列夫斯基元帥戰爭回憶錄》，（北京）解放軍出版社，2003 年版
- 赫魯曉夫：《赫魯曉夫回憶錄》，（北京）東方出版社，1997 年版
- 葉永烈：《他影響了中國：陳雲》，（成都）天地出版社，2019 年版
- 楊奎松：《毛澤東與莫斯科的恩恩怨怨》，（南昌）江西人民出版社，2008 年版
- 何長工：《何長工回憶錄》，（北京）解放軍出版社，1987 年版
- 郭恒鈺：《俄共中國革命祕檔》，（臺北）東大圖書，1997 年版
- 董竹君：《我的一個世紀》，（北京）三聯書店，2008 年版
- 李南央：《我有這樣一個母親》，（上海）上海文藝出版社，2002 年版
- 老鬼：《母親楊沫》，（武漢）長江文藝出版社，2005 年版
- 鄧力群：《鄧力群自述：十二個春秋》，（香港）大風出版社，2006 年版
- 柯惠鈴：《近代中國革命運動中的婦女（1900-1920）》，（太原）山西教育出版社，2012 年版
- 李木蘭（Louise Edwards）：《性別、政治與民主：近代中國的婦女參政》，（南京）江蘇人民出版社，2014 年版
- 張文燦：《解放的限界：中國共產黨的婦女運動（1921-1949）》，（北京）中國政法大學出版社，2013 年版
- 陳三井編：《近代中國婦女運動史》，（臺北）近代中國出版社，2000 年版
- 趙蔚：《趙紫陽傳》，（北京）新華出版社，1989 年版
- 吳國光：《趙紫陽與政治改革》，（香港）太平洋世紀出版社，1997 年版
- 趙紫陽：《趙紫陽文集》，（香港）香港中文大學出版社，2016 年版
- 趙紫陽：《國家的囚徒：趙紫陽的祕密錄音》，（臺北）時報出版，2009 年版
- 盧躍剛：《趙紫陽傳：一位失敗改革家的一生》，（臺北）印刻出版，2019 年版

- 張育明：《血淚年華：張育明教授回憶錄》，（臺北）宇宙光，1999 年版
- 傅國湧：《金庸傳》，（北京）十月文藝出版社，2003 年版
- 若林正丈：《戰後臺灣政治史：中華民國臺灣化的歷程》，（臺北）國立臺灣大學出版中心，2016 年版
- 亞歷山大 · 雅科夫列夫：《俄羅斯百年憂思錄》，（北京）社會科學文獻出版社，2013 年版
- 魯 · 格 · 皮霍亞：《蘇聯政權史》，（北京）東方出版社，2006 年版
- 林蘊暉：《烏托邦運動：從大躍進到大饑荒》，（香港）香港中文大學當代中國研究中心，2008 年版

國家圖書館出版品預行編目（CIP）資料

暗黑民國史：兩岸歷史課本刻意迴避的空白 30 年 / 余杰著 .-- 初版 .-- 臺北市：大是文化，2020.05
464 面；17×23 公分 .--（TELL；27）
ISBN 978-957-9654-79-1（平裝）

1. 民國史

628.26　　109003273

TELL 027

# 暗黑民國史

## 兩岸歷史課本刻意迴避的空白 30 年

作　　者／余　杰
校對編輯／張慈婷
美術編輯／林彥君
副 主 編／馬祥芬
副總編輯／顏惠君
總 編 輯／吳依瑋
發 行 人／徐仲秋
會　　計／許鳳雪
版權經理／郝麗珍
行銷企劃／徐千晴、周以婷
業務專員／馬絮盈、留婉茹
業務經理／林裕安
總 經 理／陳絜吾

出 版 者／大是文化有限公司
臺北市 100 衡陽路 7 號 8 樓
編輯部電話：（02）23757911
購書相關諮詢請洽：（02）23757911 分機 122
24 小時讀者服務傳真：（02）23756999
讀者服務 E-mail：haom@ms28.hinet.net
郵政劃撥帳號／ 19983366　　戶名／大是文化有限公司

法律顧問／永然聯合法律事務所
香港發行／豐達出版發行有限公司 Rich Publishing & Distribution Ltd
地址：香港柴灣永泰道 70 號柴灣工業城第 2 期 1805 室
Unit 18054, Ph. 2, Chai Wan Ind City, 70 Wing Tai Rd, Chai Wan, Hong Kong
電話：2172-6513
傳真：2172-4355
E-mail：cary@subseasy.com.hk

封面設計／林雯瑛
內頁排版／吳思融
印　　刷／鴻霖印刷傳媒股份有限公司

出版日期／ 2020 年 5 月初版
2020 年 7 月 3 日初版 3 刷
定　　價／ 499 元（缺頁或裝訂錯誤的書，請寄回更換）
I S B N ／ 978-957-9654-79-1